Esta edición revisada de *Financiando Tu Minist...* provee una guía aun más útil y optimista para c... fondos para el ministerio. Ampliada en su aplicación transcultural y universal, pero profundamente basada en verdades bíblicas, el libro de Scott provee ánimo y aplicación práctica para aquellos que apenas están empezando y a aquellos con una larga trayectoria, que quizás hayan llegado al punto de agotamiento y desilusión.

> BETTY BARNETT
> Autora de *CÓMO CULTIVAR AMISTADES:* Construye un equipo de apoyo misionero que perdure

Scott Morton ha creado uno de los libros mas prácticos y necesarios que yo jamás haya visto para misioneros autofinanciados. Este libro es indispensable para un misionero itinerante. Lo recomiendo altamente.

> DR. HOWARD FOLTZ
> Profesor emérito de Regent University

Si tu recaudas apoyo, *Cómo Financiar tu Ministerio* es un libro indispensable que leas. El entendimiento bíblico y práctico de Scott Morton da en el clavo sobre los asuntos con los cuales los obreros cristianos y misioneros batallan al reclutar socios financieros.

> ELLIS GOLDSTEIN
> Director de Desarrollo de Socios para Cru

Ya sea que estés buscando financiamiento personal o institucional, los principios como el de solicita-ción cara a cara y la importancia de escribir un plan, son totalmente intercambiables. Morton nos ha hecho un favor a todos los que laboramos en desarrollo de recursos al escribir este libro. Elaborado en un estilo sencillo y con un aire familiar, él le quita el misterio a la recaudación de fondos sin eliminar lo fundamental. Tengo la intención de citarlo continuamente en mis presentaciones. Su atractivo y su aplicabilidad intercultural son excelentes.

> CHRIS WITHERS
> Presidente de D. Chris Withers, Inc.

Esto es más que un libro sobre recaudación de fondos. Es un libro sobre la perspectiva bíblica del dinero y el ministerio y está repleto de normas sumamente prácticas sobre cómo involucrar a la gente en tu ministerio a través del dar y orar. Estoy impresionado con esta guía. Funciona y ha sido probada en el fuego de la experiencia con cientos de nuestros obreros de Los Navegantes. Este es el mejor recurso que he visto—indispensable para aquellos que recaudan fondos para su sostenimiento.

JERRY E. WHITE, PHD
Presidente Emérito Internacional de Los Navegantes

Scott Morton es uno de los mejores profesionales de desarrollo en entidades sin fines de lucro con quien me haya asociado. Él ha entrenado a más individuos de organizaciones religiosas no lucrativas en recaudación de fondos que ningún otro.

LAUREN LIBBY
Presidenta y CEO de TWR Internacional

Financiando Tu Ministerio

Una Guía de Campo para Levantar
Apoyo Financiero Personal
Tercera Edición

SCOTT MORTON

Diseño de la portada: Francisco Fernández Ruiz, **francferu@outlook.com**
Traducción al español: Paul Luciani
Edición del español: Roberto Grego, **grego.menezes@gmail.com**

El texto bíblico sin otra indicación ha sido tomado de la *Santa Biblia*, versión Reina-Valera 1960. Copyright © 1960 Sociedades Bíblicas en América Latina: copyright © renovado 1988 Sociedades Bíblica Unidas. Usado con permiso.

Versículos Bíblicos indicados con NVI han sido tomados de la Santa Biblia, Nueva Versión Internacional®, NVI ®© 1999, 2015 por Bíblica, Inc. ® Usado con permiso de Biblica, Inc.® Reservados todos los derechos en todo el mundo.

Versículos Bíblicos indicados con LBLA han sido tomados de la Santa Biblia, *La Biblia de las Américas®*, Copyright © 1986, 1995, 1997 por The Lockman Foundation, Usadas con permiso. LBLA.com.

"The Wheel" es una marca registrada de los Navegantes en los EE. UU. Usado con permiso de los Navegantes. Todos los derechos son reservados.

Algunos de las ilustraciones anecdóticas en este libre son verídicos y están incluidos con el permiso de las personas involucradas.

Cualquier otra ilustración son compuestos de situaciones reales y cualquier semblanza a personas vivos o muertos es pura coincidencia.

■■■

Cataloging-in-Publication Data is available.
ISBN **978-1-942308-24-9**
EntrustSourcePublishers.com

Para Alma, mi esposa y compañera en el ministerio, quien en nuestro primer año de ministerio hizo la pregunta que me lanzó al tema de la recaudación de fondos bíblica: "¿Vas a sostener a esta familia o no?" Gracias. Me has hecho un mejor marido, un mejor padre y un mejor siervo de Dios.

Contenido

Sección Seis—Administración Financiera Bíblica para el Obrero

Reconocimientos

ESTE LIBRO NO salió de la nada. Yo quiero agradecer a los obreros de muchos ministerios que tuvieron la valentía de probar mis ideas en sus inicios, y después compartirlas con otros. Y...

A Rod Sargent (1927–1987), pionero de Los Navegantes, quien me animó a grabar mi enseñanza en vídeo.

A Ray Hoo, quien sugirió que si iba a enseñar recaudación de finanzas, yo debería estar al 100 por ciento de mi presupuesto—no al 92 por ciento.

A Noel Owuor, quien llegó a mi oficina desde Kenia para decir; "¡Este libro no funciona!" Por su acompañamiento y amistad para traer éxito a África.

A los obreros internacionales de Los Navegantes, quienes tomaron el riesgo de invitarme para ayudar a derribar al "Goliat de la recaudación de finanzas".

Finalmente, quiero agradecer mis a padres, John y Mildred, quienes me enseñaron a decir gracias.

Introducción

SI TU ESTÁS en el ministerio cristiano en algún lugar del sistema solar, este libro es para ti.

Si tú recaudas fondos personales, diriges un ministerio o pastoreas una iglesia tú entiendes la presión por escaso financiamiento. Y tú conoces el reto de mantenerte financiado por completo mes tras mes, año tras año. También entiendes la importancia del financiamiento *bíblico,* en contraste con las mejores prácticas seculares. Has venido al lugar correcto.

¿Por qué una nueva edición de *Financiando Tu Ministerio*? ¡Porque en diez años el mundo ha cambiado—y yo he cambiado! Las primeras dos ediciones fueron escritas mayormente para la audiencia estadounidense, pero en los últimos diez años me he enfocado en el ministerio internacional. He aprendido un montón y necesito compartirlo contigo.

Los líderes internacionales me dicen, "¡Scott, estas cosas no funcionan en nuestra cultura!" Empezando con Noel Owuor de Kenia, quien llegó a mi oficina sin cita previa hace once años. Este extraño me preguntó si yo era el autor de *Financiando Tu Ministerio.*

"Sí," le dije con toda confianza.

Él levantó una copia de mi precioso libro, me miró a los ojos, y me dijo firmemente, "¡No funciona!"

Esto me tomó por sorpresa, pero tuve el buen sentido común para decir, "¿Qué es lo que no funciona del libro?" Entonces Noel y yo nos acercamos a un rotafolio. El dibujó un mapa de África y por dos horas hablamos por qué la recaudación de apoyo financiero personal "no funciona" en África. Esto fue el inicio de una gran amistad.

Pronto Noel y yo estábamos viajando a otros países para trabajar con líderes locales y poner en práctica los principios bíblicos de financiamiento transcultural. Después del estudio bíblico, oración, discusiones muy animadas, desacuerdos y una escalofriante capacitación sobre la marcha, Dios se apareció. El financiamiento bíblico sí funciona—pero se necesita adaptarlo a cada situación. La Biblia tiene respuestas para financiar la obra de Su Reino—en cada cultura. ¡No lo dudemos ni por un instante!

En esta nueva edición te traigo perspectivas frescas e importantes sobre parámetros probados de recaudación de fondos, más las perspectivas de obreros no americanos. He añadido una nueva enseñanza acerca de

- redes sociales y recaudación de fondos por correo electrónico,
- ayudar a supervisores y líderes de misiones a superar puntos ciegos en la recaudación de fondos,
- perspectivas culturales versus la perspectiva bíblica del dinero,
- nuevas perspectivas de financiamiento para obreros de grupos étnicos minoritarios en los Estados Unidos y
- cuatro palabras clave sobre el dinero que los obreros deben conocer bien.

Las hojas de trabajo prácticas de las ediciones previas han sido revisadas y simplificadas y, en lugar de ponerlas todas amontonadas al final del libro, se encuentran en línea en: scottmorton.net. Siéntete en libertad de descargarlas e imprimirlas para tu uso personal. La página de internet fue creada pensando en ti y continuamente tiene artículos actualizados, vídeos y un foro para preguntas y respuestas.

¡Es mi oración que este libro te traiga esperanza! Tú puedes ser

- Un misionero nuevo, no sabiendo por dónde empezar;
- Un misionero veterano con mucho que ofrecer, pero frustrado financieramente;
- Experimentado en recaudar fondos, pero por alguna razón sin financiamiento constante;
- Amigo de un misionero y te duele ver al siervo de Dios sin suficientes ingresos;
- Un pastor a quien le piden consejo sobre recaudación de fondos, y necesitas un recurso que ofrecer;
- Un miembro del comité de misiones que quiere ayudar a los misioneros a tener éxito;
- El cónyuge del misionero quien se siente frustrado; o
- Un ejecutivo de una agencia misionera cuyos obreros tienen fondos insuficientes.

Este libro es para ti si alguna vez has lidiado con preguntas como las siguientes:

- ¿Es bíblico *solicitar*?

- ¿Por qué me siento tan mundano cuando recaudo fondos?
- ¿Por qué no puedo simplemente "orar para que llegue," como el famoso director del orfanato, George Müller?
- ¿Dónde vamos a conseguir el dinero para convertir nuestra casa en un acogedor y amoroso hogar?
- ¿Podremos algún día ahorrar o invertir? ¿Comprar una casa? ¿Enviar a nuestros hijos a la universidad?
- ¿Qué puedo hacer—aparte de dar—para ayudar a mis amigos misioneros a tener todo su financiamiento?
- ¿Qué les digo cuando me pidan consejos sobre financiamiento?
- ¿Cuál es el papel de las redes sociales en mi recaudación de fondos?

Yo quiero darte la bienvenida en este maravilloso y aterrador peregrinaje. Puedes contar con tres cosas:

1. Las Escrituras serán nuestra guía. Deseo que tu recaudación de fondos esté arraigada en la Biblia en lugar de las mejores prácticas del mundo.
2. La dirección de este libro muestra preocupación por el crecimiento espiritual de tus socios financieros. No te aconsejaré usar tácticas que abusan de tus amigos solamente para lograr una transacción financiera.
3. Seré auténtico contigo. Admitiré mis propios temores y errores.

¿Qué pretende lograr este libro? Oro para que *Financiando tu Ministerio* haga lo siguiente:

- Facultarte para que alcances un financiamiento completo— 110 por ciento de tu presupuesto aprobado—en menos tiempo de lo que te puedas imaginar. Romperás el cielo raso de cristal del financiamiento misionero de "supervivencia".
- Guiarte para preparar un plan de recaudación de fondos en el cual reclutas socios donantes, quienes con entusiasmo comparten tu visión. No estarás solamente "buscando dinero," sino construyendo y bendiciendo a un equipo de personas quienes se preocupan por ti y tu visión.
- Protegerte del desánimo. La recaudación de fondos puede ser algo solitario y desalentador.

- Impulsarte para que adoptes la recaudación de fondos bíblica como un ministerio, en vez de una desafortunada obligación. ¡No más desprecio a la recaudación de fondos!
- Facultarte para administrar los fondos que recaudes exitosamente, para que puedas lograr tus proyectos de vida dados por Dios.

¡Empecemos!

SECCIÓN UNO

Al Comenzar

Los capítulos 1 al 4 son acerca de ti—tus opiniones, tus obstáculos, tu conciencia y tus actitudes acerca de la recaudación de fondos. No podemos meternos de lleno a lo que harás para financiarte hasta que revisemos quién eres en cuanto al financiamiento. Así como un bello automóvil no irá a ningún lado sin un motor bien construido, tampoco un plan de financiamiento bellísimo no irá a ningún lado sin un obrero del evangelio a quien Dios haya tocado en el corazón en el tema del dinero. Por favor, al comenzar, rinde tus prejuicios financieros y opiniones ante Aquel que te ha llamado al ministerio.

1
MEDIAS VERDADES
EN LAS CUALES CREÍA:

El Rediseño Completo de mi Estrategia para Recaudar
Fondos

MI AVENTURA EN RECAUDACIÓN de fondos empezó el día que invité a mi jefe a comer en el restaurante Lum. Con toda confianza le dije a Carl que pronto renunciaría a mi bien remunerado trabajo en el periódico para entrar tiempo completo al servicio cristiano. ¡Cuán expectante estaba! No más problemas con el departamento de contabilidad. No más críticas de comerciantes avaros. No más política de oficina.

Carl no parecía impresionado. "¿Cómo vas a sostenerte?" me preguntó.

"No te preocupes," le dije. "¡El Señor proveerá!" Yo sabía que esta era la respuesta "correcta", pero nunca imaginé cuánto iba a ser probado sobre este tema.

Pausa. Una larga pausa.

Siendo un escéptico, yo reflexioné. *Ya le mostraré*. Nada me podía disuadir. Después de todo, el antiguo refrán, "Dónde Él guía, Él provee" de seguro sería verdad, ¿o acaso no?

Dos semanas después, los chicos de la oficina me hicieron una fiesta de despedida y me entregaron una placa con forma de moneda gigante. La inscripción decía, "En Dios confiamos. Todos los demás, solo en efectivo".

Y así empezó.

Mi primera cita de recaudación de fondos fue en la casa de dos ancianas de cabello azul de la iglesia donde asistíamos mi esposa y yo durante nuestros días en la universidad. Mientras tocaba la puerta, me di cuenta del destartalado pórtico y me preguntaba si estaba en la casa correcta.

Después de algunas palabras amables, pregunté si podía contarles acerca de nuestro ministerio. Con entusiasmo organizaron las sillas para que pudieran ver las fotos en mi cuaderno de presentación. Sonreían radiantemente. Las expectativas eran altas. Pero mientras volteaba las páginas, no pude evitar darme cuenta de los muebles desgastados y los sitios raídos en la alfombra.

Mi mente se adelantó a la solicitación financiera de la última página. No me podía concentrar. No podía recordar si mencioné las finanzas cuando llamé para hacer la cita. Una voz dentro de mí dijo: *Scott, no puedes solicitarles dinero a estas damas. Mira la alfombra raída. Mira el sofá viejo. ¡Mira esta casa destartalada! Estás mucho mejor económicamente que ellas.*

Yo repliqué: *No, ya renuncié a mi trabajo. Estoy en la obra de Dios ahora. Estas damas están contentas que vine. Adelante, voltea a la página de solicitación de dinero.*

Rugía en mí el juego mental en un ir y venir, mientras daba vuelta a las páginas y contestaba preguntas, sonriendo por fuera, pero sudando por dentro. ¿Debo preguntar o no?

Justo cuando llegue a la página del dinero, un pasaje bíblico llegó a mi mente: Jesús diciendo a los fariseos, "Devoráis las casas de las viudas" (Mateo 23:14). ¡Allí estaba mi respuesta! La memorización de la Escritura salvó el día.

Rápidamente cerré el libro sin mencionar apoyo financiero. Les pedí a las damas que oraran por nuestro ministerio. Me preguntaron si yo quería galletas. Conduciendo a mi hogar me preguntaba si debería recuperar mi trabajo en el periódico. ¿Qué diría Carl ahora?

Repetí esta escena de "no solicitar" varias veces. Quería pedir apoyo financiero, pero me sentía culpable haciéndolo. A veces insinuaba, pero nadie mordía el anzuelo.

Sin embargo, tenía la confianza que algún día, de alguna manera, la gente daría generosamente.

Un par de amigos se ofrecieron a darme apoyo financiero por compasión, pero eso fue todo. Los meses pasaban. El buzón estaba vacío.

Durante este tiempo recibía sugerencias. Un misionero me dijo, "El dinero sigue al ministerio". Las personas a quienes estábamos ministrando deberían apoyarnos. El citaba Gálatas 6,6: "El que es enseñado en la palabra, haga partícipe de toda cosa buena al que lo instruye". Pero nuestro ministerio era principalmente evangelismo. No podía realizar solicitudes financieras a unos pocos nuevos creyentes y no creyentes.

¿Y qué de los amigos de los estudios bíblicos donde he participado en el pasado? Supuse que estarían apoyando a otros misioneros. Me sentía culpable de pedirles a ellos.

Un pastor en Cedar Rapids, Iowa, dijo, "Scott, no le pidas a la gente que dé; solo pídeles que oren. Ellos te captarán". El método de ósmosis. Tampoco funcionó.

Otro asesor dijo, "Material para estudios bíblicos. Vende materiales para complementar sus ingresos". Otro sugirió, "Los empresarios cristianos, ellos tienen dinero". Perfecto, pero los empresarios de mis días con el periódico no parecían tener interés. De todos modos me daba temor solicitarles. Un amigo empresario en la iglesia se comprometió a darme de la venta de un edificio de apartamentos, pero no se vendió.

Algunas personas nos dijeron que nos apoyarían financieramente, pero nunca lo hicieron. Y a veces los donativos grandes vinieron de extraños. Nada tenía sentido.

Algo en el fondo de mi mente estaba confiando en nuestra lista de contactos. Mandé una carta a 150 de nuestros amigos, pidiéndoles que oraran acerca de nuestras finanzas. Nada nos llegó. Ni una respuesta. ¡Tal vez sí oraron—eso es lo que les pedí que hicieran!

La mayor parte del tiempo me sentía secular tratando de recaudar fondos. Me criticaba a mí mismo, preguntándome por qué no podía ser como los grandes misioneros de los años 1800—George Müeller o Hudson Taylor—que vieron el dinero llegar a raudales con solo decirle a Dios en oración. Pero para mí, "Donde Él guía, Él provee" no estaba funcionando. ¿Qué me hacía falta?

En medio de esta frustración, Dios estaba bendiciendo nuestro ministerio abundantemente. Los no creyentes estaban llegando a los pies de Cristo y creciendo como discípulos. Esto era el ministerio "real". La recaudación de fondos era un mal necesario—la medicina de mal sabor en el ministerio. Yo gravitaba felizmente hacia el discipulado y me alejaba de los asuntos de dinero.

Una vez al mes, decidí hacer algo acerca de nuestro financiamiento—el día que recibíamos nuestro cheque mensual, por debajo de nuestro presupuesto meta. Pero mi motivación perdió fuerza cuando estaba ocupado otra vez con el ministerio.

Yo le había dicho a Carl, el del periódico, que le Señor proveería. ¿Lo hizo? Sí. No nos morimos de hambre. Teníamos un techo sobre nuestras cabezas. Mi esposa, Alma, heroicamente estiraba nuestras escasas finanzas para la comida y la ropa de los niños. Pero sobregiraba nuestro fondo de ministerio cada mes, pensando, *El próximo mes el dinero entrará...el próximo mes*. Teníamos un déficit con nuestra agencia misionera, con poca esperanza de reponerlo.

Yo vivía en la negación. Alma pagaba las cuentas y manejaba nuestras finanzas. Ella era muy buena en esto, pero sentía la mayor parte de la presión. Yo sentía muy poca presión. Odiaba cuando las cuentas llegaban en el correo. Cuando los donantes interrumpían su donativo por un mes, yo criticaba su espiritualidad.

¿Nuestras dádivas? Nosotros dábamos algo, pero no en forma consistente. En nuestro reporte de impuesto de renta solo teníamos siete recibos de parte de una agencia misionera con la cual nos habíamos comprometido a un donativo mensual. Debimos haber tenido doce.

Finalmente, por desesperación, agarré mi concordancia bíblica y busqué la palabra *financiamiento*. Nada. ¡Yo estaba solo! Pero tenía la confianza que la Biblia me ayudaría. De pronto tropecé con el pasaje de Filipenses 4. Este día fue el momento decisivo. Durante varios meses, un versículo me llevaba a otro mientras escudriñaba las Escrituras.

Yo esperaba a encontrar una rápida e indolora técnica para el financiamiento, pero a través de mi estudio de la Biblia descubrí que mis opiniones originales acerca del financiamiento necesitaban un rediseño completo. El aspecto de financiamiento del ministerio me forzó a mirar profundamente dentro de mí mismo y no me gustó lo que vi. Dios me señalaba asuntos más profundos—como mi actitud amarga. Finalmente entendí que yo no era bíblico en mi perspectiva del dinero. La Palabra de Dios claramente me indicaba mis errores y la misma Palabra de Dios me habilitaba para hacer algo al respecto.

Vengo a ti como un compañero de viaje en la aventura de recaudar fondos personales. A través de las Escrituras, Dios me ha llevado de mi resentimiento de recaudación de fondos a disfrutarlo.

Desde aquellos primeros días, me doy cuenta que todavía necesito rediseños. He experimentado frustración y todavía estoy aprendiendo. Todavía siento mariposas en el estómago cuando agarro el teléfono para hacer una cita—igual que siento las mariposas antes de un estudio bíblico evangelístico. Pero he llegado al punto de ver la recaudación de fondos como un ministerio en lugar de una carga.

También he visto que cuando las pautas bíblicas son conscientemente aplicadas, el financiamiento completo se puede lograr—para cualquier persona, de cualquier trasfondo, en cualquier parte del mundo. Resiste la tentación de decir, "¡No va a funcionar!"

¡Empecemos! ¿El primer paso? Identificar los témpanos de hielo en tus rutas marítimas—tus obstáculos personales en la recaudación de sostenimiento.

2
OBSTÁCULOS
Entendiendo que es lo que te Detiene

ANTES DE INICIAR tus esfuerzos de recaudación de fondos—¡alto! Responde a esta pregunta: ¿Cuáles obstáculos específicos te impiden alcanzar el 100% de tu presupuesto aprobado? No tomarse el tiempo para identificar aquello que podría paralizar tus esfuerzos de recaudación de fondos es como pintar con pintura blanca sobre una pared oscura. La vieja pintura se nota a través de la nueva. Tus obstáculos regresarán para atormentarte.

Al principio yo pensaba que era el único misionero en el sistema solar que enfrentaba los problemas de abajo, pero he descubierto que los misioneros de todas las culturas tratan con estas barreras. Tus obstáculos pueden ser de actitud. O puede ser un par de habilidades que necesitas desarrollar. Trata tus obstáculos con humildad y honestidad y encontrarás libertad mientras ejecutas tu plan de recaudación de fondos.

Los obstáculos abajo serán tratados directa e indirectamente a través del libro. ¿Cuáles son tuyos?

1. Sin Donantes Potenciales

"Se me acabó la gente con quién hablar". Esto es común para los obreros cristianos que no vienen de un trasfondo evangélico o por aquellos que a propósito limitan su lista de contactos. Algunos también dicen, "Mi gente no tiene dinero".

Al principio de la recaudación de fondos muchos obreros hacen la pregunta, "¿A quién conozco que me dará dinero?" ¡Pregunta equivocada! La pregunta correcta es, "¿Quién necesita escuchar mi historia?" Dios, en su providencia, te ha puesto en medio de personas (o muy pronto lo hará) a quienes Él llamará a unirse contigo como socios colaboradores. El misterio de la recaudación de fondos es averiguar quiénes son. (Más sobre hallar socios potenciales en los capítulos 8 y 11.)

2. Temor

Al enseñar financiamiento bíblico alrededor del mundo, encuentro que el obstáculo del temor ocupa el primer lugar en cada cultura, en cada organización—temor al fracaso, temor al rechazo, temor de arruinar relaciones. No es fácil admitir que somos temerosos porque los "obreros" debemos tener toda nuestra vida en orden. ¿Temores? ¡Para nada! Yo no.

A veces los obreros enmascaran sus temores con "razones teológicas" o razones filosóficas por las cuales no invitan a los socios a unirse a su causa. Pero qué gran liberación obtenemos cuando admitimos nuestros temores. El Salmo 56:3 dice "Cuando siento miedo, pongo en ti mi confianza." El salmista no dice *si acaso* teme, sino *cuando*. El admite sus temores. No es pecado tener temores, pero sí es pecado vivir en temor constante.

Si eres temeroso, admítelo tal cual. Está bien. E identifica a las personas específicas a quienes temes. Y observa lo que Dios hará.

3. Falta de diligencia

La mayoría de los misioneros son trabajadores tenaces—excepto en la recaudación de fondos y el ministerio a los socios colaboradores. ¡Mientras me preparo para programar citas por teléfono, mi mente está inundada con otras cosas que debo hacer—¡buenas cosas! Estudiar la Biblia. Preparar seminarios. Lavar el coche. Ir al dentista. Acudir a la refri por un bocadillo muy necesario. Y nadie critica a los misioneros por hacer estas buenas cosas en vez de recaudar fondos.

¡Pero no hay otra palabra para describirlo—es pereza! Tú lo sabes y Dios lo sabe.

4. La mentalidad de "apañarse"

Una vez en la carretera recogí un autostopista ebrio en el área rural de Wisconsin. Me gusta preguntarles a los autostopistas "¿Cuál es tu meta principal en la vida?" Mi acompañante, oloroso a alcohol, desde su asiento anunció decididamente, "¡Mi meta es ir pasándola!"

Él y yo nos enfrascamos en una discusión muy animada acerca de conocer a Cristo. Pero al día siguiente su frase de "ir pasándola" me atormentaba. Mi amigo autostopista me ayudó a darme cuenta que yo tenía una mentalidad financiera de ir pasándola. Yo nunca planeaba recaudar el 100% de mi presupuesto oficial aprobado. Estaba dejando pasar mes tras mes, esperando que suficiente dinero entrara por sí solo sin que yo tomara acción de invitar a nuevos socios colaboradores. Con tal que pudiéramos apenas cubrir los gastos de cada mes, estaba satisfecho.

Pero vivir *apenas* es agotador, especialmente con una familia. Los misioneros que viven día a día sin reserva financiera alguna están tentados a utilizar de más las tarjetas de crédito, pedir prestado a la familia, o pedir un adelanto a la agencia misionera. Algunos renuncian. ¿Ahorros? Un sueño lejano.

5. Falta de habilidades en recaudación de fondos

Los cristianos que han sido capacitados con técnicas de evangelismo normalmente llevan más personas a los pies de Cristo que los que carecen de este adiestramiento. Lo mismo es cierto con la recaudación de fondos.

En África Oriental yo insistía que mis alumnos de recaudación de fondos realizaran una dramatización de sus llamadas telefónicas, no una vez, ni dos, sino tres veces. Ellos mostraron su molestia—¡Ya basta! Pero cuando empezaron a llamar para obtener citas, rebosaban con confianza y disfrutaron las llamadas. Podían concentrarse en la persona que estaban llamando en lugar de preocuparse por lo que iban a decir. Admitieron que valió la pena la dramatización. ¡Las habilidades generan confianza!

6. Falta de tiempo

"No tengo tiempo para recaudar fondos. ¡Mi agenda está llena!"

Claro que *hacemos tiempo* para lo que es importante. Cuando alguien te dice que no tiene tiempo para leer la Biblia, entiendes que el verdadero problema es con sus prioridades, no la falta de tiempo.

Muchos misioneros llenan su año con actividades del ministerio, y luego intentan recaudar fondos durante los días festivos. Tristemente, están siendo negligentes con ellos mismos y sus familias.

Pregúntate a ti mismo dos preguntas:

1. ¿Por qué no tomo más tiempo para recaudar fondos de manera intencional?
2. ¿Qué puedo quitar de mi agenda para tener el tiempo para recaudar fondos?

7. Mentalidad "En casa"

Una obrera del evangelio no lograba motivarse para ampliar su lista más allá de cincuenta a sesenta amigos. Finalmente, de pura frustración, confesó, "¡Yo no conozco a más personas que entienden mi misión!"

Respondí, "¡Ellos no necesitan entender tu misión *ahora!*" Pero lo entenderán conforme reciban tus cartas de noticias. Con este comentario se le encendió el bombillo. En cuestión de veinticuatro horas ella "encontró" cien amigos y conocidos adicionales.

Un amigo africano mío dice, "¡Si nunca sales del hogar, pensarás que tu madre es la mejor cocinera en toda África!" De manera similar, algunos obreros nunca "dejan el hogar" en cuanto a la recaudación de fondos. Ellos limitan sus solicitaciones de financiamiento a los "de casa", miembros de estudios bíblicos, colegas del ministerio o la familia.

Si esperas tener tu financiamiento completo por medio de las personas que ya entienden tu ministerio, te decepcionarás. Pero si extiendes tus horizontes más allá de tus amistades personales te sorprenderás de quiénes Dios te enviará por tu senda.

8. Falta de rendición de cuentas

¿Qué pasará si no has llegado al 100% de tu presupuesto? ¿Te impedirá tu supervisor abordar un avión o visitar el campus? ¡No lo hará si él también está bajo de presupuesto! Una vez pregunté un misionero, "¿Tú piensas que tus directores te dirían que detengas tu ministerio para trabajar en tu financiamiento?" El miró disimuladamente alrededor del salón y dijo, "¡No, no creo que tengan el valor!"

Algunas agencias misioneras tienen una regla que no se puede salir al campo hasta que tenga el 100% de su presupuesto asegurado. Esta regla es fácil de aplicar si vas a otro país—no puedes abordar un avión hasta que tengas tu presupuesto completo. Pero a menudo se ignora cuando tu ministerio está al otro lado de la ciudad. Aunque algunas agencias misioneras tienen la política de "100%", rara vez lo hacen cumplir.

Claro que hay casos donde los obreros ministrarán por debajo del 100% del presupuesto, pero esto debe ser la excepción en lugar de la norma. He aquí dos ejemplos de lo que puede suceder.

Una vez enseñé un taller de financiamiento en Illinois para misioneros hacia los estudiantes universitarios. ¡El segundo día, a las 11:00 am en punto, el director de Illinois anunció que a ningún obrero se le permitiría continuar su ministerio en el campus de la universidad hasta que tuviera todo su financiamiento—el 100%! Durante el receso del almuerzo, el cúmulo de emociones brotaron. "¡Él no puede hacer eso! clamaban los misioneros. "¡Nuestros ministerios serán destrozados!" Pero el director se mantuvo firme en su decisión. Nueve misioneros de Illinois tenían solamente cuatro días para poner en orden sus ministerios antes de suspender para dedicarse a solicitaciones de financiamiento cara-a-cara.

Para su sorpresa, entre tres meses alcanzaron el financiamiento completo y estaban de regreso en el campus. ¿Fue destrozado el ministerio mientras estuvieron ausentes? "¡Lamentablemente, no!" respondió un amigo del equipo en forma jocosa. Sus líderes estudiantiles habían asumido el reto.

Por el contrario, un director en otro distrito no insistió que sus obreros dejaran el campus para dedicarse tiempo completo a la recaudación de fondos. Su equipo intentó realizar las dos cosas a la vez—recaudar apoyo y ministrar en el campus. Después de seis meses No estaban ni cerca del financiamiento completo.

¿Quién te pedirá rendir cuentas de tu recaudación de fondos? ¿Si no es tu supervisor, quién? ¿Un amigo? ¿Un donante? ¡Escoge a alguien que *no* tenga el don de misericordia!

9. Barreras culturales

Para muchas culturas alrededor del mundo, incluyendo algunas comunidades de grupos étnicos minoritarios en los Estados Unidos de América, el enviar apoyo mensual a las oficinas de una agencia misionera en tierras lejanas suena extraño. Si tu cultura no tiene una historia de asignar apoyo misionero, vas a encontrar resistencia. Pero no te des por vencido. Tú puedes enseñar a tu cultura, de manera creativa y sensible, nuevos métodos de dar para el avance del Reino.

En perspectiva, considera esto: Pasar una canasta en el culto de la iglesia está aceptado alrededor mundo como una forma de recoger una ofrenda. Pero hace 120 años era un nuevo método revolucionario de recaudación de fondos—especialmente en Occidente, donde la norma aceptada era "alquiler de la banca."

10. Solamente-emergencia estrategia

Muchos obreros esperan hasta que tengan una necesidad urgente antes de recaudar fondos. En algunas culturas esto es aceptable y sus amigos y familia (normalmente) los rescatan. ¿Pero eso es sabio bíblicamente?

Otros misioneros pasan por cincuenta y una semanas de buenas intenciones antes de dedicar una semana de catorce horas diarias a enviar correos electrónicos de desesperación suplicando por ayuda.

La recaudación de fondos en estado de pánico podría producir resultados una o tal vez dos veces, pero sus socios donantes se cansarán de ello.

11. Visión Borrosa

Si no estás seguro de tu llamamiento ministerial, o no sigues creyendo apasionadamente en tu ministerio, titubeas al invitar a otros a respaldarte. Una visión borrosa es una razón principal por la que los misioneros se demoran en enviar cartas de noticias a sus socios contribuyentes por doce o veinticuatro o hasta treinta y seis meses. Se preguntan, *¿Qué les digo?*

Si no estás seguro de tu siguiente paso en el ministerio estás en buena compañía. En 1 Corintios 16:6 Pablo dice, "Y *podrá ser* que me quede con vosotros, o aun pase el invierno, para que vosotros me encaminéis *a donde haya de ir*" (énfasis añadido). El apóstol Pablo, aunque parecía lleno de confianza, no estaba seguro de su siguiente paso en el ministerio, pero esto no le impedía hacer solicitaciones de apoyo financiero a los Corintios. Al igual que Pablo, tal vez no tienes los detalles específicos de tu futuro ministerio. ¡Está bien! Dile a la gente lo que sí sabes y solicítales que te ayuden a lograrlo.

Mientras tanto, usa estos tiempos de incertidumbre para clarificar lo que Dios te ha llamado a hacer. ¿Es el tiempo de empezar un nuevo capítulo en tu vida? Si estas luchando con una carrera o "llamamiento", no sigas marchando adelante como un valiente soldado. Detente. Pasa un tiempo prolongado a solas con Dios; toma exámenes de aptitud; consulta con tus líderes de la misión, tu iglesia y tus amigos. Revisa el librito *The Sacred-Secular Mistake* (disponible en inglés en scottmorton.net), el cual contiene un práctico estudio bíblico sobre "el misterio del llamamiento."

12. Cultura Indirecta

La mayoría de las culturas del mundo son indirectas. Pero cada persona en tu cultura es un individuo. No todos reaccionan igual. Algunas (especialmente las generaciones más jóvenes) prefieren que tú seas más directo. Por la gracia de Dios, de forma creativa lleva a cada donante potencial al punto donde realmente considere y ore acerca de apoyarte—tomando una decisión de mayordomía. Usa una estrategia original para cada uno. En cualquier cultura, el construir relaciones de mutua confianza ayuda a sobrellevar el peso de los temas sensibles.

13. Pesimismo a largo plazo

Un misionero que había trabajado duro para alcanzar su presupuesto vino a mí llorando. "Tuve éxito por un año, pero cuando pienso en buscar financiamiento durante los próximos cinco años quiero tirar la toalla."

Quiero animarte a poner a un lado este sentimiento tan abrumador hasta que hayas terminado las tareas de este libro. Entonces podrás ver tus retos de financiamiento con una perspectiva mas objetiva. No puedes enfrentar las incertidumbres del futuro con la gracia de hoy. Yo hallo que Dios me da su gracia solamente para los retos de hoy. No puedo experimentar la gracia de mañana hoy. Pero la "gracia para el oportuno socorro" estará allí en abundancia cuando llegue el mañana (Hebreos 4:16b).

14. Creer mentiras de fondo

Un obrero japonés languidecía por años en su financiamiento. Aunque participaba en seminarios de financiamiento, su ingreso casi no mejoraba. Finalmente, en una escuela de recaudación de fondos el pasado enero, él tuvo un descubrimiento. El confesó con lágrimas en los ojos a toda la clase, "Creo que conozco por qué he luchado tanto con mi financiamiento. Cuando era un niño, e incluso entrando la edad adulta, mi padre me decía una y otra vez, 'Serás un fracaso financiero como yo.' Yo he creído esa mentira por años. "¡Me ha mantenido preso, pero hoy elijo estar libre de ella!"

Al instante, sus colegas misioneros los rodearon a él y a su esposa y oraron por liberación de esta mentira de fondo que él había creído toda su vida. Hoy está realizando solicitudes cara-a-cara valerosa y exitosamente, y los socios donantes están respondiendo maravillosamente.

¿Cuáles mentiras de fondo afectan a los misioneros? Aquí hay algunas mentiras comunes de diferentes partes del mundo:

- Nunca tendré todo mi financiamiento.
- No merezco tener todo mi financiamiento.
- Nadie quiere apoyarme.

- Si Dios quiere que yo esté financiado, Él lo hará (sin que yo haga mucho).

Toma un momento para identificar tus dos obstáculos más grandes de la lista en este capítulo. ¡Nómbralos! Sé lo suficientemente sincero para decir, "Mi principal obstáculo es el temor—especialmente de mis colegas". El primer paso para superar los obstáculos es admitir que existen. Él educador Booker T. Washington dijo, "El éxito se mide, no tanto por la posición que uno haya alcanzado en vida, sino por los obstáculos que haya superado".[1]

* * *

Revisa estos catorce obstáculos en tu tiempo devocional diario durante los próximos días. Si eres casado, compártelos con tu cónyuge. El tapar tus obstáculos con papel tapiz no los resolverá, y más bien te perderás los cambios profundos de carácter que Dios traerá.

Habiendo identificado tus obstáculos, ya estás listo para examinar tus actitudes hacia la recaudación de fondos.

3
EXAMEN DE CONCIENCIA
El Fundamento Bíblico del Financiamiento Ministerial

YO ENSEÑO RECAUDACIÓN de fondos bíblico a trabajadores del reino de muchas culturas. Ellos aprecian los talleres de comunicación y de desarrollo de estrategias. Pero lo más destacado siempre es el estudio bíblico. Las escrituras satisfacen el alma.

Invertir muchas horas aprendiendo lo que la Biblia dice acerca de la recaudación de fondos es más importante que cualquier otra cosa que te pueda decir. Simplemente tomar las mejores prácticas de recaudación de fondos, sin desarrollar convicciones bíblicas, es como recibir una caja de regalo vacía.

La Biblia es la única razón por la que escribo este libro. Al principio de nuestro ministerio, intenté varias técnicas en recaudación de fondos, pero fracasé. Por desesperación, tomé mi Biblia y me encontré con Filipenses 4. A partir de este pequeño inicio, comencé a lograr libertad en la recaudación de fondos... y tú también puedes hacerlo.

He aquí doce aspectos de conciencia en relación con la recaudación de fondos, además de algunas percepciones de mis estudios bíblicos. ¿Cómo se comparan con tu propio entendimiento de la Escritura?

1. ¿Qué derecho tengo yo a tener apoyo financiero de otros?

Tarde o temprano, a todo misionero en el mundo le preguntan: "¿Cuándo vas a conseguir un *verdadero* trabajo?" Familia y amigos a menudo comparan la recaudación de fondos con mendigar.

Los misioneros también caen en esta forma de pensar. Un escritor misionero poco ubicado dijo sin pensarlo mucho: "Luisa y yo

17

casi no vinimos al campo misionero. No podíamos forzarnos a *mendigar* por apoyo financiero." Otro dijo: "Nuestro estilo de vida fue una peculiar mezcla de oración, fe, acción, comunicación y *mendigar*."

Una mentalidad de "mendigar" nos da una pista de que un misionero no siente que él o ella tiene el derecho de recibir apoyo financiero. Como resultado, algunos buscan empleo afuera, o dejan el ministerio... no porque quieren, sino porque no soportan tener que recaudar fondos. ¿Entienden ellos que tienen el derecho bíblico de ser financiados por la iglesia?

La Biblia muestra claramente que los misioneros con llamado al servicio a tiempo completo tienen el derecho de ser apoyados financieramente. Encontramos evidencia de este derecho en lo siguiente:

- el ejemplo de los Levitas
- el ejemplo de Jesús
- la enseñanza de Jesús
- el ejemplo de Pablo
- la enseñanza de Pablo

El ejemplo de los Levitas

"Porque a los levitas he dado por heredad los diezmos de los hijos de Israel, que ofrecerán a Jehová en ofrenda" (Números 18:24). Once de los doce hijos de Jacob recibieron una asignación de tierras, pero si revisas el mapa de Canaán en la parte atrás de tu Biblia, no encontrarás el nombre de Leví. En lugar de tierras, Leví recibió la promesa del diezmo.

Como cristianos hoy, redimidos por el sacrificio de Cristo, no necesitamos que los descendientes de Leví hagan sacrificios por nosotros. Aún así, el modelo —una tribu que apoya a otra a tiempo completo para el avance del Reino de Dios— aún es válido... ¿No es así?

El apóstol Pablo dice que sí. En 1 Corintios 9:13 él defiende el ser financiado por el evangelio: "¿No saben que los que sirven en el templo también reciben su alimento del templo, y los que participan en el altar participan de lo que se ofrece en el altar?" Pablo usó de ejemplo a los levitas para mostrar a los corintios que él tenía el derecho de recibir apoyo financiero. (Sin embargo, no lleves el ejemplo de los levitas demasiado lejos: ¡Los levitas debían jubilarse a la edad de cincuenta!)

¿Eres tú una versión moderna de los levitas? La teología del Nuevo Testamento dice que el sistema de sacrificios se acabó. Pero si Dios te ha llamado al ministerio a tiempo completo, ¡entonces sí! Como los levitas, tu eres un obrero llamado para Su reino. Como Dios proveía por Sus obreros de tiempo completo en el Antiguo Testamento, Él proveerá para ti.

De hecho, Dios ya ha provisto para ti. Cuando Dios escogía a los levitas para su servicio especial, Él tenía en mente su provisión de financiamiento (el diezmo). Del mismo modo, tus socios donantes ya han sido "llamados" por el mismo Dios que llamó a los levitas. ¡A través de la recaudación de fondos bíblica es que tú descubrirás quiénes son ellos!

El ejemplo de Jesús

Jesús no trabajó en un "empleo formal" después de que comenzó su ministerio. Él escogió depender de un equipo de apoyo conformado por gente ordinaria. "María, que se llamaba Magdalena, de la que habían salido siete demonios, Juana, esposa de Chuza, el mayordomo de Herodes, y Susana, y muchas otras que le servían *de sus bienes privados*" (Lucas 8:2-3, énfasis añadido). Tres mujeres son nombradas, pero muchas otras contribuían de sus bienes al ministerio de Jesús. Si fuera incorrecto estar financiado por regalos personales, Jesús no lo hubiera permitido.

Un amigo africano dijo, "Scott, tú malinterpretas: las mujeres apoyadoras no daban dinero. Ellas servían cocinando la comida y haciendo cosas parecidas.

¿Cómo responderías? Miremos más profundo la expresión "medios privados", *huperchonte*, también usada en Lucas 12:15: "Porque aún cuando hay abundancia, la vida del hombre no consiste en la abundancia de los bienes [*huperchonte*] que posee." Las mujeres daban de sus propios recursos (lo que era de ellas), no simplemente daban servicio. Una mujer de Singapur descubrió este versículo y dijo: "¡Ellas dieron su dinero, lo que era para sus gastos personales!"

Además, esta acción de dar no era solo una vez, sino que era algo repetitivo. En Mateo 27:55 leemos que, durante la crucifixión, "estaban allí muchas mujeres mirando de lejos, las cuales habían seguido a Jesús desde Galilea, sirviéndole [*huperchonte*]." Otra vez, "muchas mujeres" caminaron casi 100 kilómetros hacia el Sur, de Galilea a Judea, apoyando a Jesús hasta su amargo fin. ¡Estas mujeres fueron tocadas por el ministerio de Jesús, y participaron como socios donantes por hasta tres años, dando incluso en la época de la iglesia primitiva! Y después de la ascensión de Jesús al cielo, 120 discípulos esperaban el Espíritu Santo "con las mujeres" (Hechos 1:14).

Jesús no necesitaba ser apoyado por donantes. ¿No podía apoyarse a sí mismo Aquel que convirtió el agua en vino? ¿No podía apoyarse a sí mismo Aquel que multiplicó los panes y pescados? Si alguien podía apoyarse a sí mismo, ese era Jesucristo. Sin embargo, intencionalmente escogió vivir de los aportes de "muchos otros"... un equipo de apoyo dedicado. ¿Y quiénes fueron los primeros en ver a Jesús en su cuerpo resucitado? ¡Los donantes! ¡Qué alto valor pone Dios en los socios donantes – y eran mujeres!

Recientemente me dijeron que "recaudar fondos personales" ya no se necesita como modelo de financiamiento, pues es un paradigma antiguo. ¿Mi respuesta? Sí, es un paradigma antiguo: tiene dos mil años de antigüedad y es un paradigma bíblico que es reproducible en todas las culturas.

El ser dependiente de otros te hace humilde. Pero si Él, quien no necesitaba depender de otros, libremente lo escogió, entonces tú y yo debemos estar dispuestos también. Este modelo de financiamiento no debe ser mal visto: es el modelo de Jesús... ¡Celébralo!

La enseñanza de Jesús

Esta es una tercera razón por la cual tienes derecho a ser apoyado. Jesús dijo, "No os proveáis de oro, ni plata, ni cobre en vuestros cintos... porque el obrero es digno de su alimento. Mas en cualquier ciudad o aldea donde entréis, informaos quién en ella sea digno, y posad allí" (Mateo 10:9-11). Cuando Él envió a sus discípulos a ministrar, Jesús no les dio dinero para gastos personales de la manera que lo hacía mi entrenador cuando viajábamos a un partido. Jesús les mandó a los doce a buscar un anfitrión "digno" para hospedarse. Aunque la cultura judía estaba a favor de la hospitalidad para los viajeros, el buscar un anfitrión digno era una forma de "pedir."

¿Será que el envío de los doce fue un evento único e irrepetible, que no nos sirve para el día de hoy? Jesús hace del apoyo por donantes un principio eterno cuando dice, "el obrero es digno de su alimento." Lo repite en Lucas 10:7, cuando envía a los setenta. Pablo lo parafrasea en 1 Corintios 9:14 y lo cita directamente en 1 Timoteo 5:18. ¡Tú también eres digno de tu apoyo! Esto es algo eterno.

El ejemplo de Pablo

"Cuando Silas y Timoteo vinieron de Macedonia, Pablo *comenzó* a entregarse por entero a la predicación de la Palabra" (Hechos 18:4-5, énfasis añadido). ¿Será que de pronto Pablo se dedicó más? No. Los eruditos están acuerdo en que Silas y Timoteo trajeron dinero o tenían empleos para que Pablo pudiera dejar de fabricar tiendas y se dedicara a predicar a tiempo completo.

En Filipenses 4:16, Pablo elogia a los Filipenses por haber apoyado su ministerio "más de una vez." Si fuera algo malo el recibir apoyo financiero, Pablo no hubiera permitido que otros lo hicieran. Pero por el contrario, él amablemente respaldaba sus contribuciones.

La enseñanza de Pablo

¿Quién pagaba por la alimentación de Pablo? Los eruditos dicen que cuando Pablo preguntó "¿Acaso no tenemos derecho de comer y beber?" (1 Corintios 9:4), su audiencia entendió que él se refería al gasto de comer y beber. La versión amplificada de la Biblia añade la frase "por cuenta de las iglesias." En el versículo 6 (amplificado) Pablo pregunta abiertamente, "¿O sólo Bernabé y yo no tenemos el derecho de dejar de hacer trabajo manual [para sostener nuestro ministerio]?" Pablo está afirmando que los otros apóstoles de hecho recibían apoyo financiero sin que hubiera controversia al respecto.

La pregunta de Pablo es la misma que estamos trabajando aquí: ¿Tienes el derecho de abstenerte del trabajo manual para hacer el trabajo del ministerio? Este es un asunto que tiene dos mil años.

En 1 Corintios 9:7-18, Pablo responde al estilo de un abogado, usando cinco letras con "L".

- *Lógica* (versículo 7). ¿Será que un soldado sirve pagando sus propios gastos? ¿Será que un agricultor siembra una viña y no come de su fruto? ¡Por supuesto que no! La lógica común nos enseña esto.
- *Ley* (versículos 8-10). Pablo cita Deuteronomio 25:4: "No pondrás bozal al buey cuando trillare." Incluso al buey se le permite meter su cabeza y masticar mientras trilla el grano. Pero Pablo va más lejos, sugiriendo que Deuteronomio 25:4 fue escrito para nuestro beneficio: "Pues para nosotros se escribió." Deuteronomio es para nosotros, no para los bueyes. O como comentó irónicamente Martín Lutero, "¿Será que los bueyes pueden leer?"
- *Liderando Espiritualmente* (versículo 11). Pablo declara un principio "Si nosotros sembramos entre vosotros lo espiritual, ¿sería demasiado si segáremos de vosotros lo material?"

Repitiendo esto en Gálatas 6:6 y Romanos 15:27, Pablo enseña que los creyentes deben apoyar a sus líderes espirituales.

Las ultimas dos "L" de Pablo son argumentos que ya revisamos anteriormente:

- *Levitas* (versículo 13). Los que sirven en el altar, participan del alimento que está en el altar.
- *Señor* (Lord en inglés) (versículo 14). Pablo parafrasea el principio de Jesús que aparece en Mateo 10 y Lucas 10: "Así también ordenó el Señor a los que anuncian el evangelio, que vivan del evangelio."

Pero pon atención a la advertencia de Pablo en el versículo 12 (reiterado en 15 al 18): "No hemos usado de este derecho... por no poner ningún obstáculo al evangelio de Cristo." ¿Tienes el derecho de recibir apoyo financiero para ministrar el evangelio? Pablo responde con un rotundo "¡Sí!" Pero también nos advierte firmemente: "No reclames tu derecho, ya que quizá podrías estorbar al evangelio."

Un antiguo misionero dijo, "Pedir dinero es como pedir limosna. No creo que es un asunto de orgullo, sino de anticuados sentimientos internos." ¡Por supuesto que son sentimientos internos! ¿Pero quién dice que tus sentimientos internos tienen el privilegio de tomar tus decisiones financieras? Mis sentimientos internos me dijeron que tomara un tercer trozo de pastel de chocolate en la fiesta de la oficina. Tú no permites que tus sentimientos dicten tu caminar con Cristo... ¿Entonces por qué dejar que dirijan tu recaudación de fondos? Reconoce tus sentimientos internos, pero no les des el poder de tomar decisiones.

2. ¿Está bien pedir? Se siente como mendigar.

Un misionero me dijo, "Ya sé que tengo el derecho de recibir apoyo financiero. Es solo que no quiero pedirlo." Pensamos que pedir nos pone en la misma categoría de los tele-evangelistas de peinado impecable, o con los mendigos en las transitadas intersecciones de Nairobi. Preferimos distanciarnos de estos *mendigos* vergonzosos.

Una misionera frustrada recibió esta directriz: "Divulgación completa, pero *sin pedir*." A ella se le permitía hablar a los donantes acerca de sus necesidades, pero no podía pedirles que ayudaran. Al borde de las lágrimas, ella nunca sabía cuánto decir. Además, los donantes estaban confundidos, sin saber por cuáles sumas orar. Esa política petendía ser altruista, pero estaba equivocada.

¿Qué dice la Biblia acerca de los obreros del reino que solicitan apoyo? ¿Alguna escritura lo prohíbe? Ninguna que yo conozca. Aunque no tenemos un registro de Jesús pidiendo apoyo financiero, este es un argumento de silencio. De la misma forma, no tenemos ningún registro de Jesús sonándose la nariz o perforando sus orejas. Sin embargo, ¡sí pedía un aposento alto, un burrito, el barco de pesca de Pedro, un almuerzo en la casa de Zaqueo, o que Juan cuidara de su madre!

> No se trata de que simplemente adoptes mis convicciones—empieza con el gozo de tu descubrimiento personal por medio de estudiar lo que la Biblia dice acerca de la recaudación personal de fondos. El *Estudio Bíblico Internacional sobre Financiamiento* se encuentra en scottmorton.net. ¿No tienes suficiente tiempo? Aquí hay dos sugerencias;
> *Devocionales diarios*. Medita en uno o dos versículos diariamente.
> *Desarrollo profesional*. "Asiste una clase" por cincuenta minutos diarios los lunes, miércoles y viernes.

La Biblia nos da ejemplos específicos de peticiones, pero es posible que no las comprendamos hasta que entendamos la cultura de hospitalidad del Medio Oriente. En el tiempo de Jesús, la costumbre dictaba que había que recibir hasta por tres días a un rabino que estaba viajando, y después había que darle provisiones para que siguiera su viaje. Un maestro que está viajando y llega a tu puerta es una "no muy indirecta" solicitud de hospedaje y provisiones. No hacen falta palabras.

Esto nos ayuda a entender Mateo 10:11, donde Jesús envía a los doce, diciendo, "Mas en cualquier ciudad o aldea donde entréis, informaos quién en ella sea digno, y posad allí hasta que salgáis." Esto implicaba un acto de pedir. De la misma forma, en Romanos 15:24, Pablo anuncia su visión para ir a España. Allí él dice, "Espero... *ser encaminado* [*propempo* – asistencia práctica] allá por vosotros" (énfasis añadido). Otro ejemplo de pedir ocurre en 1 Reyes 17, cuando Dios le dice a Elías que solicite provisiones a una viuda en Sidón.

Yo nunca digo a las personas "dame a mí." Esto es horizontal: una mera caridad. Tú no estás pidiendo para ti mismo, sino para la obra del Reino. Solicitar para el Reino saca el "yo" de la solicitud, aunque yo eventualmente reciba el dinero. Me gusta recordarles a los donantes que ellos están dando a Dios de acuerdo con Filipenses 4:18: "sacrificio aceptable, agradable a Dios."

Finalmente, seamos prácticos: Si pedir está mal, ¿qué con las iglesias que pasan el plato de la ofrenda? Aceptamos que las iglesias puedan pedir: eso está bien. Pero, ¿Por qué no pueden hacerlo otros grupos dentro del Reino?

Algunos obreros siguen el método del famoso misionero George Müller de "decirle solamente a Dios" acerca de sus necesidades ministeriales. Este concepto sigue vivo hoy en frases como "No pidas: solamente ora." Aunque Müller es uno de mis héroes, nos ayuda el conocer algo de la historia.

Müller vivía en Bristol, Inglaterra, a finales de los 1800. Él financiaba su obra del orfanato por medio de "depender solamente en Dios." ¿Por qué tenía Müller esta perspectiva? Antes de venir a Cristo, Müller fue una persona materialista y manipuladora. Cuando niño, en Alemania, él habitualmente robaba dinero del escritorio de su padre. Su padre tuvo que hacerle una trampa muy elaborada para pescar al joven George.[1]

Siendo un hombre joven, Müller se registraba en hoteles vestido con ropa de lujo para dar una impresión de riqueza, pero se escapaba sin pagar.

Más tarde, después de convertirse en un creyente en Cristo, se mudó a Inglaterra y se convirtió en pastor. En el tiempo de Müller, las iglesias se financiaban por medio del alquiler o venta de las bancas a los miembros: las más costosas estaban más cerca del frente, y las bancas gratis en el parte de atrás. Müller creía que esta costumbre violaba la enseñanza en Santiago 2. Entonces puso una caja en la parte de atrás de su iglesia para ofrendas voluntarias, y le dijo a su congregación que no diría nada sobre contribuciones financieras. El asunto funcionó, así que él llevó su "ora, pero no pidas" a su obra del orfanato.

Pero la historia tiene otro lado. Aunque Müller nunca hacía solicitudes, él y sus seguidores compartían en sus discursos públicos las respuestas a sus oraciones. Estas historias informaban a los oyentes acerca de cómo podían dar. Müller también mandaba reportes anuales de las finanzas del orfanato. No pedía, pero sus necesidades siempre fueron reveladas.

Hasta la fecha, el legado de Müller de "no pedir" tiene una enorme influencia en agencias misioneras alrededor del mundo. En los años 1940, el fundador de los Navegantes, Dawson Trotman, tenía la intención de seguir el ejemplo de Müller de "no pedir". Harvey Oslund, un contemporáneo de Trotman, me dijo que los obreros fueron instruidos a "cambiar de tema si alguien mencionaba las finanzas."

Pero la práctica de Müller es solo uno de los métodos de recaudación de fondos.

Sospecho que muchos misioneros se sienten atraídos al método de Müller porque así ellos no enfrentarán el riesgo de pedir. Quizá "se siente más espiritual." Pero la enseñanza bíblica acerca de la recaudación de fondos es más amplia, mucho más amplia, que la práctica de un solo hombre.

3. Encuentro más fácil recaudar finanzas para otros, que para mí mismo.

La recaudación de fondos para terceros a menudo es presentada como una manera ideal de financiamiento. Muchos obreros dicen en principio que ellos prefieren recaudar finanzas para cualquier persona, menos para ellos mismos. Pero, eventualmente, la mayoría deja atrás esta perspectiva emotiva.

Recaudar fondos para otros es ciertamente bíblico. Pablo recaudó financiamiento de las iglesias de Corinto y Macedonia para los santos en Jerusalén. Juan, el apóstol, animaba a Gayo a encaminar a los misioneros "como es digno de su servicio a Dios, para que continúen su viaje" (3 Juan 1:6).

¿Cómo puedes llegar al punto de tener la misma confianza al recaudar financiamiento para ti mismo, como si lo hicieras para otros?

Primero, recuerda que la recaudación de fondos bíblica es vertical: la gente da a Dios, no a ti (Filipenses 4:18). Estás recaudando dinero para el Reino, no para tus *necesidades*. Mi amigo Noel Owuaor, de Kenia, lo dijo de esta manera: "Estamos recaudando finanzas, no para pagar por los gastos de la escuela o de comprar chicle: recaudamos finanzas para el Reino."

Segundo, ¿tú crees que tu ministerio es importante? Algunos obreros prefieren recaudar fondos para otros porque creen que su trabajo no es lo suficientemente importante como para merecer apoyo económico.

Por ejemplo, años atrás, mis colegas en un retiro de misioneros daban reportes increíbles de vidas cambiadas y estudios bíblicos creciendo increíblemente. Al contrario, ¡en mi ministerio solamente ocho a diez personas asistían a mis estudios bíblicos en pequeños dormitorios de la universidad… y sobraban sillas! ¿Era mi pequeño ministerio digno de apoyo financiero? ¿Era *yo* digno de apoyo financiero? Yo no lo creía así.

Pero si Dios verdaderamente te llamó, entonces tu ministerio es importante. Si diriges estudios bíblicos para los estudiantes en

Kisumu, Kenia; enseñas seminarios durante la hora del almuerzo en Nuevo York; o sirves detrás del telón como un asistente de oficina en Colorado Springs, tu ministerio es significativo no porque seas talentoso o exitoso, sino porque ese es el llamamiento de Dios *para ti*. En la viña del Señor no hay ni personas ni lugares insignificantes.

Recuerda 1 Corintios 12:21: "El ojo no puede decir a la mano: No te necesito." Emociónate con la obra importante a la cual Dios te ha llamado, y deja de compararte con otros.

¿Tiene alguna desventaja la recaudación de fondos para terceros? Sí. Míralo desde la perspectiva del donante: ¿De quién prefiere el donante que venga el pedido? Incluso en culturas indirectas como las de Asia y África, los misioneros están aprendiendo que muchos donantes (especialmente aquellos de generaciones más jóvenes) aprecian recibir el pedido directamente del misionero, en vez de recibirlo de un representante. Su dinero finalmente llega a ti, así que deben poder escuchar de ti.

Además, nadie tiene un corazón para tu ministerio como tú. Nadie puede mostrar pasión como tú. Los donantes necesitan sentir *tu* pasión.

Y aquí está el lado negativo mas grande: La mayoría de terceros que son amigos pedirán en tu nombre o mandarán una carta en tu nombre varias veces, pero no harán docenas de solicitudes. No tienen tiempo. El mejor ejemplo que conozco es un asiático que reclutó de ocho a diez donantes para un obrero nacional: útil, pero ni cerca de ser suficiente.

Finalmente, cuando envías a un tercero para pedir en tu nombre, el vínculo se profundiza entre el donante y el tercero, ¡no contigo! Las donaciones continuarán más tiempo si el vínculo del donante es directamente contigo.

Una vez solicité financiamiento mensual en nombre de un amigo misionero. Uno de sus donantes me preguntó, "¿Por qué no viene José a verme?"

Me agarró desprevenido, y yo tartamudeé, "Él está bastante ocupado."

Silencio. Se quedó grabado: demasiado ocupado para el donante. Si no tienes tiempo para tus donantes, ellos lo perciben.

Penny Thomas, una antigua colega mía, estaba llamando a gente para recaudar apoyo mensual para un misionero llamado Roberto. Le preguntaron a ella, "¿Por qué estás llamando en nombre de Roberto? ¿Por qué Roberto no me llama?"

Penny, conocida por ser muy directa, no tardó en responder: "Porque Roberto es un cobarde."

"¡Sí lo es!" dijo el donante. "Dame su número de teléfono, Penny. ¡Ahora mismo voy a llamarlo y a hablar con él directamente acerca de este problema!"

Penny dijo la verdad. ¿Estamos enviando a terceros en nuestro lugar por ser cobardes?

Hay excepciones. En algunas culturas, con ciertos donantes potenciales, los pedidos de terceros son efectivos. Mis amigos misioneros asiáticos me dicen que algunos asiáticos están condicionados a decir sí a cualquier solicitud porque un "no" causa que la persona que solicita quede mal. Pero considera tus pedidos dependiendo de cada persona. Esto no es una receta única.

En resumen, vemos evidencia bíblica en cuanto a enviar a terceros como emisarios, pero esto no debe ser la mayor parte de tu estrategia de financiamiento. ¡Y no pidas a otros que hagan tu recaudación de fondos porque eres un cobarde!

4. ¿No es el "hacedor de tiendas" el modelo principal del Nuevo Testamento?

Pablo modelaba el oficio de hacer tiendas como una manera de financiar su ministerio. Pero solo vemos que lo menciona tres veces. La primera fue en Tesalónica: una iglesia nueva que fue fundada rápidamente y que incluía a convertidos griegos (Hechos 17). Obviamente, un judío no podría solicitar apoyo financiero a un nuevo creyente griego. Más adelante en la historia, los creyentes de Tesalónica dejaron de trabajar, emocionados esperando el regreso inminente del Señor, pero en inactividad. Pablo escogió trabajar haciendo tiendas "sino por daros nosotros mismos un ejemplo para que nos imitaseis" (2 Tesalonicenses 3:9).

Segundo, Pablo no recibía dinero de los Corintios *mientras estaba en Corinto*. ¿Por qué no? Aún una lectura ligera de 1 y 2 Corintios revela una iglesia con un espíritu fiestero, con controversias sexuales, divisiones sobre el tema de qué comer y hasta un movimiento para desacreditar a Pablo, el fundador de la iglesia... ¡Corinto tenía grandes problemas!

Pero en 2 Corintios 12:13, Pablo dice, "Porque ¿en qué habéis sido menos que las otras iglesias, sino en que yo mismo no os he sido carga?" Quizá Pablo habla con sarcasmo. Él hubiera preferido recibir apoyo financiero de Corinto, pero por sus muchos problemas no lo recibía. Por este ejemplo, yo no solicito de personas afligidas.

El tercer lugar donde Pablo hizo tiendas fue en la iglesia en Éfeso: una iglesia ni joven ni problemática. Hechos 20:33-34 dice, "Ni plata, ni oro, ni vestido de nadie he codiciado... que para lo que me ha sido necesario a mí y a los que están conmigo, estas manos me han servido." ¿Por qué no recibir dinero de Éfeso? La religión pagana estaba enfocada en Diana, diosa de los efesios. Plateros y otros artesanos vivían de vender ídolos de Diana. Pero los efesios que se convirtieron a Cristo dejaban de comprar. Si Pablo hubiera recibido ingresos de donativos, quizá él hubiera sido acusado de usar el Evangelio para ganancia—acabando con el negocio de los plateros y haciendo negocio con el Evangelio.

En resumen, hacer tiendas no era el modelo principal de financiamiento de Pablo. Él hacía tiendas y recibía apoyo financiero, *dependiendo de cómo pudiera afectar el avance del Evangelio.* Y esto es una posición que tú y yo podemos tomar. Debemos estar dispuestos a hacer cualquiera de las dos, dependiendo de cómo pueda afectar el Evangelio. Esto implica que tu comodidad emocional o "preferencia" en financiamiento no es la que determina tu decisión. Tu método de financiamiento debe ser gobernado por la siguiente pregunta: ¿Cómo afectará esto el progreso del Evangelio? (Vea 1 Corintios 9:23.)

5. ¿Está bien solicitar a no creyentes?

La pregunta acerca de pedir o no a no creyentes presupone que podemos distinguir entre creyentes y no creyentes. Si solamente podemos solicitar a creyentes, tenemos el rol imposible de interrogador. Ya que tú no eres el juez del universo, sin saberlo solicitarás a no creyentes, particularmente si haces envíos de correo.

¿Acaso las iglesias recogen ofrendas solamente de creyentes, forzando a los ujieres a susurrar: "Perdóname, por favor sáltate al caballero con el tatuaje del grupo de rock: parece no creyente."? ¡¿Es en serio?! Solicitar a no creyentes es algo imposible de evitar. El trigo y la cizaña se parecen hasta que llegue la cosecha.

Las Escrituras dan ejemplos de no creyentes recibiendo solicitudes de los siervos de Dios. Elías pidió a una viuda no judía en Sidón, un área afuera del territorio judío, en la que se exhibían deidades paganas (1 Reyes 17:9). Nehemías le pidió a un rey pagano de Persia, Artajerjes, para conseguir madera para reconstruir los pórticos de Jerusalén.

Prohibirle dar al no creyente tal vez puede inhibirle su búsqueda de Dios. En Hechos 10:4, Cornelio, un buscador de la verdad, daba limosnas que "han subido para memoria delante de Dios." Sus limosnas demostraban su búsqueda de Dios. Al igual que Cornelio, los no creyentes que buscan a Dios frecuentemente incluyen su billetera en su búsqueda. Algunos buscadores tal vez dan con la intención de comprar el favor de Dios, pero tú puedes usar sus donativos como una oportunidad para explicar el Evangelio.

Las peticiones de dinero a los no creyentes deberían ser un trampolín para el evangelismo. Hago dos sencillos ejercicios con donantes de quienes sospecho que no conocen al Señor:

- En mi presentación de financiamiento *siempre* comparto mi peregrinaje espiritual, y pido a los donantes potenciales que compartan el suyo. Cualquier falta de seguridad de salvación queda invariablemente revelada. Recientemente, durante una cita de financiamiento con "Jorge y Ana", mi esposa Alma y yo compartimos nuestros testimonios. Después que Ana nos explicó el suyo, le tocaba a Jorge. El titubeaba, pero finalmente miró a Ana y dijo, "No tengo una historia de fe como la de ella."
  "¡Pero mi amor," dijo ella, "tu hiciste la oración!"
  "¡Sí," respondió él sarcásticamente, *"yo hice la oración!"*
  De pronto, el ambiente se puso muy tenso. Yo, nerviosamente, tomé un trago de agua y dije: "Jorge: aprecio tu honestidad. Tal vez tú y yo podemos reunirnos para hablar de la vida de Jesús. Yo también necesito crecer en Cristo." Alma y yo no seguimos con nuestra solicitud de financiamiento, y pronto Jorge y yo estábamos reuniéndonos cada dos semanas para leer los Evangelios. Nos hicimos muy buenos amigos, y aparentemente él está en el Reino ahora. Él y Ana incluso empezaron a dar sin hacerles nosotros ninguna solicitud.
- Cuando informo acerca del progreso del ministerio estando cara a cara con socios donantes, digo: "¿Puedo mostrarte un diagrama que usamos en nuestro ministerio?" Después saco la ilustración de El Puente del Evangelio, una herramienta para evangelismo diseñada por los Navegantes. Su respuesta a la ilustración es un indicador de dónde se encuentran en cuanto a Cristo.

El pasaje más específico acerca de recibir financiamiento de no creyentes es 3 Juan 1:7-8: "Porque ellos salieron por amor del nombre de Él, sin aceptar nada de los gentiles. Nosotros, pues, debemos acoger a tales personas." No *dependas* de no creyentes para financiar tu obra del Reino. Pero sigue adelante y solicita a *no creyentes* si tú crees que sus donaciones tal vez les ayuden tomar pasos hacia Cristo. Ayúdales a entender que su dinero no les ayudará llegar al Cielo, pero si explica cuál es el secreto para llegar al cielo.

Se dice que a William Booth, fundador del Ejército de Salvación, le preguntaron si aceptaría donaciones de no creyentes... "dinero sucio" se llamaba. Su legendaria respuesta, perdida en el tiempo fue: "¡No es de ellos y no es mío! ¡Es de Dios! Aceptaré cualquier tipo de dinero: también del Diablo. Lo lavaré en la sangre de Cristo y lo usaré para la gloria de Dios."

6. ¿Qué acerca de pedir a miembros de la familia?

Marcos 6:4 dice, "No hay profeta sin honra, sino en su propia tierra." Tú puedes ser el profeta Elías en el Monte Carmelo en tu ministerio de discipulado, pero para la Tía Gladys de tu pueblo, siempre serás el niñito travieso que metió a Pelusa, el gato, en la lavadora.

Regla general: No trates a la familia como a los demás.

Un misionero norteamericano envió una carta cuidadosamente escrita solicitando a sus parientes dinero para un proyecto extraordinario. Los miembros de la familia recibieron la misma carta impresa que recibieron los demás, incluyendo una tarjeta de compromiso. Tristemente, ellos respondieron mal. Diez años después, todavía está descubriendo barreras que se levantaron como resultado de esa carta. El error fue tratar a su familia de la misma manera que trataba a los demás.

Si tus parientes están a favor de las cosas de Dios, dales la oportunidad de apoyarte, pero no les mandes la carta de correo masivo. Contáctalos individualmente para preguntarles si puedes compartir de tu ministerio cara a cara con ellos.

Si tus parientes no son creyentes, añade muchos de ellos a tu lista de contactos. Tienen curiosidad por saber lo que estás haciendo, y tus cartas bien escritas, libres de la jerga cristiana (ve el capítulo 16) pueden ser su única conexión con el Evangelio. Pero sé precavido en enviarles peticiones por dinero: si los ofendes, serás el tema de conversación en las reuniones familiares. Por otro lado, el invitarlos personalmente para apoyarte financieramente puede ser un maravilloso trampolín para el Evangelio.

Cuando tu familia ve que tienes el financiamiento adecuado como siervo de Cristo, ¡Qué testimonio! Mis amigos africanos enfatizan que los misioneros deben ayudar generosamente a los miembros de su familia, *o menosprecian su ministerio*.

7. ¿Puedo solicitar a gente a la que nunca he ministrado o que no conozco bien?

Los creyentes deben dar donde ellos reciben ayuda: ya sea su iglesia, una estación de radio cristiana, o un misionero. Según Gálatas 6:6, aquellos a quienes has ministrado deben apoyarte: "El que es enseñado en la Palabra, haga partícipe de toda cosa buena al que lo instruye." Pero este contexto describe una iglesia madura y con pastores. No es una receta para todas las situaciones ministeriales, especialmente para los proyectos emergentes.

Algunos obreros demasiado considerados, erróneamente asumen que pueden recibir apoyo financiero solamente de aquellos que reciben su enseñanza, o de amigos que les conocen bien. Dicen: "El dinero sigue al ministerio." ¿Pero qué hay de la admonición de apoyar a misioneros itinerantes desconocidos, en 3 Juan 1:5? Igualmente, en Mateo 10, ¿habían ministrado previamente los discípulos a sus anfitriones? ¿Había ministrado Elías previamente a la viuda?

Muchos obreros dicen, "No me siento cómodo pidiéndole a alguien que apenas conozco o con quien no he hablado en mucho tiempo." Pero los donantes ¿sienten esta "presión"? Alma y yo recientemente hicimos una solicitud a una pareja que apenas conocíamos. Ellos no dijeron: "¡Espera un minuto! ¡Nunca nos has ministrado! No les conocemos bien." Más bien, ellos hicieron un compromiso de contribución, y estamos ministrándoles ahora a través de cartas de noticias, visitas ocasionales y oración. ¡El ministerio sigue al dinero!

Si dar es un privilegio, ¿por qué prohibirle a alguien –incluso a extraños– que pueda participar? No los descalifiques a ellos insinuando, "Lo siento, pero nunca te he ministrado. No te conozco bien. No te voy a dar la oportunidad de invertir en este emocionante ministerio." No lleves demasiado lejos lo de Gálatas 6:6.

A un antiguo pero ausente amigo le digo: "Roberto, no nos hemos visto en años, pero espero que podamos reunirnos. Quiero compartirte acerca de mi ministerio con estudiantes y pedir tu ayuda. Pero no solamente esto, quiero ponerme al día sobre los últimos años y escuchar lo que has estado haciendo." Menciono mi "punto de negocio" primero, y lo de ponernos al día de segundo. Esto saca la manipulación del asunto.

¿Qué hay acerca de los obreros cristianos que sirven en un papel de apoyo, no muy visible? Dios llama a asistentes, contadores y técnicos para llenar ciertos puestos, muchas veces invisibles, pero sumamente importantes en el ministerio. ¿Acaso estos excepcionalmente dotados siervos no tienen permiso de reclutar equipos de apoyo? ¡Tonterías! Ellos son dignos de apoyo financiero, al igual que cualquier pastor o misionero. "El ojo no puede decir a la mano: No te necesito" (1 Corintios 12:21).

Para recaudar tus fondos, no necesitas una larga lista de estudiantes satisfechos a quienes has ministrado, ni a un montón de amigos cercanos. Tampoco estoy a favor de recaudar fondos por medio del directorio telefónico, pero para alcanzar el 100% necesitas ir más allá de tu zona de confort con tus amigos. A ti esto te puede incomodar, pero serás una bendición para tus nuevos amigos.

8. ¿Qué hay de pedir a aquellos que ya están dando mucho?

Antes de ser misionero, yo trabajaba vendiendo publicidad para el periódico *Ankeny Press Citizen.* Un lunes muy soleado, fui en automóvil al supermercado Ralphs: mi cliente más grande. Yo esperaba una cálida respuesta por parte de Ralph; pero conforme bajaba del auto, escuché una voz en mi mente que decía: *Ralph no te quiere ver hoy. Tu eres una interrupción. De todas formas, él no tiene presupuesto para publicidad. De hecho, Scott, le caes muy mal a Ralph. ¿Notaste que te hizo mala cara la última vez que entraste?*

Yo volví a subir al auto y me fui a la ferretería. La voz en mi cabeza regresó: *Scott, el dueño de la ferretería no quiere verte. Él no tiene presupuesto. De todas formas, le caes mal.*
¿Qué estaba pasando? Yo estaba tomando la decisión que le correspondía a los gerentes de las tiendas. ¡No estaba dándoles la oportunidad de decir no!

Hacemos lo mismo en la recaudación de fondos. Una voz interna nos dice: *Ya están dando. No tienen el presupuesto para dar más. Les caigo mal de todas maneras.* Rendirse a esta voz le roba al socio potencial el privilegio de decidir. En 2 Corintios 9:7 dice: "Cada uno dé como propuso en su corazón"... ¡no como tú propones por él! Decidir si quiere dar es decisión del donante.

Es más: ¿Cómo sabemos si la gente está dando mucho? ¿O si da algo? ¿Eres tú su contador? ¿Tú crees que Dios bendice el dador sacrificial? En Lucas 21:1-4, Jesús alaba a la viuda por dar sacrificialmente: ¿Por qué no la detuvo?

Algunos cristianos dan mucho, e incluso lo hacen sacrificialmente. Pero eso no es razón para retener tu pedido a ellos. En todo caso, la mayoría de los creyentes no califican en la categoría de "dador sacrificial." Por ejemplo, los cristianos estadounidenses dan a las causas cristianas un promedio de 2.43% de su ingreso bruto. (Los evangélicos dan en promedio un poquito más: 4%.)[2] Mi amigo africano me dice que los cristianos sub-saharianos dicen que diezman (10%), pero todo el mundo sabe que no es cierto.

Deja que el donante decida. Años atrás, estaba sentado a nuestra mesa, en la cocina, revisando nuestra lista de contactos y entonces vi el nombre de José. José y yo habíamos servido juntos por un corto tiempo en la junta directiva de una iglesia. Como doctor y líder en la iglesia, José fue el blanco de muchas solicitudes de donación. A lo mejor también contribuía mucho a la iglesia. Yo estaba considerando solicitarle.

¿Para que hacerlo? Pensaba yo. A lo *mejor ya está dando todo lo que puede.*

Sin embargo, decidí no decidir por él. Llamé a José y le pedí si podíamos reunirnos para comer, con el fin de compartirle de mi ministerio. Anticipando mi solicitud, José dijo: "Podemos reunirnos, pero no te puedo prometer ningún financiamiento."

La cita fue cordial. Sin embargo, José no se comprometió. Yo asumí que su respuesta era un no. Pero dos semanas después de nuestra reunión, su tarjeta de compromiso de fe llegó con un generoso compromiso mensual y una calorosa nota de apreciación.

No quites donantes potenciales de tu lista solo porque "ya están dando." Deja que el donante potencial decida.

¿Qué hay de los "si la persona en este momento no quiere o no puede apoyar tu proyecto?" Por ejemplo, alguien te dice, "Nuestra iglesia está empezando un programa de construcción" o "Mi hermana enviudó y necesita dinero para la matrícula de sus tres hijos." Si la persona en este momento no quiere o no puede apoyar tu proyecto es la manera en que un potencial donante nos dice que ya tiene otras responsabilidades financieras. ¿Si la persona en este momento no quiere o no puede apoyar tu proyecto implica que es tiempo de guardar tu tarjeta de compromiso e irte a casa? ¿Si la persona en este momento no quiere o no puede apoyar tu proyecto equivale a un no?

Ante una respuesta negativa si la persona en este momento no quiere o no puede apoyar tu proyecto yo digo: "Suena como que tienes muchas oportunidades para dar en este momento. ¡Que maravilloso que hay tantas actividades para la gloria de Dios!" Después pregunto: "¿Cómo te sientes acerca de recibir tantas solicitudes?" Déjale que responda.

Cuando recibes un no, si la persona en este momento no quiere o no puede apoyar tu proyecto, muestra empatía. Diles que te das cuenta que ellos son objeto de muchas solicitudes para dar a misiones o a la familia, y que es imposible dar a cada proyecto. Los donantes aprecian que estés consciente de su dilema.

Entonces, yo añado, "Titubeé en invitarte a unirte a mi equipo de apoyo porque pienso que estás agobiado por las solicitudes. Pero me sentí guiado por el Señor a invitarte, ya sea que tu respuesta sea un sí o un no. Está bien: no importa tu decisión. Nuestra amistad no está en juego." Parece que lo aprecian. Pero todavía sigo adelante y hago el pedido. Después leo 2 Corintios 9:7 para terminar. "Cada uno *dé* como propuso en su corazón: no con tristeza, ni por necesidad, porque Dios ama al dador alegre."

Sé sensible a las respuestas negativas si en este momento no quiere o no puede apoyar tu proyecto, pero acuérdate que son los donantes abundantes los que han descubierto el gozo de la generosidad. Y es probable que sean más sensibles al Señor. No te abstengas solo porque ya estén dando.

9. ¿Qué pasa si la persona a la que estoy solicitando es más pobre que yo?

¡Tiempo de confesión! Años atrás yo analizaba la ropa, celulares, autos, casas, trabajos, empleo del cónyuge, barrios y la joyería de mis posibles donantes. Y después juzgaba si ellos podrían dar, basado en estas cosas externas. Me acobardaba si esa persona "parecía pobre"... ¿Suena familiar?

¿Qué dice la Biblia? *"Cada uno* con la ofrenda *de su mano,* conforme a la bendición que Jehová tu Dios te hubiere dado" (Deuteronomio 16:17, énfasis añadido). Nota las palabras *cada uno.* Si alguien tiene un ingreso, él o ella tiene la responsabilidad y el privilegio de dar. Sin excepción. Me gusta la forma en que el pionero misionero de los Navegantes, Jim Petersen, lo decía: "La gente necesita dar mucho más de lo que yo necesito recibir."

Por supuesto, no todos pueden dar en el rango que tu sugieres. Nota la frase *"de su mano"* (lo que le sea posible). La gente debe dar en proporción a como Dios le ha bendecido. Alguien que gana 30.000 dólares al año no podrá dar lo mismo que una persona que gana 100.000 dólares al año... ¡ni debe!

Una experiencia muestra cómo el dar trae dignidad:

Yo era pastor de una pequeña congregación bautista en un pueblo ferrocarrilero en las afueras de Lynchburg, Virginia. Mi diácono me mandó a llamar un día. "Tenemos en nuestra congregación," me dijo, "una viuda con seis niños... Cada mes, ella está ofrendando a la iglesia 4 dólares: el diezmo de sus ingresos. Por supuesto, no es posible que lo haga. Queremos que vayas a hablar con ella y le informes que no necesita sentir la mínima obligación, y libérala de esa responsabilidad."

Yo no soy muy sabio, y era menos sabio en aquel entonces. Fui a la casa de la viuda con las preocupaciones de los diáconos. Le dije a ella con la mayor gentileza posible, de todo corazón y lo mejor posible, que estaba relevada de la responsabilidad de diezmar. Mientras yo le hablaba, las lágrimas brotaron de sus ojos. "Te quiero decir:" dijo ella, "que me estas quitando la última cosa que le da dignidad y significado a mi vida."[3]

Estos diáconos no lograban ver que el dar a Dios otorga honor y dignidad, especialmente para alguien con pocos recursos. Jesús dijo en Juan 7:24, "No juzguéis según las apariencias, sino juzgad con justo juicio." No niegues al pueblo de Dios el honor de dar.

10. ¿A qué nivel socioeconómico debe vivir el obrero? ¿Qué tan bueno es "demasiado bueno"?

Es un axioma mundial desafortunado; si estás en el ministerio cristiano, se espera que seas pobre. ¡Obreros potenciales de las nuevas generaciones titubean sobre entrar al ministerio a tiempo completo porque no quieren ser pobres! Pero este patrón no es nuevo.

- Francis Asbury, líder metodista en Estados Unidos en los años 1700 (en honor a quien fue nombrada la Universidad Asbury), quería que sus pastores itinerantes fueran pobres: él pensaba que les ayudaba a confiar más en Dios.
- Un obrero del Ministerio Evangelismo Infantil compró un lindo electrodoméstico nuevo. El pastor de su iglesia se dio cuenta y recomendó que la iglesia le quitara su apoyo financiero.
- Diáconos de una iglesia de la región central de Estados Unidos votaron para recortar en 2.000 dólares el salario del nuevo pastor, a fin de mantenerlo por debajo del salario más bajo de los diáconos.
- Un pastor de una iglesia emergente me dijo que un miembro le comentaba que su salario de 29.000 dólares anuales era "demasiado alto." Pero este trabajo "de medio tiempo" requiere cincuenta horas a la semana. Mmmm...

¿Enseña la Biblia que el obrero debe ser pobre? ¿Era Jesús un mendigo itinerante que vivía de las migajas de la comida? ¿Cómo entendemos Lucas 9:58: "El Hijo del Hombre no tiene dónde recostar la cabeza"? Por contraste:

- Jesús y los doce tenían una bolsa de dinero de donde compraban provisiones y daban a los pobres: tenían un flujo de caja (Juan 12:6; 13:29). En Juan 4:8 los discípulos entraron en la ciudad para comprar comida, ¡no para mendigar por comida!
- En la crucifixión, los soldados no rompieron la túnica de Jesús porque era sin costura y de alta calidad.
- Jesús a menudo fue hospedado por amigos bondadosas como María y Marta, Zaqueo y la suegra de Pedro.

Aunque no era rico, Jesús no vivía en pobreza.

Otras Escrituras contradicen la suposición de que los obreros de Dios deben ser pobres. En el Antiguo Testamento, el diezmo representa lo *mejor* del grano, lo *mejor* del rebaño. En Malaquías 1:8 la gente fue reprendida por ofrecer corderos ciegos o cojos al Señor y guardando lo mejor para ellos mismos. Pero el Señor ordenaba que *lo mejor* fuera dado a los Levitas... no exactamente un Dios tacaño.

Refiriéndose a misioneros itinerantes, 3 Juan 1:6 dice, "Encaminarlos como es digno de su servicio a Dios." ¿Cómo apoyas a un obrero como es digno de su servicio a Dios?

Mira 1 Timoteo 5:17: "Los ancianos que gobiernan bien, sean tenidos por dignos de *doble honor*, mayormente los que trabajan en predicar y enseñar." ¿*Doble honor*? La palabra griega usada aquí por "honor" es *timao*, su significado literal "el precio de venta" o "fijar un valor sobre" algo. (*Timao* es usado en Mateo 27:6, donde Judas regresa las treinta piezas de plata: "el precio [*timao*] de sangre.")

¿Pero "doble" qué? Posiblemente el doble de la cantidad usada para ayudar a las viudas en la iglesia, quienes estaban "puestas en la lista" (1 Timoteo 5:9). Algunos dicen que Pablo no puede implicar remuneración financiera, pero el contexto favorece el significado financiero. El verso 18 dice, "NO PONDRÁS BOZAL AL BUEY QUE TRILLA,' y 'Digno es el obrero de su salario.'" No sabemos si Timoteo pagaba a los ancianos el doble, pero Pablo creía que lo merecían.

"¿Doble honor" significa presentar una bonita placa o un certificado de regalo en el culto de Noche Buena? No. Pablo sabía lo que los granjeros de Iowa, donde yo fui criado, decían acerca del dinero: el efectivo frío calienta el corazón.

En los años 1800, una pequeña iglesia rural quería contratar a un pastor, pero el salario que estaban dispuestos a pagar era muy pequeño. Charles Spurgeon contactó a la iglesia: "El único individuo que conozco que podría existir con un salario tan pequeño, es el ángel Gabriel. Él no necesitaría ni efectivo ni ropa; él podría bajar de los cielos cada domingo en la mañana, y regresar en la noche. Entonces, les sugiero que lo inviten a él."[4]

No estoy a favor de los salarios exorbitantes. Insisto en 1 Timoteo 5:17-18 porque los líderes religiosos son resistentes en cuanto a pagar generosamente a pastores y misioneros. Pablo no tenía ningún complejo así.

¿Qué hay de vivir el mismo estilo de vida de aquellos a quienes estás ministrando? El famoso misionero de la China, Hudson Taylor, adoptó el nivel de vida de los aldeanos donde ministraba. Esto es sabio en algunas situaciones transculturales, pero posiblemente no sea apropiado en otras.

En la práctica, ¿a qué nivel debemos fijar nuestros presupuestos ministeriales? Tres pasajes de las Escrituras nos ayudan:

1. "No me des pobreza ni riquezas; mantenme del pan necesario; No sea que me sacie, y te niegue, y diga: ¿Quién es Jehová? O que, siendo pobre, hurte, y blasfeme el nombre de mi Dios" (Proverbios 30:8-9). Simplemente dicho: evita extremos. En mi experiencia, los extremos de riqueza y de pobreza nos exponen a mayor tentación. Los ministerios de la prosperidad sostienen que el éxito financiero es una señal de la bendición de Dios. Pero tales enseñanzas engendran lo que aparenta ser abusos financieros, como el pastor que personalmente es dueño de dos aviones de lujo. Los líderes ministeriales que tienen vidas extravagantes, ganando excesivamente por medio del Evangelio, históricamente tienen la tendencia de fracasar eventualmente. Los periódicos felizmente reportan sobre estos fracasos.

2. Porque vino Juan, que ni comía ni bebía, y dijeron: ¡Tiene un demonio! Vino el Hijo del Hombre, que come y bebe, y dicen: He aquí un hombre comilón, y bebedor de vino, amigo de publicanos y pecadores" (Mateo 11:18-19). Juan el Bautista vivía escasamente... a menos que consideres los insectos y la miel silvestre como comida gourmet. He comido grillos en Uganda: sabrosos, asados y con sal, ¿pero como dieta constante, como la de Juan? No gracias. De su estilo de vida de subsistencia en el desierto, los críticos

decían, "Tiene un demonio". Al contrario, Jesús circulaba entre los publicanos y pecadores. Y a él lo criticaron como si fuera un glotón y bebedor de vino. No importa cómo vivas, alguien criticará tu estilo de vida. Lo que tú consideres razonable a otros les parece lujoso. No puedes complacer a todo el mundo.

3. "Pero no hemos usado este derecho, sino que lo soportamos todo por no poner ningún obstáculo al evangelio de Cristo" (1 Corintios 9:12). Asegúrate que tu estilo de vida no sea un estorbo para el Evangelio. Por ejemplo, un estudiante me confió: "Estoy avergonzado de traer gente al hogar del capellán. Está todo desordenado, y él se viste desarreglado. Es un obstáculo para los nuevos cristianos." Más tarde, descubrí que, por su sueldo tan bajo, este obrero incluso estaba recibiendo ayuda del gobierno para comer. El verano pasado, un coach en recaudación de fondos de un respetado ministerio me dijo que su reto era ayudar a sus compañeros de ministerio para que pudieran dejar de recibir ayuda del gobierno para su alimentación. Ciertamente, debemos ser frugales. Eso es buena mayordomía, como cuando Jesús recogió las sobras de pan (Juan 6:12). Pero un ascetismo extremo, aunque pueda ahorrar dinero, es una barrera al ministerio efectivo. Vivir en pobreza no tiene nada de espiritual. El vivir como pobre no te hace inmune a las tentaciones de la codicia.

¿Qué hay del minimalismo? Quizá como reacción a un materialismo descontrolado, algunos obreros jóvenes apoyan la idea de gastar lo menos posible, con una vida sencilla y sin muchas extras. Esto es un cambio refrescante de cara al materialismo, pero un minimalismo extremo puede estorbar al Evangelio. Compartiendo en una conferencia de obreros, el difunto Howard Hendricks, del Seminario Teológico de Dallas, compartió acerca de un misionero que estaba orgulloso de su austeridad. La carta del misionero explicaba cómo pasó tres días remando a contracorriente en una canoa, para predicar un día entero y remar de regreso en la canoa por tres días: seis días remando, un día predicando. Hendricks dio otra sugerencia: Contratar a Alas de Socorro para llevarlo volando sobre la selva por una hora, de manera que pueda predicar seis días y regresar en avioneta en una hora. Costaría más, pero lograría más. ¿Es la meta principal vivir frugalmente o el avance efectivo del Evangelio?

¿Dónde debes ubicar tu estilo de vida? Qué tal algo así: Ordenas tu estilo de vida para que logres maximizar el fruto en la vida, en el matrimonio (si estás casado) y en el ministerio. Se requiere dinero para proveer un hogar que sea cálido y amistoso para las visitas: ¡y eso es un ministerio! No es señal de una fe débil el tener un presupuesto bondadoso para poder darle de comer a un montón de estudiantes hambrientos.

¿Qué estilo de vida te ayudará ser más efectivo? No vivas tan frugalmente que no puedes comprar un refresco para un nuevo creyente. Y no vivas una vida tan extravagante que la gente murmure acerca de lo rico que eres. El balance es 2 Corintios 8:21: "procurando hacer las cosas honradamente, no sólo delante del Señor sino también delante de los hombres." No dejes que tu libertad para vivir frugalmente ser un obstáculo para el Evangelio. Y no dejes que tu libertad para vivir bien sea un obstáculo para el Evangelio.

En resumen, no estoy sugiriendo que seas rico o pobre. Simplemente esto: Determina cuál nivel de ingreso te ayudará ministrar más efectivamente. Trae ese monto ante el Señor diariamente (Mateo 6:11).

11. ¿Cómo puedo solicitar apoyo financiero a otros cuando tengo ahorros sustanciales?

Las inversiones por sí mismas no son malas, pero debes identificar los propósitos de Dios para tus ahorros e inversiones. Si no sabes por qué estás ahorrando, tal vez eres culpable de acaparamiento, como el joven rico, cuyos recursos eran su ídolo (Lucas 18:22-23).

Es fácil identificar los propósitos "impíos" para ahorrar: cosas que son netamente para auto-gratificación, actividades ilegales o inmorales, o para mantenerse al mismo nivel de vida de la familia de al lado. Los propósitos de Dios son aquellas cosas que te permiten lograr lo que Dios tiene para ti: cosas no egoístas, como ahorrar para tu educación, jubilación, educación de tus hijos, cuidar padres mayores, empezar un negocio ordenado por Dios, ahorrar para una casa o vehículo, cualquier cosa que Dios te ha invitado a realizar en el futuro, que requiere más que tu flujo de efectivo mensual. Por supuesto, cada dólar o chelín o rupia que un creyente haya acumulado debe estar disponible para el Señor, para usarlo como Él dirige. Porque Dios es dueño de todos recursos, Él tiene el derecho de indicarte que regales "Sus" ahorros. (Muchos cristianos rechazan esta idea: "¿Regalarlo? ¡¿Es en serio?!")

Pero no necesitas sentirte culpable de guardar tus ahorros para que puedas cumplir futuros propósitos ordenados por Dios. Si usas todos tus ahorros para el campo misionero y regresas a casa sin un solo centavo, ¿Como empezarás el siguiente capítulo de tu vida?

12. ¿Si tengo los medios, debo apoyarme a mí mismo?

El ministerio económicamente independiente es más una cuestión de llamamiento que una cuestión de financiamiento. Se necesitan ambos tipos de obreros: los económicamente independientes y los financiados por ofrendas. Las Escrituras contienen ejemplos de ambos. No hay ninguna fórmula para descubrir la respuesta. Si estás considerando financiarte a ti mismo solamente para evitar el reto de levantar fondos, por favor considera las siguientes realidades:

- Jesús no se sostenía a sí mismo.
- El apóstol Pablo no se sostenía a sí mismo, excepto por las tres veces que conocemos.

El autofinanciamiento de tu ministerio tiene algunas desventajas:

- Te roba a los socios de oración. Tus amigos orarán más fervientemente cuando están dando: "Porque donde esté vuestro tesoro, allí estará también vuestro corazón" (Mateo 6:21).
- Le quitas a la gente la bendición de dar. Cada misionero tiene una red única de relaciones. No hay ningún otro que conozca a esta gente como tú los conoces, y tal vez no darían a ninguna otra causa más que a la tuya. Estás ayudándoles a aprender sobre el gozo de dar.
- Le impides a tus amigos desarrollar una visión global. Cuando tus socios donantes escuchan tus maravillosas historias sobre el ministerio, los desafías a pensar más allá de sus vidas y de su entorno.
- Te privas de la formación de tu carácter, profundizando tu fe por medio de la experiencia de la recaudación de fondos.

Ahora es tiempo de preguntarte a ti mismo cuáles de estas cuestiones de conciencia te llamaron la atención. No es necesario que contestes todas antes de zambullirte en la recaudación de fondos, pero no ignores tu conciencia. Deja que el Señor te hable. ¿Podrías someter a Dios este punto en oración antes de comenzar a leer el siguiente capítulo?

DIEZ ACTITUDES CRUCIALES QUE NO DEBES DESCUIDAR

¡CUANDO TÚ TE SUMERGES EN la recaudación de fondos bíblica, tus valores fundamentales serán expuestos, y tal vez no te guste lo que veas! Antes de empezar en la recaudación de fondos *yo pensé* que yo era lo siguiente:

- ¡Confiado! Pero tartamudeaba y sudaba mientras contestaba las preguntas de los donantes.
- ¡Sin temor! Hasta que hui de realizar solicitaciones por temor.
- ¡No manipulador! ¿Entonces por qué hice una solicitación con "insinuación santa" a un extraño adinerado?

Cuando te inscribiste para el ministerio, nadie te dijo que la recaudación de fondos te empuja al límite de tu carácter. La recaudación de fondos te ayuda a aplicar la admonición a todos los creyentes de 2 Corintios 3:18—ser "transformados a su imagen" (nvi). ¡Eso es algo bueno!

Antes de que te reúnas con una persona más o envíes un correo electrónico más, compara tus actitudes con estos diez puntos. ¿Cuáles de estos necesitas reforzar?

1. Dios es nuestra fuente, no nuestros donantes ni el trabajo duro.

Los levitas entendían que Dios era la verdadera fuente de su apoyo. Nota el sujeto del verbo "he" en Números 18:24: "Porque a los levitas he dado por heredad los diezmos de los hijos de Israel, que ofrecerán a

Jehová en ofrenda" El cordero o el grano se le entregaba a los Levitas, pero era "una ofrenda al Señor—no un regalo *horizontal* del Israelita al Levita, sino un regalo *vertical* a Dios. Los donantes dan a Dios. Los levitas reciben de Dios. Ambos son verticales.

Pablo lo entendía. En Filipenses 4:18, el llamó el regalo de los filipenses un "olor fragante, sacrificio aceptado, agradable a Dios." De los filipenses a Dios y luego a Pablo. Todo vertical.

Cuando deposito mi sobre en la canasta de la ofrenda en un culto, imagino al ujier comentando sobre las marcas frescas de quemado en los bordes del sobre (como las láminas protectoras de reingreso en el transbordador espacial). Él dice, "¡Este sobre está caliente y huele a carbón!" ¡Por supuesto! Acaba de reingresar de un viaje al cielo.

Por el contrario, si tú te fijas en la gente, y no en Dios, como tu fuente de financiamiento, tienes una vista horizontal. Dependiendo del día, tal vez te sentirías digno o no digno de sus donaciones.

En cierto mes de mi primer año como ministro universitario, estaba indiferente. En lugar de estudiar las Escrituras, estaba viendo *Plaza Sésamo* en la TV con mis hijos. ¡Aprendí a contar hasta diez en español! Finalmente, cuando iba al campus, en vez de hablar con los estudiantes, miraba la TV en la sala de la residencia estudiantil.

Al final del mes llegaban las ofrendas mensuales de nuestros donantes. ¡Era la mayor cantidad que habíamos recibido! Me sentí humillado. Las personas estaban invirtiendo dinero para que yo pudiera ver *Diga lo que Vale*. Con la esperanza de recibir comprensión, le dije a mi esposa, Alma, "No sé por qué *cualquier persona* querría darle a un perezoso como yo.

Me sorprendió diciendo, "Yo tampoco lo sé. Creo que le están dando a Dios."

Su comentario me humilló. El ingreso de los donantes no se gana.

En otra ocasión, yo sentí que lo merecía. Como había hecho una extensa labor en recaudación de fondos el mes anterior, tenía la confianza que nuevos donantes aparecerían en nuestro informe de ingresos. Pero el informe me decepcionó. ¡Muchos que se habían comprometido a dar no lo hicieron! ¡Yo había trabajado duro! Mi decepción se convirtió en resentimiento hacia aquellos que no habían dado. Mi resentimiento mostraba que mi mirada estaba en la gente— no en Dios.

A veces no miramos a las otras personas como la fuente de financiamiento, sino a *nosotros* mismos—nuestro arduo trabajo, nuestras personalidades dinámicas e incluso nuestra tecnología. ¡Pero el conseguir muchos "me gusta" en tu perfil de Facebook no te hará alcanzar tu meta financiera! El tener un buenísimo vídeo sobre tu ministerio no te hará llegar a esa meta. Ser extrovertido y amigable tampoco te ayudará a lograrla. Aunque tengas un ministerio exitoso, eso no te conseguirá los fondos necesarios. Lo siento.

Ciertamente debemos comunicarnos bien. Pero fijémonos en Dios como la fuente—no en nuestros donantes, nuestras habilidades o el trabajo arduo. Un joven candidato a misionero me pidió asesoramiento. "Scott, nuestro pastor ha cometido unos terribles errores y yo soy uno de los ancianos. Tengo que confrontarlo."

"¿Qué te está frenando?" pregunté.

El titubeó. "Bueno, la iglesia está considerando apoyarme con $200 a $500 dólares mensuales cuando empiece mi servicio misionero el próximo año. Si confronto al pastor, bueno…" Mi amigo se detuvo para aclarar su garganta. "Bueno, existe la posibilidad que yo pueda perder ese apoyo financiero," dijo él, mirando hacia el piso.

Una semana después, confesó que había estado mirando a la gente como su fuente de financiamiento en vez de a Dios. Me dijo, "Me preocupo por cuidar mi imagen demasiado en la iglesia para no ofenderlos, para que me den mucho dinero."

Fíjate en Dios, no en la gente.

2. La oración demuestra nuestra dependencia de Dios.

Nehemías modelaba una actitud de dependencia de Dios. Segundos antes de pedir temerosamente al Rey Artajerjes madera para reconstruir los muros de Jerusalén, el "oró al Dios de los cielos (Nehemías 2:4).

En mi segundo año como ministro estudiantil me estaba quejando de nuestro apoyo financiero con Duane Bundt, un amigo que me había ayudado a crecer espiritualmente cuando era un nuevo creyente. Yo apreciaba su pragmatismo; con los pies en la tierra. Pero yo estaba estancado.

Duane me preguntó, "¿Scott, oras sobre este asunto? ¿Oras todos los días por esto?"

Le dije, "Bueno, oro sobre el tema, pero no todos los días."

"Bueno, debes orar por ello—*cada día.*"

Así que empecé a orar—cada día—y nuestros ingresos subieron. Yo estaba siguiendo el modelo de oración de Jesús, sin darme cuenta: "El pan nuestro de cada día, dánoslo hoy" (Mateo 6:11).

¿Te puedo hacer la pregunta que Duane me hizo? ¿Oras acerca de tu apoyo financiero *todos los días*? ¿Mencionas tu presupuesto y le pides al Señor específicamente que supla tus necesidades al cien por ciento? ¿Nombras a las personas, una por una, al Señor, pidiéndole a El que ponga en sus corazones el ser parte de tu equipo de apoyo?

En la primera página de mi diario de oración he escrito las palabras "Pan Diario" y la cantidad exacta de nuestro presupuesto mensual al lado. En la página 2 apunto los próximos seis a diez amigos por quienes estoy pidiendo que nos apoyen. Al lado de sus nombres incluyo la cantidad específica o el rango que pienso pedirle a cada uno que considere aportar. Después oro por cada persona.

En pocas semanas, llamo para hacer una cita con cada uno. Frecuentemente dicen, "Es interesante que hayas llamado. Estábamos hablando de ti." He escuchado esta frase demasiado a menudo para que sea una coincidencia.

Años atrás, Alma y yo oramos específicamente para que cuatro parejas empezaran a apoyarnos mensualmente con $50 dólares cada una (una cantidad significativa en aquellos días). Como los estábamos discipulando a ellos no queríamos que una solicitud de fondos pudiera enturbiar nuestra relación. Así que apunté sus nombres en mi diario de oración y empecé a orar cada día. Acordamos no insinuarles siquiera sobre nuestras finanzas.

Un mes después, una de las parejas nos llamó para preguntar cómo dar para nuestro apoyo financiero. Casi al mismo tiempo la segunda persona, un hombre mayor, puso un cheque en mi bolsa y, con un poquito de pena, dijo, "Envíalo a tu agencia por nosotros." Su donación de $50 dólares continuó mensualmente.

La tercera pareja se comprometió durante una conferencia de la ciudad que el ministerio estaba realizando. No éramos el proyecto especial que la conferencia estaba promoviendo, pero ellos empezaron con un aporte de $50 dólares mensuales.

La cuarta pareja no dio. En mi repaso anual de mis oraciones (lo realizo el día de Año Nuevo en lugar de ver a las estrellas de Hollywood en los desfiles de fútbol americano), yo di gracias al Señor por estos tres nuevos socios de apoyo mensual—¡pero me preguntaba acerca de la cuarta pareja!

Al siguiente mes, nuestro informe de donativos mostraba una donación de la cuarta pareja por 600 dólares. ¡Dividido entre doce, era equivalente a 50 dólares mensuales! ¡Dios responde las oraciones!

¿Puedo sugerir dos pasos de acción? Mientras estabas leyendo estas páginas, tal vez las caras de donantes potenciales te han llegado a la mente. Apunta sus nombres en tu diario de oración. Intenta que sean diez nombres.

Luego, empieza una pequeña lista de "solo de oración." Apunta nombres de personas que esperas que te apoyen, pero sientes que Dios no te ha guiado a solicitarles. (¡Asegúrate que el temor no influya en tu decisión! Si estás temeroso, quizá deberías preguntarles.) ¿Puedes pensar en dos nombres para tu lista "solo de oración"? Toma un momento ahora mismo.

3. Entiende tu trabajo versus el trabajo de Dios.

Lorne Sanny, ex-director internacional de Los Navegantes, una vez contó sobre una fase frustrante del liderazgo en el ministerio. Se sentía agobiado, solo y desanimado. Pero después dijo en forma jocosa (pero al grano), "Todo cambió cuando yo oficialmente renuncié a ser presidente del universo." Parece obvio, pero atraemos la frustración cuando asumimos roles que Dios diseñó solamente para Él. Esto es cierto con el evangelismo, con el liderazgo y especialmente con la recaudación de fondos. Cuando reflexiono sobre mi frustración pasada con la recaudación de fondos, a menudo ha sido porque he confundido el papel de Dios con el mío.

Trabajo de Dios
Llamarme a un ministerio especial

Trabajo de Dios
Rodearme en forma providencial con amigos y familiares y hacer que me encuentre con nuevos conocidos

Mi Trabajo
Invitar a amigos, familiares y conocidos a que sean mis socios financieros en el ministerio

Trabajo de Dios
Providencialmente guiar a mis amigos, familiares y conocidos a tomar una decisión de mayordomía para apoyarme

Mi Trabajo
Agradecer, informar y ministrar a los socios financieros

Es muy claro, a través de las Escrituras, que Dios es nuestro proveedor. Salmos 104:14 dice, "Él hace producir el heno para las bestias, y la hierba para el servicio del hombre, sacando el pan de la tierra." Los hombres y las mujeres hacen su parte para "producir el pan," pero es la comida que Dios ha provisto. Como un modelo de aplicación inicial de este principio, se esperaba que Adán y Eva en el Jardín cultivaran su comida—ellos tenían una responsabilidad de hacer su parte (Génesis 1:29-30). El trabajo era y sigue siendo honorable.

Pero algunos obreros mal interpretan. Ellos piensan que la provisión de Dios significa que ellos no necesitan hacer nada para conseguir lo que Dios ha provisto. ¡Dios bien puede proveerle a las aves (Mateo 6:26), pero aún así pasan horas cada día buscando su alimento! Y lo mismo deben hacer los obreros.

Tienes dos tareas en cuanto al financiamiento de tu ministerio. Pero Dios tiene tres—¡y son las más difíciles!

Las tuyas son las siguientes:

- Invitar a tus amigos, familiares y conocidos a que se unan a tu equipo de apoyo.
- Agradecer, informar y ministrar a tus socios colaboradores.

Las tres tareas de Dios son más complicadas:

- Llamarte al ministerio.
- Rodearte de socios potenciales.
- Guiarlos a que tomen decisiones de mayordomía financiera.

Cuando intentas hacer el trabajo de Dios en cuanto a la recaudación de fondos—por ejemplo, presionar a las personas para que den—estás fuera de la voluntad de Dios. Limítate a hacer tus dos tareas con toda la gracia que Él te da. Él hará su parte.

Por supuesto que Dios podría financiarte sin que tú muevas un dedo—y esto sería un milagro. Pero Él también hará milagros mientras fielmente hagas tu parte. Cuando Dios te da la gracia para telefonear o enviar un texto para agendar una cita con alguien que te intimida, ¿acaso no es eso algo milagroso?

Acuérdate que tú no puedes hacer el trabajo de Dios. ¡Y Él no *hará* el tuyo!

4. La Biblia es el estándar—y no, las mejores prácticas seculares ni opiniones personales ni tradiciones culturales.

Habiendo sido criado en una granja, con un trasfondo frugal, yo secretamente sentía orgullo por mi buen sentido financiero. Aunque Alma y yo a veces discrepábamos sobre el significado exacto de *frugalidad*, yo estaba seguro que tenía la razón. Pero mis opiniones acerca de administración financiera cambiaron durante un caloroso sábado en la mañana, al lado del Lago Mendota en Wisconsin, mientras estudiaba cada pasaje en Proverbios que trataba con el dinero y las posesiones. Hasta ese momento, yo era un prisionero de mi cultura de "sentido común." ¡La Biblia me reveló que era *demasiado* frugal! ¡Sí, la Biblia!

No estoy solo con mis fuertes opiniones acerca del dinero y la recaudación de fondos. Los obreros alrededor del mundo luchan por dejar que la Biblia los guíe en asuntos de dinero. Esto es lo que les digo a los obreros de cada cultura que son conformistas en cuanto a su financiamiento: Tus opiniones personales acerca del financiamiento son sinceras y tienen mucho sentido común. Y esto es lo que te ha traído a este punto:

- Estas muy lejos de tus metas de financiamiento.
- No tienes casi nada en tus ahorros.
- Tendrás que hacer un gran esfuerzo para apelar a tus amigos cuando tengas una emergencia.

"No es suficiente," dijo George Müller una vez, "obtener los recursos [financiamiento] para la obra de Dios... Deben conseguirse a la manera de Dios."[1] Nuestro deber no es simplemente recaudar fondos, sino hacerlo en una manera bíblica que honra a Dios. El difunto Rod Sargent, mi mentor y antiguo director de desarrollo para Los Navegantes, acostumbraba decir que "solo porque una estrategia de financiamiento funciona no quiere decir que es correcta."

Sin embargo, las solicitaciones de finanzas abusivas existen hoy entre los ministerios cristianos. Recibí una carta de un tele-evangelista, hablando de la historia en Lucas 17, en la cual Jesús dirige a Pedro a tomar una moneda de la boca del pez para pagar los impuestos. La carta solicitando finanzas contenía dos monedas—una grande para mí y una pequeña con las siguientes instrucciones: "Envuelve tu billete más grande alrededor la moneda pequeña y envíalo a la obra de Dios."

Este engaño de las dos monedas es una versión espiritualizada de una vieja treta secular con dos monedas: "Tú te quedas con una moneda, pero me devuelves la otra porque no te pertenece." El autor promete salud y riquezas si solamente "siembras una semilla"—lo cual es un código para decir "dale dinero al hombre de Dios."

También tengo una carta que contiene dos paquetes de semillas de mostaza del Monte de Olivos, recogidas por los hijos de un evangelista. Yo debo guardar un paquete, pero debo regresar el segundo con un donativo de amor de $33 dólares y prepararme para recibir una bendición.

Los obreros tienen el derecho de solicitar (ver 1 Corintios 9:1-14), pero las promesas de riquezas y salud van demasiado lejos.

En 2 Corintios 4:2, Pablo usa la frase "no andando con astucia" para describir su ministerio entre los impredecibles corintios. Aunque no estaba ofreciendo consejos sobre recaudar fondos, los obreros necesitan tomar en serio sus palabras. ¿Estás siendo tentado a actuar de "astuto" para lograr el financiamiento completo?

¿Qué hay de ti? Tú probablemente nunca mandarás semillas de mostaza, pero cuando las finanzas están bajas, los misioneros tienen la tentación de manipular la verdad. Por ejemplo, un misionero no diría a sus donantes que está completamente financiado por el temor que se detengan. ¿Y qué hay de los "pos-data" en las cartas misioneras—"Por favor ora por nuestro apoyo financiero"? ¡Yo lo llamo una solicitud disfrazada: "Una santa insinuación"! Muchos misioneros temerosos de Dios nunca han hecho un estudio bíblico sobre el dinero o la recaudación de fondos, pero tienen fuertes opiniones acerca de ello. ¿Serán bíblicas sus opiniones?

Más allá de las opiniones personales acerca de recaudación de fondos, son tradiciones culturales. En mi cultura rural del centro de los Estados Unido era mal visto hablar de dinero o religión. Me han dicho los obreros de otras culturas que "solicitar directamente jamás funcionaría en nuestra cultura." Es demasiado "atrevido" o "americano". Pero cuando empiezo a investigar más sobre estos comentarios, encuentro que estos obreros no quieren desafiar las tradiciones culturales acerca del dinero. Es peligroso.

Pero los obreros sí retan sus culturas en otras áreas, como evangelismo y discipulado. ¿Permitirás que tu sentido común o tradiciones culturales continúen dictando tus prácticas financieras? ¿O escogerás la sabiduría de la Biblia para tus prácticas de recaudación de fondos?

No esparzas tus opiniones personales hasta que hayas invertido por lo menos veinte horas estudiando la Biblia acerca del dinero y la recaudación de fondos. Empieza con el estudio bíblico en línea que aparece en el apéndice, en scottmorton.net.

5. La recaudación bíblica de fondos es un ministerio espiritual, no un esfuerzo mundano.

Los obreros alrededor del mundo tienden a separar la vida en dos categorías; una espiritual y otra no espiritual. Las actividades espirituales incluyen discipulado, evangelismo y reuniones de oración. Los asuntos de dinero no son espirituales.

Una vez un misionero me dijo, "Nunca podría escoger el dinero por encima de las almas de los hombres y mujeres." Su perspectiva de recaudación de fondos era como una plaga, no un privilegio; una maldición, no un llamado; una molestia no un ministerio. Él no adoptaba la recaudación de fondos felizmente; más bien trataba de huir de ello.

Hace algunos años, el director de una agencia misionera internacional escribió un artículo en la revista *Christianity Today* que la recaudación de fondos personales es un método degradante." Este líder, nacionalmente conocido en Estados Unidos, promovía el prejuicio de que la recaudación de fondos es vergonzosa. ¿Es esa la perspectiva de la Biblia?

El director de Los Navegante en Zambia, Nelson Musipa, me ofreció una perspectiva refrescante:

> ¿Qué fue lo que me obligó a tomar más en serio la recaudación de fondos? ¡Las órdenes de Dios de marchar en la dirección del ministerio cuando Él me llamó! El día que me di cuenta de que mis órdenes incluían la recaudación de fondos, fue el día que me di cuenta que no era una cuestión de debate, sino de obediencia.

En Éxodo 25:2, Dios le dijo a Moisés que "tomen para mí ofrenda" para la tienda del Tabernáculo. ¿Moisés lo consideraba "degradante?" ¿O lo consideraba como una labor desagradable? ¿Lo realizaba de mala gana? Imagínatelo a él diciendo, "¿Señor, me estás pidiendo que haga recaudación de fondos?" ¡Cualquier cosa excepto eso! Enseñaré los diez mandamientos. Comeré maná. ¡Pero no me pidas hacer recaudación de fondos! ¡Especialmente no para proyectos enormes y costosos! ¡Se van a quemar de todas maneras!

¡Totalmente lo contrario! Moisés cuidadosamente recibió las instrucciones detalladas del tabernáculo; y después invitó a los Israelitas a dar. ¡Y sí dieron! Todos "a quienes su corazón los estimuló" (Éxodo 35:21) llevaron contribuciones.

¿Consideraba Pablo la recaudación de fondos algo degradante? Tres veces pidió una ofrenda para los santos en Jerusalén, llamándola una "obra de gracia" (2 Corintos 8:6-7, 19). Hasta posponía su ministerio a España para llevar personalmente la ofrenda a Jerusalén (Romanos 15:28).

De manera similar, los pastores hoy en día dicen, "Vamos a adorar a Dios a través de nuestros diezmos y ofrendas." No se disculpan anunciando, "Ahora hemos llegado al momento del culto donde debemos hacer algo secular. Lo odio, pero hay que pagar las cuentas. Ujieres, por favor pasen adelante y acabemos pronto con esta labor tan desagradable."

El fallecido autor Henri Nouwen originalmente consideraba la recaudación de fondos "una necesaria, pero desagradable actividad para sostener las cosas espirituales." Pero más tarde en su vida se dio cuenta que la recaudación de fondos es tan espiritual como dar un sermón, entrar en un tiempo de oración, visitar a los enfermos o alimentar a los hambrientos."[2]

Luego dijo, "La recaudación de fondos es precisamente lo opuesto de mendigar. Cuando estamos recaudando finanzas no estamos diciendo, 'Por favor, ¿podrías ayudarnos porque últimamente ha sido difícil?'" Al contrario, Nouwen define recaudación de fondos como "proclamar lo que creemos de tal manera que ofrecemos a otras personas una oportunidad para participar con nosotros en nuestra visión y misión." ¡Exactamente! No estamos pidiendo a la gente dar su dinero, que se ha ganado con tanto trabajo, para que podamos comprar alimentos para la casa o comprar calcetines. Al contrario, estamos solicitándoles a ellos que se unan con nosotros en el avance del Reino. Nouwen concluye, "No podemos dejarnos engañar al pensar que la recaudación de fondos es solamente una actividad secular."[3]

Si el dar es bíblico, ¿acaso el solicitar no será bíblico también? La gente mundana hace de la solicitud de dinero algo mundano, de igual manera que la gente mundana hace del evangelismo algo mundano.

Además, no solamente hacemos recaudación de fondos simplemente para que podamos llevar a cabo el ministerio. La recaudación bíblica de fondos en sí es un ministerio. ¿Por qué? Ayuda a la gente a acumular tesoros en los cielos. Desafía a la gente a descartar el ídolo de la avaricia y vivir según Mateo 6:33, buscando primero el Reino.

Filipenses 4:10 da una sencilla fórmula para la recaudación de fondos: "De lo cual también estabais *solícitos*, pero os faltaba la *oportunidad*" (énfasis añadido). La gente necesita tener *interés* por la obra del Señor y una *oportunidad* para mostrar su preocupación. Esta simple ecuación de Filipenses 4:10 me ayuda:

$$A = I + O$$
Apoyo = Interés + Oportunidad

Sin darse cuenta, las iglesias utilizan la ecuación de A = I + O cada domingo cuando pasan la canasta de la ofrenda. La canasta simplemente es una oportunidad para que los miembros muestren su interés.

De la misma manera, tu solicitud financiera les da a tus amigos la oportunidad para demostrar su interés. Si a través de tus cartas de información promueves el interés por tu ministerio, pero nunca provees una oportunidad significativa para ejercitar la mayordomía, probablemente tus amigos no darán. Si, por el contrario, estás constantemente presentando oportunidades de dar, pero descuidas cultivar su entendimiento e interés, te verás como una persona hambrienta de dinero.

Toma nota que dije "una oportunidad significativa de mayordomía." Un misionero me dijo que les dio a las cuatrocientas personas en su lista de contactos una "oportunidad" de apoyarlo mensualmente, pero 399 dijeron que no. "¿Cómo sabes que dijeron que no?" pregunté. "¡No respondieron a mi carta!" me respondió.

Sin embargo, depender de un envío masivo de una carta, un texto o un correo electrónico para apoyo financiero (especialmente apoyo mensual) no le da a los lectores suficiente oportunidad significativa de mayordomía. Es como manejar un camión de helados por un barrio a 70 kilómetros por hora—no da la oportunidad significativa de interactuar con los clientes. Similarmente, un correo electrónico masivo solicitando apoyo mensual no da una oportunidad significativa para relacionarse con donantes potenciales. Hay un lugar apropiado para las cartas de solicitudes, pero a menudo los obreros mandan "cartas con insinuaciones" como un sustituto de las invitaciones significativas personales e individualizadas a los socios donantes. Lo llamo, "Bombardeo de cartas desde gran altura."

Además de reclutar apoyo, el dar a la gente oportunidades de mayordomía también abre puertas para más ministerio. Presentar tu ministerio en persona toma diez a veinte minutos, pero también te da la oportunidad de entrar en las vidas de los oyentes.

¿Qué hay de ti? ¿Ves tú la recaudación de fondos como "una necesaria pero desagradable actividad para respaldar las cosas espirituales" (Nouwen)? ¿O te has trasladado hacia la aceptación de todo corazón de la recaudación de fondos como un ministerio espiritual?

Revisa el barómetro de la aceptación de recaudación de fondos abajo. ¿Dónde te ubicarías a ti mismo hoy?

¿Tratando de escaparte? (Buscas formas creativas de evitar la recaudación de fondos.)

¿Un sentido de resignación o deber? (Solicitas apoyo financiero solamente cuando la situación es desesperante.)

¿Adoptas la recaudación de fondos de mala gana? (Haces recaudación de fondos como un deber y mecánicamente, pero sin gozo.)

¿Adoptas la recaudación de fondos con gozo? (Aunque siga siendo un riesgo, aceptas la recaudación de fondos como parte de tu llamado y te deleitas al hacerlo.)

¿Qué puedes hacer para avanzar hacia una gozosa aceptación de tu ministerio de financiamiento?

RESISTIR ← | Tratar de escaparse | Resignación un sentido de obligación | Abrazarlo con cautela | Abrazarlo con gozo | → ACEPTAR

6. El recibir financiamiento no te da el derecho de ser exigente.

Pablo escribe en 1 Corintios 9:14, "Así también ordenó el Señor a los que anuncian el evangelio, que vivan del evangelio." Él estaba parafraseando a Jesús, quien dijo en Mateo 10:10, "El obrero es digno de su sostenimiento."

Claramente tenemos el derecho de ser sostenidos por el evangelio. Pero Pablo dice anteriormente en el versículo 12, "No hemos usado de este derecho...por no poner ningún obstáculo al evangelio de Cristo."

Como nos sentimos cómodos estando a cargo, los líderes cristianos podemos ser muy exigentes sin darnos cuenta. Al hacer solicitudes financieras, los misioneros a menudo dicen, "Quiero que ores acerca de donar para mi ministerio." La intención es hacer una pregunta, pero en realidad es un mandato—no una solicitud. Procuremos tener mucho cuidado de realizar solicitudes en lugar de dar un mandato.

Me gusta la forma que lo dice Bill Hybels, pastor de Willow Creek Community Church, cuando está almorzando con alguien:

> Dios me ha guiado a retarte con algo hoy, pero quiero que sepas desde el principio que estaremos bien si aceptas o no este reto.
> ...No afectará nuestra amistad o mi respeto para ti porque esto no es entre tú y yo; al contrario, es entre tú y Dios. ¿Estamos en la misma sintonía?[4]

Temo que algunos misioneros que asisten a seminarios de recaudación de fondos salen con la impresión de que ellos tienen el derecho de forzar a los oyentes renuentes a tomar tarjetas de compromiso. No es cierto. Tienes derecho a recibir sostenimiento, pero no tienes el derecho de ser exigente, descortés o agresivo—provocando así un obstáculo al evangelio.

7. Espere recaudar el 100% de tu presupuesto aprobado.

¿El ingresar al ministerio incluye acaso tomar un voto de pobreza? ¿Deben los obreros ser pobres? ¿Estará bien que los maestros, granjeros y empresarios cristianos tengan suficientes recursos o hasta sean ricos, pero que los misioneros deban ser pobres?

En mi experiencia, muchos misioneros no esperan recibir el 100% del sostenimiento que necesitan. Alrededor el mundo y en muchos diferentes ministerios, encuentro a obreros quienes creen que el 100% es algo inalcanzable, un "ideal" muy lejano—no una meta seria. Un administrador de una agencia misionera una vez se refirió a los presupuestos de su personal como una "lista de deseos." Uno dijo, "Mi presupuesto bien podría ser un millón de dólares porque nunca lo alcanzaré de todos modos."

¿No será suficiente lograr recaudar el 60 u 80 por ciento del presupuesto?

No.

Margaret, una obrera, pensaba que estaba lista para lanzar un nuevo ministerio en una universidad solamente con financiamiento parcial. Pero fue duro. Nadie parecía estar interesado en escuchar de Cristo. Finalmente, un estudiante escéptico aceptó reunirse con

Margaret para hablar acerca de la Biblia y Jesús. Margaret estaba muy emocionada. Esto podría ser un rompimiento espiritual. Se fijó la cita.

Pero cuando Margaret iba a salir para la universidad, descubrió que no tenía cuatro dólares para invitarle a su nueva amiga a una Coca-Cola. En lugar de estar avergonzada Margaret pospuso la reunión, no confesando con su nueva amiga la razón real. Por escasos cuatro dólares, la oportunidad del evangelio ser perdió ese día.

Una vez ayudé a un misionero a escribir una carta solicitando financiamiento especial para el primer año de la universidad de su hija. Confesó que menospreciaba la recaudación de fondos e intentaba "sobrevivir" año tras año por debajo de su presupuesto aprobado. El ignoró la importancia de ahorrar para necesidades legítimas como su jubilación, restablecimiento, vivienda y la universidad de sus hijos. Esperaba que una solicitación muy dinámica a su lista de contactos lograría cubrir la educación de su hija. No fue así. Ni cerca. El vivir solamente con el 80% de su necesidad por veinte años al fin le pasó la factura.

Además de no tener suficientes entradas, el estar bajo de fondos amenaza la felicidad matrimonial. Un amigo que trabaja en desarrollo de financiamiento estaba hablando sobre el 100% de financiamiento con una pareja misionera europea durante un almuerzo muy agradable. De pronto el misionero empezó a predicarle que el recaudar la meta financiera completa era meramente una idea americana. Mientras pontificaba, las lágrimas llenaron los ojos de su esposa. Conteniendo las lágrimas, ella finalmente dijo, "Es maravilloso vivir por fe, pero yo soy quien tengo que comprar el pan y el queso." Su esposo no se había dado cuenta que ella estaba viviendo bajo tanta presión.

Con 80% puedes "sobrevivir" a corto plazo—hasta que tu coche necesite reparaciones, o que necesites regresar a casa por una enfermedad de tus padres, o que tus hijos quieran ir a la universidad, o quieras comprarle una Coca-Cola a un amigo escéptico.

¿Por qué nos excusamos a nosotros mismos de recibir el financiamiento completo? No es simplemente un asunto entre tú y Dios. ¡Gente escéptica, pero hambrienta de Dios, te está esperando! ¡El financiamiento completo es una cuestión del evangelio—no es un asunto de tu preferencia! ¡Dios tiene suficientes recursos en Su mundo enorme para suplir completamente tu presupuesto "aprobado por tu misión y presentado en oración"!

Solteros, sean muy cuidadosos aquí. Solamente porque tienen menos gastos que un matrimonio con hijos, ustedes tal vez pensarían que pueden "sobrevivir" con menos. Sus circunstancias actuales no quiere decir que deban conformarse con un presupuesto bajo.)

Hazte estas preguntas: Si tuvieras el 100% de tu presupuesto por los siguientes doce meses:

- ¿Qué harías en el ministerio que no puedes hacer ahora?
- ¿Si eres casado, cómo sería diferente tu matrimonio?
- ¿Cuáles son algunas cosas que te gustaría hacer para tu esposa? ¿Para tu familia?
- ¿Personalmente, qué harías diferente?

Si nada cambiaría, entonces estás pensando demasiado pequeño. Tu pensamiento de supervivencia está poniendo un límite a tu ministerio.

Tu primer paso hacia el financiamiento completo es preparar un presupuesto oficial. Más acerca de esto en el capítulo 8.

8. El síndrome del "pobre de mi" deshonra a Dios.

¿Qué es el síndrome del pobre de mi? Es la mentalidad de desear tener más dinero, usualmente expresado en quejas o insinuaciones. Sencillamente, es lamentarse acerca de dinero.

La mayoría de los obreros cristianos han participado en una fiesta de autocompasión en algún momento. Imagínate el escenario. Es tarde en la noche en la conferencia misionera. Dos misioneros han estado hablando y tomando café por una hora. Ellos han pontificado sobre cada problema en la agencia misionera, particularmente sobre la estructura de liderazgo. Ahora su conversación cambia al tema de finanzas.

"¿Cómo están tus ingresos?"

"Bien. Tenemos un nuevo donante desde el mes pasado—$100 dólares."

"¡Maravilloso! ¿Me dijiste su nombre? ¡Ja ja, solo bromeaba!"

"Perdimos dos iglesias, grandes donantes, el verano pasado. Tal vez Cindy regrese a trabajar, aunque no quiere hacerlo. Me siento mal por los niños. No habrán juguetes para Navidad este año. Los donantes se están volviendo menos generosos."

¡Nuestro ingreso el mes pasado fue $16 dólares—estamos al 37%! Tuve que vender mi juego de tarjetas bíblicas de memorización en una venta de garaje."

"Eso no es nada. El mes pasado no recibí nada de ingreso. ¡La oficina central me mandó a cobrar!"

"¡Esta economía nos está matando a los obreros!"

"¡Te digo, estos son los últimos días!"

David Myers y Thomas Ludwig llaman a este tipo de conversación, "pobre de mi". "Aunque 'pobre de mi' es comprensible, aun así nos debilita. Primero, nos hace sentir peor de lo necesario sobre nuestra situación... Segundo, 'pobre de mi' enfoca nuestra atención en nosotros mismos, cegándonos a las necesidades genuinas de...otros."[5]

¿Por qué hablan los obreros sobre su pobreza? Aquí hay algunos motivos que los misioneros me han confesado:

- Autocompasión para obtener una reacción como "Oh, pobre de ti. Debe ser tan difícil servir al Señor." Solloza. "Sí, lo es."
- 'Pobre de mi' es una expectativa. La pobreza y la espiritualidad van de la mano. He escuchado quejas de misioneros comprometidos, quienes aparentemente disfrutan de una relación profunda con Dios.
- Una solicitación financiera disfrazada. "Tal vez la gente se dé cuenta que necesito dinero."
- Un mal hábito heredado de los padres o del ambiente de misiones.

¿Qué comunica 'pobre de mi' a nuestra familia, nuestros amigos y particularmente a los no creyentes? ¿Lástima? Más aun, si las pruebas financieras continúan año tras año, tus amigos se preguntarán si la mano de Dios de verdad está sobre ti. Tus donantes pueden preguntarse a sí mismos si su inversión en ti vale la pena.

Pregunté a la presidenta del comité de misiones de una iglesia grande como se sentía acerca de las cartas de misioneros salpicadas con insinuaciones de necesidades financieras. Me dijo, "Me hace sentir mal, pero probablemente no voy a hacer nada al respecto."

El apóstol Pablo tuvo oportunidades para quejarse por dinero. Más bien, él escribió lo siguiente: "No lo digo porque tenga escasez, pues he aprendido a contentarme, cualquiera que sea mi situación. Sé vivir humildemente, y sé tener abundancia... Todo lo puedo en Cristo que me fortalece" (Filipenses 4:11-13).

Cuando estábamos recibiendo entrenamiento misionero, Alma y yo nos encontrábamos en una situación muy difícil económicamente y yo empecé a utilizar el 'pobre de mi', esperando recibir lástima. Fue cuando Chuck Strittmatter, mi supervisor, dijo, "Scott, puede ser que seas pobre, pero no hables como pobre." ¡Ay, me dolió!

En los primeros días del ministerio de los Navegantes, cuando un obrero se saltaba una comida por falta de recursos, el fundador Dawson Trotman les dijo que "pusieran un palillo de dientes en su boca de todas maneras" para que nadie se dé cuenta de tu bajo nivel de ingresos.

En Lucas 10 Jesús mandó a sus discípulos en un viaje ministerial. Les dijo que no fueran de "casa en casa" (versículo 7). Hasta hoy, en algunos países los mendigos tienen un itinerario, yendo de casa en casa. Si los discípulos de Jesús hubieran andado de casa en casa, hubieran sido acusados de egocéntricos, por andar buscando el alojamiento más cómodo. Pero Jesús no permitía que sus obreros pensaran como mendigos o que fueran acusados de aprovecharse de sus anfitriones.

Alma y yo hemos hecho cuatro compromisos personales respecto al "pobre de mi", para asegurarnos de no impedir el evangelio.

- No bromeamos sobre la falta de dinero ni usamos la táctica "pobre de mi"—ni siquiera entre nosotros, para no reforzar la idea antibíblica que "Dios está en quiebra" y que no hay suficiente dinero en Su amplio mundo para financiarnos por completo.
- No insinuamos sobre nuestras necesidades financieras, como pedirle a los lectores de nuestras cartas que "oren por nuestras finanzas." Cuando queremos que la gente dé, les solicitamos cara a cara.
- No nos quejamos de los precios altos. Una vez, Alma regresó del supermercado y empezamos a revisar las bolsas, quejándonos del alto costo de las verduras, el jabón, las toallas de papel y la mezcla para hacer *muffins*. ¡Nos quejamos de la economía de Estados Unidos y del presidente, a quien echamos la culpa de todo el desorden! Finalmente, nos dimos cuenta. "¿Qué estamos haciendo? ¡Estamos quejándonos en presencia de un Dios soberano!"
- No nos comparamos con otros, incluyendo a los donantes. Cuando vemos la buena suerte de "gente normal," es fácil pensar, *Ellos tienen buenos muebles. Me pregunto si algún día tendremos un nuevo sofá.* Aún más sutil es compararnos con otros misioneros. Durante un retiro de líderes, vi a un colega con un coche nuevo, lo comparé con nuestro "viejo coche" y sentí envidia. Pero 2 Corintios 10:12 me ayudó: "Ellos,

midiéndose a sí mismos por sí mismos...carecen de entendimiento."

Hay otra dimensión. Algunos misioneros temen que sus donantes se den cuenta que tienen el 100% de su financiamiento y que dejen de dar—entonces siguen hablando como 'pobre de mi'. Pero te aseguro que los donantes no dejarán de dar. ¡Estarán encantados! ¡Uno de nuestros donantes dijo, "Ahora que tienes todo tu presupuesto supongo que puedo dejar de dar!"

Yo le dije, "¡Entonces dejaríamos de tener el presupuesto completo!"

"¡Buen punto!" me dijo.

Una respuesta sincera a una pregunta acerca de tu sostenimiento es apropiada. Pero el insinuar en lugar de hacer una solicitud honesta y quejarse en lugar de trabajar, es "pobre de mi". ¡Deja de hacerlo!

9. Enfócate en el dador, no en el dinero.

Años atrás llamé a un antiguo conocido ("Norm") para ver si podíamos reunirnos. Nos habíamos visto solo una vez en diez años, pero él recibía nuestras cartas de noticias.

Antes de colgar, le pregunté si durante nuestra reunión podía explicarle sobre nuestro ministerio y nuestro equipo de apoyo. Sin obligación alguna.

¡Silencio! ¿Qué dije?

Finalmente, con una voz tímida contestó, "Seguro." Pero no podía sacar de mi mente su titubeo.

Tuvimos un buen reencuentro en un restaurante de comida rápida con 287 opciones de refresco dietéticos. Cuando estábamos llegando al final de nuestra visita, con precaución pregunté a Norm sobre su titubeo en el teléfono.

Él bajó su mirada. Se quedó mirando su Coca-Cola dietética en el vaso plástico rojo. Después levantó su mirada, frunció sus labios y murmuró algo, con su voz quebrantada.

Incómodamente, rompí el silencio. "¿Norm qué está pasando? ¿Sabes que no estoy aquí para torcer tu brazo, verdad?"

"No eres tú," dijo con sus ojos humedecidos.

Entonces empezó a contar tu historia con otro misionero a quien había apoyado anteriormente. "Solamente hablaba de dinero. Siempre estaba insinuando que yo debía dar más. Me dejaba con un mal sabor en mi boca," me comentó Norm en confianza.

Cambié de enfoque. "Norm, estoy retirando mi solicitud de finanzas. Estoy más preocupado por tu crecimiento espiritual y por ayudarte a reconciliarte con ese otro misionero."

"Gracias", dijo. "Probablemente sea lo mejor."

Al salir en mi coche, le agradecí a Dios por permitirme estar más preocupado por el caminar diario de Norm con Cristo que por mis finanzas.

Si vemos a nuestros donantes como Cajeros Automáticos, violamos el ejemplo de Filipense 4. Pablo puso el estándar de Filipenses 4:17: "No es que busque dádivas, sino que busco fruto que abunde en vuestra cuenta." Aunque agradecido por su donación, Pablo estaba más preocupado por el crecimiento espiritual de los Filipenses. Hay que tratar a los donantes con dignidad—no solamente para que sigan dando, pero porque ellos son socios peregrinos ante Dios y con experiencias dolorosas, como Norm.

¿Pero, cómo mantenemos pura nuestra motivación cuando necesitamos financiamiento? Por ejemplo, un rico empresario cristiano entra a tu círculo de amigos. ¡Se te ilumina el rostro como un árbol navideño! Estás tentado a consentirlo, pensando que podría ayudarte financieramente. Pero te sientes como hipócrita al poner un librito de *Empezando con Cristo* en el bolsillo de su camisa, mientras le sacas la billetera del bolsillo de su pantalón.

Proverbios 19:6 dice una verdad sobre la naturaleza humana: "Muchos buscan el favor del generoso, y cada uno es amigo del hombre que da." ¡No estás solo! Déjame mostrarte cómo yo lidio con la tentación. Primero, admito a mí mismo que lo que quiero es el dinero de la persona. Antes negaba que el dinero me motivara en lo más mínimo a cruzar una habitación para conocer a alguien. Ahora digo, "¡Señor, yo quiero su apoyo financiero, y mucho!" La honestidad reduce la presión.

Segundo, me propongo hacer lo mejor para este individuo, sea que reciba apoyo de él o no. Oro, "Señor, me encantaría que esta persona apoyara nuestro ministerio, pero no sé dónde está en su relación contigo. Yo quiero lo mejor para él. Por favor guíame."

Tengo una rima que me ayuda mientras me acerco a la casa de un potencial donante: "Pongo mi mano sobre su puerta, y cito Filipenses 2:3 y 4" ("Con humildad, estimando cada uno a los demás como superiores a él mismo; no mirando cada uno por lo suyo propio, sino cada cual también por lo de los otros").

Tercero, decido no insinuar. La gente capta las indirectas sobre dinero, y les repele.

Si estas angustiosamente atrasado en tu financiamiento, admite a ti mismo que quieres reunirte con donantes potenciales por causa del dinero. Al menos eres genuino. En la mayoría de las culturas es apropiado hacer una cita, pero diles por qué quieres reunirte con ellos. No digas que es por "amistad" si tu intención es lanzarle la granada sobre el dinero en su regazo. Está bien solicitar a un recién llegado que te apoye; pero no lo engañes para persuadirlo.

Por cierto, tu motivación nunca será 100% perfecta. Jeremías 17:9 dice, Engañoso es el corazón más que todas las cosas, y perverso." ¡El verso no añade, "excepto en el caso de misioneros recaudando fondos!" Si tú esperas la motivación perfecta, nunca recaudarás mucho apoyo—ni compartirás tu fe, ni leerás tu Biblia.

10. Enfatiza tu visión, no tu necesidad.

En una tira cómica de Charlie Brown, Linus está sentado en un "puf" viendo la TV. El locutor suplica, "Este programa necesita más apoyo." Segunda imagen de la tira: "Necesitamos tus donativos." Linus todavía está sentado allí, mirando. Tercera imagen de la tira: el locutor suplica desesperadamente, "Si no recibimos una respuesta tuya, nuestro programa saldrá del aire." La imagen final de la tira: Linus finalmente habla: "¡Hasta luego!" dice él.[6]

Con demasiada frecuencia, los misioneros—como el locutor de la TV—ven la recaudación de fondos como el arte de suplicar por dinero con más y más creatividad. Vamos a cambiar esta perspectiva distorsionada siguiendo el modelo 4—P en Romanos 15:

- La *Pasión* de Pablo (15:20)
- La *Promesa* de Pablo (15:21)
- La *Petición* (solicitación) de Pablo (15:24)
- Las Relaciones *Personales* de Pablo (15:24)

Pasión
Romanos 15:20: "Y de esta manera me esforcé a predicar el evangelio, no donde Cristo ya hubiese sido nombrado, para no edificar sobre fundamento ajeno." Esta es la pasión de Pablo—su visión deslumbrante: Predicar donde Cristo no haya sido nombrado (anunciado). ¡Siete palabras!

Cuando compartes tu "visión deslumbrante," ¿te apasionas? No estoy hablando de agitar banderas. No necesitas comprar un saco nuevo e imitar al locutor de los concursos de televisión. Cualquier tipo de personalidad puede mostrar entusiasmo genuino. El poeta

Americano Ralph Waldo Emerson lo dijo muy bien: "Nada grande se ha logrado sin entusiasmo."

¿Qué pasa si tu ministerio no muestra éxito todavía? La mayoría de la gente quiere dar a un ministerio que evidencie la mano de Dios, aunque no sea grande ni exitoso. Gánate el apoyo de los donantes compartiendo también tus desafíos.

Promesa

En Romanos 15:21, Pablo explica el fundamento de su pasión al citar Isaías 52:15: "Aquellos a quienes nunca les fue anunciado acerca de él, verán; y los que nunca han oído de él, entenderán." Un fundamento o promesa basados en la escritura te da confianza en los días oscuros. He creado el hábito de revisar mis promesas personales en las escrituras durante mis devocionales en la mañana y cuando estoy abordando un avión—y en medio de la noche cuando llegan los pensamientos oscuros.

Petición

Romanos 15:24: "Cuando vaya a España, iré a vosotros; porque espero veros al pasar, y ser encaminado allá por vosotros." La palabra griega para "encaminado" usada aquí es *propempo*, lo cual significa "asistencia práctica". ¡Aunque la frase de "ser encaminado allá" parece indirecta hoy, los Romanos hubieran entendido claramente que Pablo no estaba pidiendo apoyo en oración! Él esperaba que ellos fueran a equiparlo para su misión a España—con comida, provisiones, dinero y compañeros de viaje. La costumbre dictaba que nunca se dejaba a un rabino viajero pasar por su pueblo sin encaminarlo en su viaje.

Relaciones Personales

Romanos 15:24: "...una vez que haya gozado con vosotros." ¡Pablo quería pasar un tiempo de compañerismo con sus socios donantes, en lugar de salir corriendo con su dinero!

. . .

Al igual que Pablo, empieza con tu visión—no tu necesidad financiera. Aquí está el bosquejo para tu próxima solicitación:

- Tu pasión ministerial
- Tu promesa (fundamento bíblico)
- Tu petición
- Construye y disfruta de una relación personal

Algunos comentarios sobre cómo describir tu ministerio:

- No solo describas tu organización misionera, sino explícalo de tal manera que formes un vínculo con el donante. Una encantadora pareja misionera nos solicitó apoyo para su ministerio en África. Ellos describieron el ministerio con folletos a todo color. Pero no compartieron su peregrinaje personal—nada de historias personales sobre las batallas en el ministerio y nada de vulnerabilidad. Fue como un informe institucional. Si hubiéramos establecido un vínculo personal con esta pareja, quizá nos hubiéramos unido a su equipo. Pero ellos perdieron una oportunidad de procurar nuestra amistad. Tus donantes deben respetar tu agencia misionera, pero también deben tener un vínculo emocional.
- Mientras estás explicando tu visión, evita hablar de misionología. La persona principal quien disfrutaría tu misiolonogía es el vicepresidente de misiones de tu organización. ¡Pero él no es la persona a quien estás solicitando! Los donantes potenciales quieren saber si estás impactando vidas.
- ¡No expliques tu ministerio—hay que ilustrarlo! Cuenta experiencias con personas reales de la obra para que tu oyente se apasione de lo que estás tratando de lograr. (Contar historias es una destreza adquirida. Encuentra consejos sobre esto en el capítulo 16.)
- ¡Para ser elocuente tienes que prepararte! Acompañé a un misionero a su presentación en un hogar. Esta pareja mayor le tenía mucho cariño a "Roberto," pero hablaba muchísimo de sus nietos, su iglesia, los problemas con el coche, su artritis—algo realmente aburrido, pero intentamos escuchar con atención. Finalmente, la esposa se acercó y tocó la rodilla de su esposo y dijo, "¡Ya, cariño! Estos jóvenes no han venido a escucharnos divagar."

   "Tienes razón," dijo. Se enderezó en su silla, miró a Roberto y dijo, "Suficiente acerca de nosotros. ¿Dinos qué necesitamos conocer sobre tu ministerio?

   Roberto y yo volvimos a la vida desde nuestros sillones. Me dije a mi mismo, *¡Es hora del espectáculo! ¡Roberto los cautivará con sus sueños para el ministerio!* Roberto empezó, "Pues, eh, esperamos realizar una exégesis de la ciudad y desarrollar, eh, ustedes saben, eh, unidades de discipulado...eh...Realmente estamos tratando de facilitar el evangelismo al segmento E-3...eh, usando la escala Engle de, eh..."

Roberto perdió el control del balón. En cuestión de dos minutos la pareja volvió a compartir sobre sus nietos. Roberto no estaba preparado—ni fue cautivante. Pregúntate a ti mismo: (1) ¿Cuál es mi oración de inicio en mi testimonio personal? (2) ¿Cuál es mi oración de inicio al describir mi visión?

Según la Crónica de Filantropía, más de 1,5 millones de organizaciones (de las cuales un millón son religiosas) están registradas como beneficencias 501(c)(3) en los Estados Unidos de América, exentas de impuestos. Además, hay un montón de organizaciones no gubernamentales (ONG) alrededor del mundo. ¿Qué es lo que hace que tu mensaje sea especial? ¿Por qué te preferirían los socios donantes en vez de una millonada de otras organizaciones?

En la recaudación de fondos tú puedes hacer todo "bien," pero si tu actitud no es Cristo-céntrica, ¿de qué sirve? Si estamos reclutando socios donantes para el avance del evangelio, debemos modelar el evangelio. Desafortunadamente, los recaudadores de fondos tienen reputaciones manchadas—incluso los recaudadores de fondos cristianos.

El adoptar las diez actitudes en este capítulo honra a Cristo y le quita la presión a la recaudación de fondos. ¿Sobre cuál o cuáles, una o dos de esta lista, te está hablando el Señor? Preséntaselas a Él en oración en los próximos días.

Desarrollando Tu Estrategia

Ahora estás listo para crear tu estrategia de financiamiento con la confianza que estás construyendo sobre una base bíblica. Conforme vas trabajando en esta sección, apunta tus ideas sobre estrategias y los nombres de personas que deben escuchar tu historia. Es en esta etapa donde el enemigo de tu alma intentará derrotarte. Tómate tu tiempo. Ora, paso a paso, mientras creas tu plan.

5

SEIS MALAS SUPOSICIONES

UNA DE LAS METAS de este libro es ayudarte a desarrollar un plan personal de recaudación de fondos. Pero antes de crear tu plan es tiempo de identificar los supuestos equivocados que te pueden descarrilar desde antes de iniciar.

1. No hay dinero allí afuera.

Un misionero que acababa de regresar a los Estados Unidos para una nueva asignación estaba nervioso sobre su financiamiento. Le pidió consejo a un empresario cristiano bien conocido y le dijo, "No te quedes en el ministerio a tiempo completo; no hay dinero allí afuera."

Al mismo tiempo, me dijeron, "No hay dinero en África." Y sobre el mismo tema, el director general (CEO) de un ministerio predijo públicamente, "Los Estados Unidos continuarán siendo la fuente principal de financiamiento para los ministerios africanos, asiáticos y latinoamericanos." ¿Está cayéndose el cielo en todo el mundo excepto Estados Unidos?

Considera lo siguiente:

- Los estadounidenses dan más de $375 mil millones de dólares anuales a instituciones caritativas, siendo el mayor porcentaje para organizaciones religiosas.[1] Pero históricamente eso es solamente entre 1 y 2 por ciento del ingreso bruto de los estadounidenses, según el IRS (hacienda pública). ¿"No hay dinero allí afuera"?
- Le pregunté a un amigo africano si había dinero para el ministerio en África. Sonrió y dijo, "Los pastores de la doctrina de la prosperidad definitivamente piensan que hay."

- En 2010 Brasil fue el país número dos en envío de misioneros protestantes en el mundo, habiendo enviado un total de 34.000.
- Todo empresario del sistema solar, mujer u hombre, tiene sus ojos puestos en Asia.

El Seminario Teológico Gordon-Conwell estima que 400.000 misioneros internacionales fueron enviados en 2010 (127.000 desde los Estados Unidos de América). Aunque algunos de ellos pueden ser bi-vocacionales y muchos de ellos tal vez no tengan su financiamiento completo, aún así implica que el dinero de muchas naciones financió a los 273.000 obreros no-estadounidenses enviados en 2010. Sí hay dinero allí afuera—aun para ti, sin importar de cuál país eres. No creo que haya una escasez de dinero, sino la falta de una gran visión, bien expresada y articulada. Si Dios te llama al servicio cristiano, Él proveerá los socios donantes—incluso en una economía con dificultades.

Pero tus donantes potenciales quizá no sepan *cómo* apoyarte. Muchos de ellos solamente saben cómo donar en una canasta los domingos en un culto, o a parientes con necesidades. Toma el tiempo para mostrarles como apoyarte de forma continua.

2. Las reuniones logran recaudar dinero a largo plazo.

Cuando los misioneros piensan en recaudar fondos, muchas veces visualizan una reunión de compañerismo donde se reúnen extraños para ver fotos, comer postres de manzana o samosas de Kenia y escuchar sobre misiones. Mágicamente, después de dos o tres reuniones, el misionero sale de nuevo al campo misionero con su financiamiento completo.

¡Lo siento! Las reuniones rara vez recaudan el apoyo financiero de largo plazo tan necesario. En un estudio de Los Navegantes de 736 personas que asistieron a reuniones de recaudación de fondos, solamente 9% hicieron un compromiso de fe (comparado con 46% con solicitaciones cara a cara). En África y Asia, las reuniones sobre misiones son bien recibidas; aunque las donaciones son mayormente de una sola vez—similar a un harambee de Kenia, donde se reúne la comunidad para ayudar a uno que ha sufrido una tragedia.

¿Cómo es que estas reuniones tan entusiastas inspiran tan escaso apoyo mensual? Tal vez es el síndrome universal de "Deja que Jorge lo haga". Imagínate que estás sentado en un grupo sosteniendo un plato con postre. Ahora el anfitrión te da una tarjeta de compromiso de fe. *Ejem, ¿apoyo mensual? ¿Qué pasa si de repente se me presentan otros gastos este año? Mejor mantengo mis opciones abiertas. Apuesto a que Jorge, aquí a mi lado, contribuirá. Parece que él es pudiente. Tal vez daré un solo pequeño donativo para mostrar que soy solidario. O tal vez no. ¿Me pregunto si van a servir helado con este postre?*

Las reuniones son una buena manera de dar gracias a los donantes, crear entusiasmo para tu visión y reclutar a gente nueva para tu lista de correo. Pero no recaudarás muchos compromisos mensuales. Hazlo cara a cara.

3. Las Iglesias son tus mejores prospectos

En generaciones anteriores, los misioneros financiaban la mayor parte de su presupuesto de las iglesias, sin necesidad de crear relaciones profundas con ellas. Pero esos días se acabaron. Las iglesias ya no te reciben con brazos abiertos solamente por ser misionero. Aunque tus hijos canten en el culto del domingo y la congregación aplauda con entusiasmo, lo más probable es que recibas solo una pequeña ofrenda.

Si puedes desarrollar una relación de beneficio mutuo con tu iglesia de envío, tal vez serás afortunado si la iglesia provee 10 a 25 por ciento de tu apoyo financiero, con su presupuesto de misiones. Pero estarás decepcionado si esperas reclutar muchas iglesias con las cuales solamente tienes una relación muy casual.

Tal vez una iglesia estará dispuesta a apoyar tu ministerio si éste te lleva a una región donde la iglesia tiene mucho interés—tal vez un país que está en las noticias por desastres naturales o porque las puertas de oportunidades se están abriendo milagrosamente, como Rusia en 1992. A veces la iglesia apoya a un ministerio local por su proximidad. No pases por alto esa oportunidad.

No quiero ser negativo acerca del apoyo de una iglesia, pero hay que pensar bien acerca de cómo inviertes tu valioso tiempo de recaudación de fondos. Pide a Dios que te dé gracia con tu iglesia o tu "iglesia enviadora", pero enfócate en individuos en lugar de iglesias. (Más acerca de iglesias en capítulo 13.)

4. Don Fortunio Adinerado recaudará el apoyo para ti.

Un amigo misionero emocionado me dijo que un empresario cristiano había decidido recaudarle el apoyo financiero que faltaba de su meta de $1000 dólares por mes. El empresario le dijo, "¿Por qué deberías tratar con este asunto de dinero? Eres bueno para el ministerio; yo soy bueno con el dinero. ¡Yo reclutaré un equipo para ti!" Dos años después el misionero, lamentándose dijo, "¡No he visto todavía ni un centavo!"

"Don Fortunio Adinerado" suena prometedor, pero no te confíes. Aunque él esté genuinamente interesado, él no sabe cómo reclutar a un grupo de apoyo para un misionero ni tiene el tiempo para hacerlo. El que haya tenido éxito como empresario no significa que puede recaudar financiamiento.

Sin embargo, Don Fortunio Adinerado puede ser un regalo enviado por el Señor. Primero, entrénalo en los principios bíblicos para la recaudación de fondos (haz el estudio bíblico que está en scottmorton.net con él) y ayúdale a ejecutar tu plan. Si batallas para encontrar socios potenciales, pídele a él que te presente con sus amigos uno por uno-*después* de que él haga *su* compromiso de apoyo financiero.

5. Recaudar fondos es como tomar jarabe para la tos.

Algunos misioneros ven la recaudación de fondos con el mismo entusiasmo que se tragan una cucharada del jarabe verde para la tos. Pero no tiene que ser así. Muchos misioneros han llegado al punto de disfrutar la recaudación de fondos. Algunos dicen, "Después de que superé el miedo de pedir una cita, las reuniones con socios potenciales iban muy bien—incluso cuando no donaban. Realmente pude ministrarles a ellos." El Recaudar financiamiento personal logra más que traer dinero. Por ejemplo:

- *Te obliga crecer profesionalmente.* En la sesión de debriefing de su año en Rusia, un misionero ("José") dijo, "Rusia cambió mi vida." Yo estaba sorprendido porque en el entrenamiento antes de salir el año anterior, él era tan reservado y cauteloso que yo dudé que él pudiera recaudar sus fondos. Pero aquí estaba; ahora era diferente. "¿Qué cambió tu vida?" le pregunté. "¿La cultura, la gente rusa?"

  "¡No," respondió José, "le recaudación de fondos! Me obligó a salir de mi zona de confort para compartir mi corazón con la gente. Eso me desafió, pero fue bueno."
- *Amplía tu perspectiva de Dios.* Cuando las personas de quienes pensabas que no les importaba un pito te apoyan, empiezas a entender que Dios tiene grandes planes para ti. Los misioneros me dicen que se sienten humillados por las donaciones generosas de gente inesperada que Dios ha tocado.

- *Expande la visión de sus socios.* Tristemente, muchos creyentes alrededor del mundo no tienen una visión del tamaño de la de Dios por la expansión del Reino. Pero cuando leen tus cartas de noticias interesantes, su visión del mundo crece. Tú les ayudas a pensar conforme al Reino. Y cuando donan, sus corazones acompañan su dinero (Mateo 6:21).
- *Te da la oportunidad de ministrar.* El informar sobre tu ministerio a sus donantes cara a cara puede durar treinta minutos, pero ellos compartirán sus vidas contigo por otras dos horas si escuchas bien. Tú puedes ayudarles a caminar con Cristo.
- *Te ayuda a darte cuenta de que la mano de Dios está sobre ti.* Un veterano misionero estaba considerando dejar el ministerio, pero decidió darle a la recaudación de fondos un último intento. Sinceramente, yo era escéptico—él había soportado tanto dolor. Después de regresar de sesenta días de citas cara a cara dijo emocionado, "¡Dios me volvió a llamar al ministerio!"

   Le pregunté, "¿Cómo? ¿Platicó contigo en el monte? ¿Tal vez un sueño?"

   "¡No," dijo, "treinta y seis amigos se comprometieron con apoyo mensual! ¡Dios me volvió a llamar a través de sus respuestas positivas!"

Si no puedes superar la idea del jarabe para la tos, en cuanto a la recaudación de fondos, algo anda mal. Toma tiempo con el estudio bíblico en scottmorton.net y habla con amigos de confianza. Deja que el Señor te traiga de vuelta con Sus maravillosos métodos. Decide ver la recaudación de fondos como una aventura con Dios.

6. La visibilidad recauda dinero.

Años atrás un líder evangélico muy conocido me confió que, aunque él era amado por miles como conferencista, su apoyo financiero estaba decreciendo. Muy visible entre el público cristiano, tenía a más de mil personas en su lista de correo—y enviaba cartas muy interesantes y creativas.

   ¿Qué anda mal?" preguntó. "Nuestro financiamiento sigue bajando, aunque tengo más y más invitaciones para compartir."

   Algunas organizaciones esperan recaudar finanzas mediante páginas web muy atractivas, correos electrónicos frecuentes y lujosas presentaciones de informes anuales. Ellos buscan maneras de elevar la concientización. Sus formas de comunicación pueden incluir una "solicitación suave," pero ellos no logran buenas ofrendas porque

- la visibilidad *no* genera dinero y
- la información *no* genera dinero.

La visibilidad y la información no recaudan dinero—más bien *cuestan* dinero. La gente no da meramente porque *conocen* de ti. No se acuestan en la noche con la carga de tu falta de apoyo. Están pensando en la repetición de su programa favorito en la televisión o preocupados por la escuela de sus hijos o cómo llevar a su hija adolescente a un convento. Aunque te aman, ellos no te apoyarán a menos que *les pidas tomar una decisión de mayordomía*. En conclusión: Tienes que informar y *pedir*.

Un antiguo mentor, el Navegante Chuck Singletary, con humor intencionalmente citaba Santiago 4:2 mal, desde la Biblia Reina Valera: "¡No tenéis lo que deseáis, porque no *telefoneáis!*"

Ahora que sabes qué debes evitar, estás listo para desarrollar tu estrategia de recaudación de fondos.

6

TRES ESTÁNDARES PARA UNA ESTRATEGIA EFECTIVA

MUCHOS OBREROS ME DICEN que su situación es única; "la recaudación de fondos normal" no funcionará para ellos. Cierto, cada situación es única, pero los puntos básicos del financiamiento bíblico no se deben dejar de lado.

Empezamos con este diagrama clásico de una pirámide, mostrando cuatro categorías de personas que necesitas en tu lista de correo.

Clave

Mensual

Extraordinario

No-donantes en tu lista de contactos

- Los *donantes claves* dan cantidades grandes, usualmente una vez al año, en lugar de mensualmente. Solicítale a cada uno cara a cara, el 5, 10 o 15 por ciento de tu meta. Ya que no todos te dirán sí (o no darán lo que estás solicitando), necesitarás cinco a diez donantes clave. Quizá no los ocupes para misiones de corto plazo, pero conforme va creciendo tu presupuesto, los donantes clave son esenciales para alcanzar el financiamiento completo.
- *Los donantes mensuales* son el corazón de tu equipo de donantes. No es necesario que las donaciones sean grandes, sino fieles. Enséñales a dar mensualmente si no tienen la costumbre de hacerlo. La mitad o más de tu apoyo financiero debe venir de socios mensuales.
- *Los donantes extraordinarios o esporádicos* dan de vez en cuando. Asegúrate de darles las gracias de inmediato. Súbelos de nivel en la pirámide invitándolos a que se unan a tu equipo de donantes mensuales o claves con el paso del tiempo.
- *Los no donantes en tu lista de correo* son amigos y contactos que todavía no han dado o son donantes muy caducados. Ellos reciben tus envíos y están siendo cultivados para dar en el futuro. Invítalos a empezar a apoyarte por lo menos una vez al año. Puede ser que algunos nunca den—está bien.

Nota especial para obreros de corto plazo: Mucho de tu apoyo probablemente vendrá desde el grupo de donativo extraordinario o esporádico—y está bien. Piensa en esto como tu "grupo de arranque." Muchos darán una vez (incluso sin una reunión cara a cara) para animarte en tu ministerio. Pero si continúas al segundo o tercer año de servicio, necesitarás enfocarte más en donantes mensuales y socios clave.

Ahora imagínate a tus amigos, donantes y no donantes, escalando la pirámide. Muchos donantes empezarán en la sección de abajo, pero conforme se van identificando más contigo y tu ministerio, se trasladarán hacia un apoyo mensual; eventualmente algunos de ellos se convertirán en donantes clave. Algunos no subirán, pero muchos lo harán. Esto te da un marco para clasificar lo que hay que hacer en tu recaudación de fondos año tras año.

Usando la pirámide de donaciones como nuestra guía, vamos a examinar tres referencias comunes de un misionero que tiene todo su financiamiento.

1. Concéntrate en solicitaciones cara a cara

Las solicitaciones en masa, como una explosión de correos electrónicos o campañas de arranque, generan donaciones de una sola vez, pero para apoyo mensual, te funcionará hacerlo cara a cara.

La tabla abajo refleja un estudio realizado antes que Mark Zuckerberg estuviera cursando la escuela secundaria. Sin embargo, basado en mis entrevistas con obreros de muchas culturas, la respuesta positiva de los encuentros cara a cara es un porcentaje aún más alto hoy. En algunos países, 80 a 90 por ciento de las personas están diciendo que sí a las solicitudes de cara a cara.

ESTUDIO DE LA BASE DE DATOS DE OBREROS AMERICANOS NAVEGANTES (7,401 SOLICITUDES REALIZADAS EN 1992)

Tipo de Solicitación	"Sí" (Financiamiento mensual)	"Sí" (efectivo o donación anual)	Total
Cara-a-cara	46%	14%	60%
Combo de llamada/carta*	27%	18%	45%
Carta personal*	14%	18%	32%
Reunión en grupo	9%	11%	20%

*Una carta física para amigos específicos---no desconocidos

Observa que el total de respuestas positivas del 60% para el cara a cara sobresale más que otros tipos de solicitaciones de financiamiento. Los tres tipos de solicitaciones menos personales (llamada, carta y reuniones en grupos) generaron resultados, pero no tan altos como la interacción cara a cara. La combinación de la solicitación carta/llamada produjo una respuesta positiva del 45%—nada mal. Pero debes tener en cuenta que estas solicitaciones fueron realizadas con gente bien conocida y amigos. De otra forma, las respuestas positivas hubieran sido mucho más bajas.

Las reuniones en grupo son maravillosas para generar entusiasmo para tu misión, pero solamente el 9% de la gente que asistió se comprometió con apoyo mensual.

Las solicitaciones por correo masivo no están incluidas en la tabla, pero los obreros reportan que este tipo de solicitud genera casi cero respuestas para apoyo mensual, y solamente 10 a 15 por ciento de ellos genera donativos extraordinarios.

El abordaje cara a cara debe ser el corazón de tu planeación financiera. ¡Es obvio!

¿Ahora, qué hay de las redes sociales? No tengo datos de una encuesta de respuestas positivas por medio de redes sociales, pero habiendo aconsejado a muchos obreros de muchas culturas, te puedo decir que nada se acerca al 60% de respuestas positivas de las solicitudes cara a cara. Tal vez algo como Skype podría acercársele, pero no tengo datos. He seguido las solicitudes por correo electrónico informalmente y encuentro que solamente 1 a 2 por ciento dicen que sí al apoyo mensual o anual—y a menudo es el seguimiento de un encuentro personal.

Demasiados de nosotros queremos que la recaudación de fondos sea corta y sin dolor. Pero las solicitaciones cara a cara requieren mucho tiempo. Como dije en la introducción, estamos edificando y bendiciendo a los socios donantes, no simplemente recolectando dinero. El vínculo que logras mientras estás sentado en el hogar de tu socio donante potencial, tratando de ignorar a su gato nervioso y a sus hijos que derraman su jugo sobre ti, dura toda una vida.

A veces los misioneros dicen, "He gastado horas intentando recaudar apoyo personal, pero no ha funcionado. Tal vez no tengo un llamamiento al ministerio."

Respuesta: ¿En todo tu trabajo de recaudación de fondos, cuántas citas cara a cara has tenido? La mayoría de los obreros que están desanimados en la recaudación de fondos no han realizado muchas solicitaciones cara a cara. ¡Antes de rendirte, haz cinco citas más, cara a cara! Después reevalúa. No te apresures a concluir que Dios no te está llamando.

2. Construye una lista amplia de contactos.

Mi compañero en el ministerio, Rob Mahon de Albuquerque, dice con humor que el secreto del éxito en la recaudación de fondos se encuentra en el coro para niños "Honda y Amplia":

> *Honda y amplia, honda y amplia;*
> *Hay una fuente que fluye, honda y amplia.*

Rob nos recuerda que Jesús tenía un ministerio personal con pocos—los tres, los doce, los setenta, los 120 en el aposento alto—pero también tenía un amplio ministerio público entre las multitudes. Hondo *y* amplio.

¡La estrategia de Rob de hondo y amplio asegura que nunca se acabarán los donantes potenciales! Hay que formar relaciones genuinas con cuantas personas que te sea posible y añadirlos a tu lista de contactos. Conforme escuchen más y más acerca de tu visión, un día felizmente escucharán tu solicitud de apoyo financiero.

Las cartas informativas bien escritas son tu portavoz para estimular interés en tu visión. Conforme compartas tu historia con una audiencia cada vez más amplia, estás desarrollando el interés de más y más personas, las cuales eventualmente podrán donar. Aunque tal vez nunca den, les has ministrado a través de tus cartas de información. En 2008 mis amigos de Mission Aviation Fellowship (MAF/Alas de Socorro) concluyeron un estudio de sus misioneros. Dentro de la información del estudio se encontraban las siguientes estadísticas:

- Noventa y un misioneros, con una lista de contactos de 362 personas en promedio, recibieron el 95% de su presupuesto.
- Ochenta misioneros, con una lista de contactos de 610 en promedio, recibieron 103% de su presupuesto.

Esa no es una enorme diferencia—aunque significa una diferencia entre estar por debajo de su presupuesto o sobrepasarlo. Eso es importante. Pero esto es lo que me llamó la atención de su estudio. Sus listas de contactos son grandes. Muchos obreros están luchando para tener entre 80 o 120 personas en sus listas. Es demasiado pequeño. Intenta tener por lo menos 200 personas—400 si eres casado.

Una vez añadí a una pareja que no conocíamos muy bien a nuestra lista de contactos; ellos eran prácticamente extraños. Por tres años recibieron nuestras cartas de información (tres a cuatro veces al año). Dos veces les envié una carta personal, escrita a mano, y una vez fuimos a su casa para una visita corta. Después de tres años necesitábamos recaudar apoyo adicional. Los llamé para pedir una cita, pero ellos iban a estar de viaje. En ese momento aproveché para explicarles por qué quería visitarlos y pregunté si podía enviarles una carta de seguimiento. Muy bien. En pocos días recibimos su compromiso de $60 dólares mensuales. No hubiera podido hacer una solicitación si no los hubiera añadido a nuestra lista de contactos tres años antes.

Una segunda razón para una lista de contactos grande: Tu nunca sabes a quién Dios ha designado para que participe en tu apoyo financiero. Los misioneros testifican, "Nunca soñamos que 'Srta. S' nos apoyaría." Ya que es imposible predecir quien te apoyará, haz que el mayor número posible de personas sepan de tu ministerio.

Te puedo escuchar diciendo, "¡Ya llegué al tope de las relaciones que tengo!" Acuérdate que no estás ministrando intensamente al 98% de tu lista de contactos. También puede ser que necesites dedicar más tiempo a tu ministerio "amplio". No te estoy pidiendo que trabajes más duro, solo de forma diferente.

Para expandir tu lista de contactos, no preguntes, *¿Donaría esta persona?* ¡Pregunta equivocada! Pregúntate a ti mismo, *¿Está persona echaría un vistazo a mi carta de noticias?*

¿Entonces, cómo añades gente a tu lista de contactos?

- Ten una hoja para apuntar datos personales en las conferencias y seminarios
- Busca amigos afuera de tu agencia misionera
- Pide a tus conocidos casuales si puedes tener el privilegio de añadirles a tu lista de contactos.
- Después de la reunión de la iglesia, invita a alguien poco conocido a tomar café.
- Sirve en tu iglesia, especialmente enseñando en las clases para adultos.

Así es como yo lo hago—Le digo a un nuevo amigo, "He disfrutado nuestra visita. ¿Podemos mantenernos en contacto? Enviamos una carta de información cuatro veces al año para compartir lo que Dios está haciendo en nuestro ministerio. Creo que la disfrutarás. Me encantaría enviártela."

A un viejo amigo: "No creo que te haya enviado la carta de información de nuestro ministerio. Error mío. Me encantaría que te enteraras de lo que Dios está haciendo—es emocionante. ¿Puedo enviártelo cuatro veces al año?"

Algunos misioneros purgan sus listas de contactos para cortar el gasto y exceso. Esto no es sabio. ¿Haces esto en el evangelismo?

Sin embargo, a veces algunos nombres se enfrían, y no puedes acordarte de quiénes son. Intenta esto: rastréalos en Facebook. O llámalos. ¡Amablemente, dales una oportunidad de "darse de baja", pero a lo mejor revitalizarás una amistad!

A lo largo de los años estuve tentado a quitar dos nombres de quienes nunca escuchamos nada. Pero me mantuve en mi convicción de quitar las personas solamente: (1) si lo piden o (2) se mueren. ¡Estas dos personas no calzaban en ninguna de las dos opciones! ¡El mes de diciembre pasado, en respuesta a nuestro envío de cartas de fin de año, recibimos donaciones de ambos! ¡Sorprendente! Pensaba que no les importaba. Ahora estamos volviendo a conectarnos con estos antiguos, aunque silenciosos, amigos.

Jesús limitó el número de Sus discípulos cercanos, pero *no* Sus benefactores financieros. Lucas 8:2-3 menciona a tres mujeres que apoyaban a Jesús: María, Juana y Susana. Después dice, "Y *otras muchas* que le servían de sus bienes" (énfasis añadido). ¡*Otras muchas!*

Tú tienes un ministerio *intensivo* (profundo) con unos pocos, pero también necesitas que sea un *extensivo* (amplio) ministerio a otras muchas". ¡Amplio y profundo!

3. Debes solicitar.

Un obrero estaba confundido acerca de su falta de apoyo financiero porque parecía que estaba haciendo todo lo correcto—él escribía buenas cartas, era buen comunicador y también era bueno para escuchar. "¡Yo menciono mi presupuesto todo el tiempo!" dijo.

Finalmente, la verdad salió. Aunque hablaba de su presupuesto, no estaba solicitando, ni estaba dando una tarjeta de compromiso de fe a los donantes potenciales. Hablar de dinero no es lo mismo que solicitar.

Tenemos la tendencia de idealizar los ministerios adonde llega dinero sin haber solicitado—"¡Lo hizo Dios!" decimos. Pero cuando las personas dan en respuesta a nuestras solicitaciones, ¿acaso no es eso obra de Dios? Muchos misioneros veteranos están esperando silenciosamente para que las docenas que han llevado a los pies de Cristo, las docenas que han asistido a sus estudios bíblicos y las docenas con quienes han servido en las iglesias, empiecen a dar. Pero las donaciones no empezarán hasta que estos misioneros soliciten de forma significativa.

Henry Ford, el pionero de la industria de automóviles, una vez compró una enorme póliza de seguro de vida de un hombre que apenas conocía. Un amigo cercano de Ford, un vendedor de seguros, irrumpió en su oficina y le exigió, "¿Henry, por qué no compraste esta póliza conmigo? ¡Hemos sido amigos por años!"

La respuesta de Ford: "Nunca me lo pediste."

Los misioneros se van a decepcionar si presumen que el éxito en el ministerio garantiza un financiamiento completo. ¡El dinero no siempre es producto del ministerio—el dinero es producto de las solicitaciones!

Un misionero pasó la noche en casa de una pareja de nuestra clase de escuela dominical. Les pregunté, "¿Tu amigo misionero necesita apoyo financiero?"

La pareja se miraba uno al otro. "Suponemos que sí. El está regresando a África para una nueva asignación."

"¿Están apoyándolo?" Pregunté.

"No lo estamos," respondieron.

"¿Entonces, saben que tu amigo misionero necesita apoyo financiero, pero no lo están apoyando?" Insistí. "¿Por qué no?"

Mis amigos sonrieron nerviosamente y dijeron, "Porque no nos lo pidió."

La recaudación de fondos por ósmosis—parándote cerca de posibles donantes, pero sin solicitar—no funciona. La gente no puede leer tu mente. ¡Tú debes pedir—incluso a tus amigos!

Aquí está una historia clásica acerca del pedir. En 1984 una niña de trece años de Nueva York, llamada Markita Andrews, vendió 25.000 cajas de galletas de las Niñas Exploradoras. Escuchando de su gran éxito, Producciones Disney la protagonizó en una película de capacitación de ventas y la empresa IBM la llevó alrededor de los Estados Unidos para hablar con su personal de ventas.

Esto es lo que dijo la niña de octavo grado: "¡No solamente puedes charlar; tienes que solicitar un pedido!"[1] No estoy sugiriendo que la recaudación de fondos sea como vender galletas de Niñas Exploradoras, pero el principio de pedir una decisión, en vez de esperarla o insinuarla, ciertamente es válido.

Tu tiempo es demasiado valioso para desperdiciarlo en una recaudación de fondos poco sabia. Pon estos tres puntos de referencia en tu plan de financiamiento.

7
REDES SOCIALES y CORREO ELECTRÓNICO EN FINANCIAMIENTO:
¿Pastel o Glaseado?

BUENO, LA GRAN PREGUNTA: ¿Si Jesús estuviera con nosotros hoy (en lugar de hace dos mil años), usaría él las redes sociales? Volvamos a esta pregunta al final del capítulo.

La tecnología cambia tan rápido que lo que estoy escribiendo ahora será una vieja historia, incluso antes de terminar mi segundo borrador. Las redes sociales, increíblemente populares el día de hoy, se caen de su pedestal cuando nace una nueva estrella electrónica. Pero no necesitas estar con la tecnología de punta para que te funcione. Aquí hay cinco sugerencias para el uso de redes sociales y correos electrónicos para recaudación de fondos y ministerio a donantes.

1. Abraza el poder único de las redes sociales.
Las redes sociales te permiten ampliar tu base de potenciales donantes y tener fácil comunicación al instante. Veamos cómo:

- *Amplía tu base de donantes potenciales.* Un frecuente obstáculo que muchos misioneros enfrentan es una pequeña lista de contactos. Las redes sociales te ayudan a reconectarte con antiguas amistades y a convertir los "contactos" en amigos. Hace unos años una candidata a misionera estalló en llanto porque estaba "completamente sin contactos". Pero ella tenía 600 amigos en Facebook. Ejemm.
- *Comunicación Instantánea.* En segundos tu proyecto ministerial se puede enviar por todo el sistema solar. Y en segundos

puedes recibir respuestas como "¡Sí, oraré por ti!" o "¡Sí, quiero dar!"

- *Fácil comunicación.* Enviar peticiones de oración con buenas fotos de tu ministerio nunca ha sido tan fácil—incluso enviar videos del estudio bíblico en vivo. Pero ten cuidado de la confidencialidad. ¿Quieren los miembros de tu estudio bíblico que sus caras se transmitan a través del sistema solar? También, en cuanto a los viajes, ten cuidado al publicar fechas o de cuándo tu casa estará vacía.

2. Entiende los límites de las redes sociales.

Abajo esta la clásica escalera de comunicación eficaz en la de la Escuela de Negocios de Harvard. Esta gráfica no describe la comunicación para recaudación de fondos específicamente, pero sí la eficacia de la comunicación en general. Las redes sociales no están en la lista porque este diagrama fue hecho antes que éstas se desarrollaran. He marcado donde pienso que las redes sociales entran en el diagrama. ¿Dónde pondrías las redes sociales en la escala?

He colocado las aplicaciones de redes sociales en medio del diagrama con Skype (y aplicaciones similares) más arriba, no por investigación, sino porque Skype es más convincente emocionalmente.

ESCALERA DE COMUNICACIÓN EFICAZ

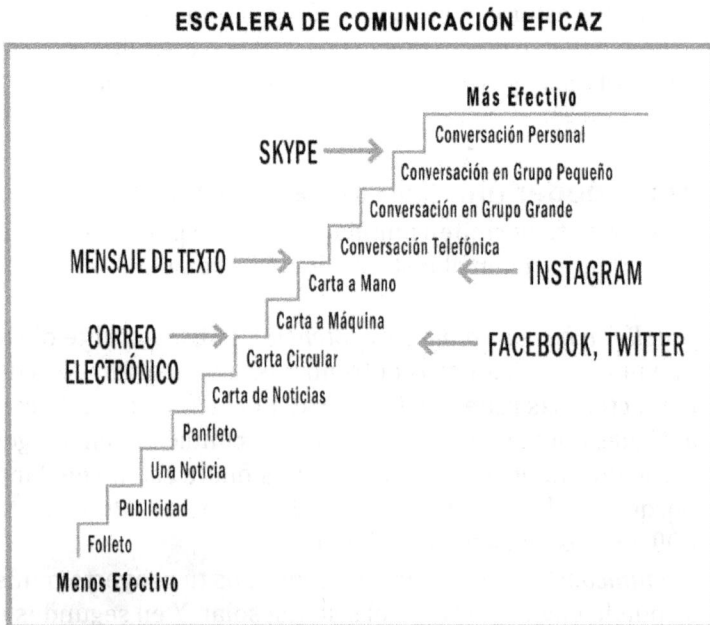

82

Solo porque una herramienta de comunicación es más rápida o nueva no significa que cause una profunda impresión. Ayer puse algunos "like" en Facebook y pensé brevemente en las personas involucradas. ¡Brevemente! Hoy ni me acuerdo a quién o a qué marqué "like". Pero claramente me acuerdo con quién estaba cara a cara ayer. Para recaudar fondos y profundizar amistades, cara a cara sigue siendo lo más eficaz.

¿Qué hay del correo electrónico? Yo fui director del departamento de desarrollo de Los Navegantes cuando los correos electrónicos se hicieron populares. Nuestras esperanzas se dispararon con la idea de mandar miles de cartas personales *gratis*—en lugar de cartas impresas y caras. Muy pronto nos enteramos que el porcentaje de mensajes abiertos para organizaciones religiosas tenía un promedio de 27%. Pero el porcentaje de lectores de estos correos electrónicos que enviaba donaciones era extremadamente bajo. Según un reporte de Nancy Schwartz, las respuestas positivas de solicitudes por correo electrónico son 0,06%—eso significa que, de una lluvia de 10.000 correos electrónicos, solamente seis enviarían una donación.[1] Otros estudios muestran resultados parecidos—todos menos del uno por ciento. Ahora se están realizando estudios para mostrar que los donativos aumentan cuando varios medios de comunicación se cruzan—como algo publicado en Facebook refiriéndose a un video en YouTube, que a su vez se refiere a una solicitud por medio de correo electrónico. Experimenta con varios tipos de comunicación, pero entiende los límites de lo que esperas.

¿Qué significan estos límites en las redes sociales para tu recaudación de fondos? Primero, las malas noticias. Recaudar financiamiento *mensual* por medio de redes sociales o correos electrónicos no es eficaz—salvo posiblemente por Skype. Comprometerse con apoyo mensual es una gran decisión; un correo electrónico o anuncio por Facebook solicitando financiamiento mensual es un puente demasiado grande para cruzar.

Ocurren excepciones. Algunos misioneros me cuentan entusiasmados de los nuevos donantes mensuales que han reclutado "¡solamente por correo electrónico!" Pero al investigarlo, los tres o cuatro correos afirmativos eran de amigos cercanos o familiares que los hubieran apoyado de igual manera. Sospecho que el tamaño de cada compromiso es menos, que si se hubiera hecho una visita cara a cara. ¿Qué hay de la vinculación con el donante? En una solicitud cara a cara profundizas tu relación porque es un diálogo personal.

La videoconferencia es un área desconocida en el financiamiento, pero tiene un potencial enorme para reclutar socios mensuales y donantes claves. Cuando los obreros que viven en el extranjero o lejos de casa tienen una carencia de apoyo, recomiendo usar Skype con donantes potenciales en lugar de esperar a realizar recaudaciones de fondos cuando regresan a casa. La ventaja de Skype (y aplicaciones similares) es lo emocional—el donante ve al misionero cara a cara, aunque sea electrónicamente. Pero la interacción de Skype debe ser un diálogo en el cual el misionero pueda escuchar y ministrar al donante. ¡Inténtalo! Serás un pionero. Hasta la fecha no estoy enterado de estadísticas acerca de solicitudes por Skype. ¡Hazlo una realidad!

¡Ahora las buenas noticias! Tus seguidores en las redes sociales que leen tus solicitudes para *donativos extraordinarios* (no financiamiento mensual) responderán. Por ejemplo, por 15 años Craig Parker, un obrero de Los Navegantes en Boston, ha enviado solicitudes por correo electrónico para proyectos especiales—incluyendo un viaje de estudiantes a Croacia. Su meta era $5.000 dólares. Las donaciones fueron enviadas a Los Navegantes directamente. Sus resultados:

- Solicitudes enviadas a 1.137 direcciones de correo electrónico (lista de contactos desarrollada durante 25 años): 77 rebotes y ninguna cancelación, resultando en 1.060 contactos netos.
- 96 respondieron con una donación—¡una respuesta de 9%! ¡Esto es enorme para una solicitud por correo electrónico, dado que el promedio en Estados Unidos es menos del 1%!
- El total dado fue $10.097 dólares.
- El promedio de cada donación: $105 dólares. ¡Excelente!
- Ninguna crítica de sus lectores.

La solicitud de Craig requería avanzar la página, pero no había ningún adjunto como distracción para abrir. Incluía fotos de estudiantes y un "termómetro" para marcar el progreso. Él tradicionalmente no solicita más de $20 a $25 dólares para atraer nuevos jóvenes donantes.

Las respuestas de Craig son mucho mayores que los envíos masivos de instituciones porque él ha mantenido buen contacto con los amigos de su lista por años. Sé que Craig está agradecido con el Señor por los resultados del financiamiento por correo electrónico. El evangelio avanzó.

Las redes sociales pueden ser de enorme ayuda en tus esfuerzos de recaudación de fondos, pero tiene sus enormes límites también. No es un sustituto para lo esencial de la recaudación de fondos. Te animo a intentar algunas estrategias creativas, como lo ha hecho Craig Parker. ¡Pero también sé que esto es el "glaseado"—no el pastel—de la recaudación de fondos de Craig! Él tiene una base de donantes muy sólida que ha construido por medio de solicitudes cara a cara.

3. Los sitios web de financiamiento colectivo reclutan nuevos socios donantes para proyectos especiales.

En 2013 el financiamiento colectivo recaudó $3 mil millones de dólares a través de sitios de web como Kickstarter, Indiegogo y GoFundMe. Según Philanthropy.com el financiamiento colectivo recaudará $93 mil millones para 2025.

Los obreros ven con envidia los millones de dólares que se recaudan para "proyectos de garaje" o para cavar un pozo que proveerá agua potable en África. Como son proyectos de corto plazo que captan la imaginación de los donantes, los sitios dedicados a estos proyectos reciben un montón de dinero de extraños en poco tiempo.

Hoy estaba navegando sitios de financiamiento colectivo en la web y encontré un sitio con fines de lucro solicitando como meta solamente $350 dólares para publicar un calendario con modelos vestidos con ropa antigua. También encontré un timbre de bicicleta recién inventado que recaudó $331.938 dólares de 5.827 donantes en dos meses—16,5 veces la meta de $20.000 dólares. ¡El financiamiento colectivo funciona! Pero hay que darse cuenta que los donantes de financiamiento colectivo están en la parte baja de la pirámide de desarrollo de socios: extraordinario o donantes esporádicos. ¿Puedes subirlos a ellos en la pirámide?

Para el ministerio, los mejores proyectos de financiamiento colectivo son aquellos que estimulan la imaginación de los donantes y proveen soluciones prácticas para ayudar a una persona desesperada pasando una emergencia. Los donantes visualizan al niño empobrecido de una aldea llenando su frasco con agua limpia que borbotea de un tubo en una polvorienta plaza. O pueden visualizarse ayudando a una madre soltera a terminar su educación. El proyecto debe ser práctico, emocionalmente convincente y presentado con credibilidad.

Los sitios de financiamiento colectivo tienen la ventaja de atraer extraños a tu ministerio—donantes potenciales que jamás podrías encontrar. Hay gente alrededor del mundo navegando sitios de caridad todos los días, buscando proyectos dignos.

¿Deberías usar el financiamiento colectivo? Mantén las siguientes realidades en cuenta:

- Los promotores de financiamiento colectivo cobran una comisión—hasta del 20%.
- El dinero no va directo a tu ministerio; llega primero al promotor vía el sitio web y después a ti.
- La respuesta es baja. Un sitio que revisé hoy mostraba un promedio de 0,001 respuestas—uno de cada 1.000. Con este promedio, 50.000 navegadores de sitios se necesitarían para recaudar $2.500 dólares (cincuenta donantes dando cada uno un promedio de $50 dólares).
- Posiblemente no te den los nombres de los donantes, o te podrían cobrar extra.
- No hay deducción de impuestos para los donantes (principalmente en Estados Unidos).

Comparemos estos resultados con las solicitudes de Craig Parker. Un año él dio a sus lectores la opción de enviar las donaciones a través de Los Navegantes o GoFundMe. Resultado:

- Enviado a 1.317 personas, la mayoría de la lista de contactos de Los Navegantes
- De estas personas, 141 donaron a través de Los Navegantes (una respuesta del 10,7%). Espectacular.
- El total donado fue $37.212 dólares—donaciones con un promedio de $264 dólares. Excelente.
- Además, 79 personas (6%) donaron a través del enlace de GoFundMe por un total de $7.393 dólares—donaciones con un promedio de $94 dólares.
- GoFundMe cobró 5% y le dio los nombres de los donantes.

La opción de GoFundMe estimuló a 74 contactos adicionales a dar. Maravilloso, aunque la donación promedio fue mucho más pequeña ($94 comparado con $264). A los lectores les gustan las opciones. En palabras de Craig, "He usado esta manera [correo electrónico o GoFundMe] anualmente por 15 años—para viajes de semana santa, becas para asistir a conferencias y viajes de verano—y siempre he logrado mi meta. Lo más que he pedido ha sido $25 dólares. Normalmente solamente pido $20 dólares".

Una razón por la que Craig logra resultados tan positivos es que ha construido una lista de contactos de gente fiel a lo largo de 25 años. Y él es apasionado en alcanzar a los estudiantes para Cristo. Esta es la razón de su éxito. Tal vez no logres los mismos resultados extraordinarios, pero te animo a experimentar financiando tu pasión.

4. Las redes sociales juegan un papel importante en tu estrategia de financiamiento—pero no el principal.

A pesar de todo lo bueno que las redes sociales pueden hacer en el financiamiento, no seas ingenuo. Las redes sociales por sí solas no pueden llevar la carga de tu estrategia de financiamiento ni de comunicación. No pidas que las redes sociales hagan algo para lo cual no fueron diseñadas. En mis capacitaciones les digo a los obreros que las redes sociales son solamente el glaseado; el papel físico es el pastel. ¡Una carta física tarde o temprano será leída, pero el correo electrónico es fácil de eliminar! Tienes amigos en redes sociales que dicen que "nunca leen cartas físicas," pero ¿son ellos tus donantes?

Mi asistente veinteañera y técnica-genio Katie dice, "Traslada a la gente fuera de línea lo antes posible a tus cartas físicas, el teléfono y cara a cara." También ella sugiere buscar números telefónicos y direcciones físicas de tus amigos en redes sociales para construir amistades más permanentes.

La interacción humana está todavía en lo más alto de la tabla de comunicación eficaz. Para pedir que tomen una decisión importante, elige cara a cara, donde puedas interpretar la comunicación no verbal y participar en el diálogo. ¿Le propusiste matrimonio a tu cónyuge vía Facebook?

No exageres. ¡Un amigo recibió doce recordatorios el 15 de abril (el día límite de hacienda pública de Estados Unidos) acerca de una campaña de financiamiento en redes sociales—doce! ¡Ridículo!

5. Obedece las reglas comprobadas en el tiempo para cartas de ministerio enviadas por correo electrónico.

La mayoría de las guías para cartas físicas de noticias se aplican usualmente a redes sociales. Aquí hay algunos recordatorios.

- No envíes tu carta como un archivo adjunto. Los lectores se prometen a ellos mismos que "lo abrirán más tarde"—lo cual nunca pasa. Pon tu carta en el cuerpo del correo electrónico.
- Mantenlo corto. No obligues el lector a avanzar la página constantemente.
- Captura el valor de las redes sociales contando historias cortas y "directo del frente de batalla". Por ejemplo: "Acabo de regresar de un estudio bíblico con tres inconversos—escucha lo que dijo Jorge..."
- Incluye una foto tuya en acción. Y escribe una corta leyenda debajo de la foto—no solamente "Beto y yo con el perro." Los lectores siempre están apurados, pero se tomarán el tiempo para ver la foto y leer la leyenda.
- Usa servicios como MailChimp. Ellos proveen plantillas que podrás utilizar fácilmente y crear una carta atractiva. Sus controles del sitio te informan al instante quiénes abren tu carta.
- Utiliza el secreto de uno: un tema, una foto, una solicitud de oración y una historia. Una carta de noticias no es una lista de tus actividades—eso es para tu mamá.
- ¡No exageres! ¿Te agradan los que siempre te están enviando cosas?
- No menciones el dinero excepto para decir gracias. Pero una o dos veces al año, sin remordimientos manda una solicitud para tu ministerio por medio de una carta física (ver capítulo 14) y las redes sociales—particularmente correos electrónicos.
- Incluye el logotipo de tu agencia misionera y la información de contacto muy clara.

¿Qué tan a menudo debes mandar cartas de información por correo electrónico? Sugiero cuatro o seis cartas físicas al año, más correos electrónicos de envío masivo para peticiones de oración, compartiendo noticias del momento. Eso puede ser doce conexiones o más al año—Más cualquier otra cosa que haces en las redes sociales.

¿Será esto algo generacional—la gente mayor prefiere cartas físicas, pero los jóvenes prefieren electrónico? No siempre. Un amigo misionero en el Reino Unido me dijo de un veinteañero donante que está abrumado con redes sociales. Él "anhela tener una 'carta real' en sus manos". Katie dice lo mismo. "Yo elimino muchas cosas de los correos electrónicos, ¿pero una carta personal que está sobre el mueble de la cocina? Tarde o temprano la leo con seriedad. No va directo al bote de basura".

Pero sí *es* una cosa generacional cómo los jóvenes donantes dan. La mayoría quieren donar en línea—no por medio de escribir un cheque.

. . .

Vamos a regresar a la pregunta: ¿Jesús usaría redes sociales?

¡Sí! ¡Y no! Sí—porque a Dios le encanta comunicarse. ¡En el Evangelio de Juan, Jesús es llamado el Verbo—un mensaje del cielo! ¿Puedes imaginar la cantidad de seguidores de Twitter que Jesús hubiera tenido después de convertir el agua en vino? ¿Y cuántos "like" hubiera obtenido por sanar al hombre nacido ciego? ¿Le hubiera enviado una invitación electrónica a Zaqueo para comer?

Al igual que las redes sociales de hoy, Jesús tenía muchas maneras fascinantes de comunicarse. Él escribió en el polvo durante el interrogatorio de una mujer encontrada en adulterio. Jesús puso una mezcla de lodo sobre los ojos de un ciego. Y compartía historias—historias *cortas*.

¿Pero Jesús se habría tomado *selfies* mientras caminaba sobre el agua o alimentaba a los cinco mil? Creo que no. Desafortunadamente, las redes sociales a menudo son usadas para promover sus propios logros o de cuán inteligente son sus niños o lo que estás comiendo a la hora del almuerzo.

Jesús también tocó a la gente *físicamente*—Facebook no puede hacer eso. Jesús hablaba con emociones de enojo, frustración y hasta con humor. Ciento cuarenta caracteres de Twitter no pueden hacer esto. Jesús formó lazos con sus socios donantes por *estar con ellos físicamente* (Lucas 8:1-3). Puedes *tweetear* todo el día y aún así sentirte muy solo. Marcos 3:14 lo resume bien: "Y estableció a doce, para que *estuviesen con él*, y para enviarlos a predicar" (énfasis añadido).

¡Con Él! ¡Físicamente con Él! La presencia física intensifica las alegrías y las angustias de las relaciones—y fuimos creados para las relaciones, no una sala de chat. Las redes sociales pueden ayudar, pero no sustituyen. El difunto Johnny Cash lo resumió en un canto: "Flesh and blood need flesh and blood." (Carne y hueso necesita carne y hueso.)[2]

Con peligro de sonar anticuado, debo advertirte acerca de obsesionarte con las redes sociales. Las redes sociales tampoco te pueden traer el gozo deseado de las relaciones, ni previene la soledad. Te permite vivir en un mundo narcisista que gira alrededor de obtener "like". Debilita tu autoestima si tus niños o gatos no son tan inteligentes o adorables como los niños o gatos de tu amigo. ¿Puedes dejar a un lado tu teléfono celular solo por dos horas?

En la tira cómica popular *Dilbert*, Le preguntan a Dilbert cuántos amigos tiene en Facebook. "Siete," responde. Después le preguntan, "¿Has invitado a esta gente a tu casa?" La respuesta de Dilbert revela el punto ciego destructivo de las redes sociales. "¿Por qué querría yo hacer eso?" él respondió.

Ciertamente. Las redes sociales son el glaseado—no el pastel. This is the 6 x 9 Basic Template. Paste your manuscript into this template or simply start typing. Delete this text prior to use.

8

CÓMO ESTABLECER TU ESTRATEGIA PARA EL FINANCIAMIENTO MINISTERIAL

¡POR FIN! Has llegado al "plato fuerte" del financiamiento—escribir tu estrategia en blanco y negro en el papel. Tenerla en tu computadora está bien, pero no es suficiente. Si no tienes tu plan por escrito, vas a postergar y postergar, y nunca tomarás las acciones preescritas.

Además, el plan debe ser hecho a *tu* medida. Al igual que la armadura de Saúl no le quedaba a David, no trates de copiar el plan de alguien más. Recibe tu estrategia del Señor. Seguir los siguientes seis pasos te ayudará a desarrollar una estrategia sabia.

Nota: Para ver una estrategia de misiones de corto plazo, vete directo al capítulo 20. Las sugerencias aquí son para obreros de largo plazo.

1. Descubre tu realidad actual.

"Asegúrate de conocer bien la condición de tus rebaños" (Proverbios 27:23). Me asombra el número de misioneros que no saben cuántos donantes tienen, o la cantidad exacta de su presupuesto mensual.

En cierta ocasión yo estaba ayudando a un misionero a desarrollar su estrategia de financiamiento, pero no estábamos llegando a nada. Él decía estar de acuerdo con mis sugerencias, pero tenía una mirada en blanco la mayor parte del tiempo. Me sentía como que estaba hablando con un vendedor de coches BMW sobre entregar a cambio una vieja camioneta Volkswagen. Finalmente pregunté, "No has invertido mucho tiempo en estudiar los nombres en tu lista, ¿verdad?"

"La verdad, no lo he hecho," admitió incómodamente. Entonces le asigné un período de tres horas para estudiar su lista de contactos y orar sobre los nombres uno por uno y seleccionar entre ellos sus primeros veinticinco. Tres horas más tarde regresó rebozando de confianza—¡y con un plan factible! En solamente tres horas él pasó de la incertidumbre a la confianza en cuanto a lograr su financiamiento completo.

Conocer "el estado de su rebaño" requiere tiempo. ¿Puedes contestar estas preguntas?

- ¿Cuánto dinero has recibido de tus donantes en los últimos 12 meses? $_____
- ¿Cuál es tu ingreso promedio mensual procedente de donantes? $_____
- ¿En los últimos 12 meses, cuántas personas donaron mensualmente? _____ ¿Una o dos veces por mes? _____
- ¿Cuánto fue el monto promedio de donación entre tus donantes mensuales? $_____
- ¿Cuánto es (exactamente) tu presupuesto total? $_____
- ¿Cuánto de eso es tu salario (ingreso personal)? $_____
- ¿Cuántos de tus donantes han dado por lo menos una vez en los últimos 36 meses? _____
- ¿En los últimos 36 meses, cuáles donantes no cumplieron el compromiso mensual que asumieron (o dieron una o dos veces y dejaron de donar)? _____
- ¿Cuánto (exactamente) necesitas recaudar? (Esta es tu "cifra meta"—la respuesta que tú das cuando la gente pregunta, "¿Cuánto necesitas recaudar?") $_____

Al analizar tu información, sé paciente—no es un desperdicio de tiempo. El estudiar tu realidad actual facilita el desarrollo de tu plan. Cuando hagas este análisis en forma concienzuda irás descubriendo ideas para tus siguientes pasos.

2. Fija tus metas de financiamiento con oración.

Por favor no deshonres a Cristo simplemente escogiendo una meta de financiamiento sacada del aire: "Oh, necesitamos como mil dólares." ¿Cuánto necesitas exactamente? Si no estás claro con tu meta, no serás convincente para los posibles donantes. Nadie te tomará en serio, ni siquiera el Señor.

Determina tu meta de financiamiento basada en el cuadro abajo. Si tu agencia misionera tiene una escala predeterminada, llenar este cuadro será fácil. Si, al contrario, tu agencia te deja determinar tu presupuesto (ojalá con su aprobación), vete a scottmorton.net para encontrar la hoja de trabajo de presupuesto personal y costos del ministerio. Aunque esto sea laborioso, es muy necesario.

Si la cantidad que necesitas recaudar (tu cifra meta) parece abrumadora, resiste la tentación de bajarla; deja la cifra meta quieta por un par de días y revísala con tu supervisor y, si eres casado, con tu cónyuge (obviamente). No debes actuar solo al elaborar tu meta de financiamiento.

CALCULANDO TU META MENSUAL DE FINANCIAMIENTO

Tu presupuesto mensual, tal como fue aprobado por tu agencia misionera (sin incluir proyectos especiales). Todos los montos son mensuales. Usa tu moneda local.

	Primer Borrador	Ajustado
A. Salario	$	$
B. Ministerio (Hospedaje, Viáticos, etc.)	$	$
C. Prestaciones (Seguro de salud, Pensión, etc.)	$	$
D. Cargos Administrativos	$	$
E. Otros	$	$
F. Presupuesto Total por Mes	$	$
G. El Actual Promedio Mensual de sus Donantes	$	$
H. Meta Mensual (Línea F menos línea G)	$ (¡Tu cifra meta!)	$

En la columna titulada "Primer Borrador" pon la cantidad que has determinado para cada renglón. En la columna denominada "Monto ajustado" anota las cifras que obtengas después de revisarlo con tu cónyuge o un amigo y con tu supervisor. Tu agencia misionera podría usar términos un poquito diferentes en cada renglón.

Toma la libertad de reducir tu salario si tienes ingresos de alguna otra fuente. No reduzcas tu total simplemente para evitar recaudar más fondos.

En algunos casos, tu agencia misionera podría predeterminar el monto total de tu presupuesto, en cuyo caso no hace falta hacer este ejercicio. Sin embargo, como buen mayordomo, deberías crear un presupuesto personal del hogar. Si no tienes un presupuesto personal del hogar, dejarás de recaudar fondos cuando alcances el 80%, porque sientes que de alguna manera podrás pagar tus cuentas. Creerás que tienes suficiente, pero no tendrás ningún margen y no podrás ahorrar.

93

Espero que no te desanimes con lo que voy a decir a continuación, pero ahora voy a recomendar que *añadas un 10% adicional* a tu meta de financiamiento que has estado calculando. Crea un margen del 10%. Éstas son las razones:

- Algunos contribuyentes no cumplirán, aunque se hayan comprometido con toda sinceridad.
- Algunos contribuyentes mensuales no donarán cada mes.
- Enfrentarás emergencias y gastos imprevistos que ni tú ni tu agencia pudieron prever.
- Con finanzas más holgadas puedes ser más generoso y espontáneo.

Para crear tu salario-presupuesto personal, descarga un ejemplo de una hoja de trabajo detallada de presupuesto en scottmorton.net. Las instrucciones para redactar cartas solicitando donaciones en efectivo están en el capítulo 14. En este cuadro anota los proyectos especiales de pago único.

Proyecto Especial: Donaciones Únicas		
Descripción del Proyecto	Cantidad Necesitada	Fecha Límite

Recomendaciones:

- Si no crees que cada dólar es indispensable para el proyecto, no estarás muy motivado a buscar los fondos. Pero si crees que cada dólar de tu presupuesto es necesario (incluyendo ahorros), estarás motivado para recaudar el total.
- No hagas presupuestos con estimaciones aproximadas. Revisa los gastos del año pasado y pon cantidades realistas basadas en la historia. ¡No adivines!
- ¿Tu presupuesto incluye dinero para vacaciones, diversión para la familia o muebles nuevos? ¡Solteros, tomen en cuenta que existen otras comidas aparte de los fideos instantáneos!

¿Estoy exagerando la importancia de elaborar un presupuesto? ¡No! El buen financiamiento empieza con saber exactamente cuánto necesitas recaudar. Pero más importante, por favor entiende que eres un mayordomo antes que un recaudador de fondos. Lucas 16:11

advierte, "Pues si en las riquezas injustas no fuisteis fieles, ¿quién os confiará lo verdadero?

3. Determina cuántos socios donantes necesitarás.

Para determinar cuántos socios donantes necesitarás, simplemente divide tu cifra meta (línea H en la tabla de presupuesto en página 93) entre tu actual donación mensual promedio.

Por ejemplo, si tu promedio de donación mensual es $50 dólares, y tu cifra meta es $1,250, divides $1,250 entre $50, resultando en 25 donantes adicionales con donaciones de $50 cada uno. Si piensas que la donación mensual promedio en el futuro será $75 dólares por mes, entonces divide $1,250 dólares entre $75 dólares. Necesitarás 17 nuevos donantes de $75 dólares mensuales cada uno, para llegar a tu cifra meta. ¿Queda claro?

Si puedes lograr algunos socios donantes de $100 a $200 por mes, además de algunos compromisos anuales de $2000 a $5000, no requerirás tantos donantes.

¿Cuántas citas cara a cara se necesitan para reclutar veinticinco nuevos donantes en forma mensual? Unas cincuenta: basado en mi experiencia en financiamiento en muchas culturas, casi la mitad de los donantes potenciales dicen que sí a las solicitaciones cara a cara.

Recaudar fondos para un proyecto nuevo o de ocasión única es más fácil que generar financiamiento mensual. Construye tu base mensual de financiamiento primero. (Las solicitaciones de efectivo se tratan en capítulo 14.)

4. Identifica a tus mejores prospectos de donantes.

¿Cómo vas a encontrar cincuenta socios potenciales para obtener citas? Aquí es donde muchos misioneros a menudo pierden su sentido común. En lugar de tomar en cuenta la gente que ya conocen, buscan referencias de extraños. Pero eso es trabajo extra innecesario. ¿Por qué fijarse en extraños cuando tus amigos y conocidos de buena gana escucharán tu historia? Empieza con aquellos que ya conoces. Prueba con la gente referida solamente después de que hayas agotado todos tus contactos propios.

¿Por dónde empezar? Con tu lista de contactos. A continuación les describo el procedimiento que yo sigo:

- En oración reviso los nombres en mi lista de contactos, persona por persona, pidiendo al Señor que me señale a quién

95

debo visitar. Mi lista de contactos contiene no menos de 700 nombres. Una lista grande como esta es muy útil. Si tu lista es demasiado corta, revisa la lista de contactos en tu teléfono celular y la de Facebook. Si luego aún sientes que te hacen falta más nombres, revisa el cuadro de contactos en la página 96.

- Conforme voy revisando los nombres de mi lista, uno por uno, pregunto, "¿Esta persona estará dispuesta a escuchar mi historia del ministerio?" La pregunta es subjetiva, pero sacaré unos pocos nombres de mi lista y los transferiré a mi hoja de trabajo de los primeros 25, excediendo los 25 cuando sea necesario. No preguntes, "¿Esta persona daría?" Esa es la pregunta equivocada. Tu papel es darles la oportunidad de escuchar acerca de tu llamado y deja que ellos decidan si quieren apoyarte.

- Una vez que tenga yo unos 75 nombres, reviso los nombres de nuevo, pidiendo a Dios sabiduría sobre cuáles debo llamar primero.

Así es como el proceso funcionó con José, un misionero desanimado quien me llevó a comer porque pensó que se le habían acabado sus contactos. "Necesito referidos," se lamentó. Sus emociones estaban venciendo su ánimo. Mientras comíamos, José y yo llenamos la hoja de trabajo en la página 96. (Apunta tus propios números al lado de los de José.)

Lista de Contactos Gráfica		
	José	Tú
Número total del listado general (amplio) de contactos:	247	_____
Menos socios financieros mensuales actuales:	-25	_____
Menos socios financieros anuales o constantes:	-15	_____
Menos no-creyentes:	-10	_____
Menos miembros de la familia:	-15	_____
Menos otros misioneros:	-25	_____
¡Menos gente que no les caes bien!	-5	_____
Menos aquellos quienes les has solicitado cara-a-cara en los últimos dos años:	-15	_____
Subtotal:	-110	_____
Restar el subtotal del total de la lista de contactos:	-137	_____

¡Para su sorpresa, José encontró 137 amigos en su lista de contactos que no habían escuchado su historia cara a cara en los últimos tres años! Habían recibido solicitudes por medio de correos electrónicos y cartas impresas, pero José admitió, "Supongo que no las tomaron en serio."

Si estas apenas empezando en las misiones, casi todos en tu lista de contactos constituyen un candidato potencial. ¡Si años atrás los invitaste a ser socios donantes cara a cara, hazlo de nuevo! Ellos te recibirán. El difunto Ron Nikkaido, un misionero canadiense, dijo, "Quiero darle a cada persona en mi lista de contactos el privilegio de decir que no en mi cara." ¡La mayoría dijeron que sí cuando Ron los visitó!

Apunta los nombres de amigos y conocidos a quienes esperas solicitar fondos. Lo puedes hacer en una hoja de cálculo, pero ahorrarías tiempo si transfieres tus prospectos a la hoja de trabajo de "Los Primeros 25 Socios Potenciales" en scottmorton.net. Viendo tus primeros veinticinco en un solo lugar en una hoja de papel hace que el trabajo luzca más manejable.

Para recapitular: No preguntes, "¿Quién estaría dispuesto a dar?" En lugar pregunta, "¿Quién estaría dispuesto a escuchar mi historia?"

5. Marca tus donantes potenciales en un mapa.

Después que has apuntado los nombres en tu lista de primeros veinticinco, el próximo paso es identificar *dónde* están ubicados. Es difícil programar tu calendario antes que hayas identificado dónde viven tus primeros candidatos. Márcalos en un mapa.

Dos o tres en una misma área ciertamente justifica una visita. Un posible donante clave (alguien quien puede dar $5.000 al $10.000 ó 10 a 15 por ciento de tu presupuesto o más) ciertamente justifica programarle una visita.

6. Arma tu plan de acción

Hasta aquí ya tienes lo siguiente:

- Has determinado tu cifra meta,
- Has calculado el número de donantes que necesitarás,
- Has identificado a tus primeros veinticinco (o cincuenta o más)
- Los has marcado en un mapa.

Ahora, es tiempo de crear tu plan de acción. Descarga e imprime el plan de acción de solicitación de finanzas de scottmorton.net.

No es necesario que el primer borrador de tu plan de acción sea perfecto. Analiza tu plan usando los seis puntos de revisión de este capítulo. Estoy insertando el plan en página 99 para facilitar la identificación de los pasos de acción que debes tomar después de haber leído las explicaciones en este capítulo.

PLAN DE ACCIÓN PARA SOLICITIACIÓN DE FINANZAS
¡Sé especifico!
Monto para Recaudar (Cifra Meta) $ _____ Mensual $_____ Efectivo Adicional
Fecha acordada de transacción: _____

1. Número actual en tu Lista de Contactos: _____ Incrementa a _____total para_____ (fecha)

Incrementaré mi lista de contactos atreves de estas acciones:

- _____
- _____

2. Solicitaré a los siguientes socios financieros para donaciones claves.

Una donación clave sería 5–10 por ciento de tu presupuesto total mensual. Los donantes claves pueden incluir a algunos socios actuales incrementando significativamente su apoyo. Usualmente donantes clave prefieren dar una vez al año en vez de mensual.

Nombre del potencial donante clave	Ubicación	Monto: solicitar	Para esta Fecha
_____	_____	$_____	_____
_____	_____	_____	_____
_____	_____	_____	_____
_____	_____	_____	_____
_____	_____	_____	_____
_____	_____	_____	_____
_____	_____	_____	_____
_____	_____	_____	_____
_____	_____	_____	_____
_____	_____	_____	_____
_____	_____	_____	_____

3. Yo haré _____ solicitudes cara a cara (primeros 25).

4. Yo realizaré _____ solicitudes vía carta/teléfono/Skype (a las personas, las cuales son imposible de visitar en persona).

5. Yo invitaré _____ socios actuales (nombrados abajo) a aumentar su apoyo.

_____ _____ _____
_____ _____ _____

6. Si fuera necesario, haré redes estratégicas con _____ (un socio amigo muy ayudador) y pedirles que me organicen reuniones donde yo pueda realizar solicitudes con sus amigos.

7. Otro _____

8. Confiaré que las siguientes personas empezarán a apoyar atreves de "oración solamente".

_____ _____

9. Enviaré un reporte semanalmente a mi coach de financiamiento (nombre: _____), a quien rendiré cuentas y así cementar mi responsabilidad del trabajo en mi plan de financiamiento.

Firma: _____ Fecha de Hoy: _____

Firmado por mi supervisor de recaudación de fondos: _____

Solicitando Con Eficacia

Si buscas en Google "solicitando fondos" encontrarás un montón de material de muchos expertos como "Cómo hacer tu solicitación irresistible", "Cómo solicitar sin perder a tus amigos" o "Cómo hacer una enorme y robusta solicitación de finanzas". Es abrumador. En mis talleres, las preguntas acerca de solicitar son las que predominan. Pero a pesar de la curiosidad, el solicitar no es un misterio—incluye cuatro partes. Primero, identificas a quién solicitarás; segundo, harás una cita, usualmente mediante una llamada telefónica (esa es la parte más aterradora). Paso tres—la solicitación en sí—es casi una alegría. Y la cuarta parte es el seguimiento para averiguar la decisión del socio potencial.

Pero no debemos reducir la solicitación a una formula. Tu relación con tus donantes potenciales es lo desconocido. Si sigues los principios básicos, probados y eficaces, estoy seguro que encontrarás que la solicitación es una alegría.

9
CÓMO SOLICITAR

"SOLICITAR" ES UN MISTERIO para muchos obreros. Los numerosos seminarios en línea y libros dedicados a enseñarle a líderes a solicitar, indica que es un área de incertidumbre. Aquí hay cinco sencillos consejos para evitar pensar demasiado en este paso importante en el proceso de recaudación de fondos.

1. Pide una sola cosa.

Un misionero regresó a los Estados Unidos y lanzó una campaña de recaudación de finanzas para su nueva asignación en el ministerio. Logró hacer sesenta y tres citas personales con amigos en su lista de contactos—muchos de ellos habían dado una sola donación anteriormente. Pero solo doce se comprometieron a donar mensualmente. ¿Por qué tan poquitos?

Después de muchas preguntas, finalmente pregunté. "¿Qué dices cuando estás realizando tu solicitación?"

Él dijo, "Les doy tres opciones: apoyo financiero mensual, un donativo en efectivo u oración. ¡La mayoría escoge la oración!"

¡Ahí está—demasiadas opciones! Pide *una sola cosa*. ¿Qué es lo que quieres que haga el donante?

Ya habíamos aprendido esta lección en evangelismo. Llega al momento de preguntar al interesado, "¿Recibirás a Jesucristo?" No preguntamos también, "¿Y serás miembro de mi iglesia? ¿Y dejarás de fumar?" Dales una sola opción.

2. ¡Más despacio! Asegúrate que tengas su atención. Debes estar preparado.

He visto a obreros y líderes experimentados en el ministerio cometiendo estos errores provocados por su ansiedad:

- Solicitar antes de recibir retroalimentación de tu donante. Más despacio. Primero, dale al donante la oportunidad de compartir como *se siente* acerca del proyecto. Tómate tu tiempo.
- Dejar que se pierda la solicitación. El gurú de recaudación de finanzas, Jerold Panas, me dijo de esta clásica anécdota de un líder nervioso que él estaba aconsejando. El líder estaba decidido a realizar una fuerte solicitación, aunque estaba ansioso. Durante la cena se armó de valentía y dijo en un solo respiro, "Nosgustaríasolicitartedarunmillóndedólaresporfavorpásamelasal." La solicitación necesita manejarse sola durante la conversación—transparente y sola, para que el donante sepa que le estás realizando una solicitación. No atropellarlo con otra conversación. ¡Ups! ¡Deja que tu solicitación se maneje sola!
- Acatar el señalamiento de ALTO. ¡Después de realizar la solicitación, deja de hablar! En serio: *deja de hablar*. El silencio debe dominar la habitación. Serás tentado a romper el silencio porque te parece incómodo. Pero está bien. Ahora es el turno del donante para hablar.
- No saber qué hacer si el donante dice que no.

3. Pide a los donantes que oren acerca de su decisión.

No pregunto, "¿Darías?" Les digo, por ejemplo, "¿Podrías orar acerca de una donación de $100 a $200 dólares mensuales para nuestro ministerio de discipulado?" Quiero que los socios donantes consulten al Señor acerca de cómo Él quiere que ellos usen Su dinero. La mayoría dice que sí orarán acerca del apoyo. Después les agradezco sinceramente y les pregunto si puedo llamarlos de vuelta en una semana (O menos—no esperes demasiado) para ver cómo Dios los ha guiado en cuanto a esta decisión. Si la solicitación en por una donación de cinco o seis o siete cifras, necesitarán más tiempo.

4. Usa un instrumento de respuesta (tarjeta de compromiso de fe).

Un joven misionero estaba eufórico con su éxito recaudando apoyo mensual de corto plazo para ser asistente en las oficinas centrales de una agencia misionera. El había contactado a treinta amigos cara a cara y veintinueve de ellos acordaron empezar a dar el 1º de agosto.

El 1º de agosto llegó. No había dinero. 1º de setiembre. Aún nada de dinero. Tratando de resolver este misterio pregunté qué tipo de tarjeta de respuesta él utilizaba.

"No necesito una tarjeta de respuesta," dijo. "Mis amigos saben lo que tienen que hacer."

1º de octubre. A regañadientes, envió tarjetas de compromiso con sobres a sus veintinueve amigos que se comprometieron. El dinero llegó dentro de treinta días.

¿Por qué un instrumento de respuesta? Porque los amigos bien intencionados necesitan un vehículo para expresar sus intenciones. Ojos que no ven, corazón que no siente. Aunque tus socios pueden donar en línea fácilmente, todavía necesitas un vehículo de respuestas para dejar con ellos. Una excepción: No es necesaria una tarjeta cuando solicitas una donación muy grande a un donante clave para un proyecto de la organización, el cual requiere varias semanas de consideración. Por supuesto, durante estas semanas estás pendiente de ellos y analizando cómo se puede realizar la donación.

El apóstol Pablo usaba un tipo de vehículo de respuesta. En 2 Corintios 9:5, él dice, "Por tanto, tuve por necesario exhortar a los hermanos que fuesen primero... a vosotros y preparasen primero vuestra generosidad antes prometida." ¡Pablo envió a los hermanos a cobrar!

Una vez di una presentación a nombre de los colegas de la obra, Roberto y Sara, un matrimonio asignado a Indonesia. Ellos invitaron a veinte amigos a su casa y yo hice la solicitación para financiamiento. Cuando se acabó la reunión, mientras estábamos saliendo, Roberto extendió su mano con una tarjeta de compromiso, mirándome a los ojos, y dijo, "¡Scott, me gustaría pedirles a ti y a Alma que sean parte de nuestro equipo de financiamiento!"

Yo me reí, "¡Buena broma, Roberto! ¡Soy el presentador, no un donante!"

Pero él insistió, "¡No Scott! Hablamos en serio. Tú nos conoces bien. ¿Podrían orar acerca de ser parte de nuestro equipo mensual de financiamiento?"

Me encogí de hombros, con renuencia tomé la tarjeta de compromiso de fe y le refunfuñé a Alma (quien nunca refunfuñaba) todo el camino a casa. "Ya estamos apoyando a todos los que podemos," razoné.

A la mañana siguiente puse la tarjeta de Roberto sobre mi escritorio. Después de algunos días mi di cuenta que mi actitud cambió. Debido a esta tarjeta no podíamos sacar a Roberto y Sara e Indonesia de nuestras mentes. Poco después Alma y yo les devolvimos la tarjeta con nuestro compromiso financiero.

Una tarjeta de compromiso de fe es tu intercesor silencioso. No pases por alto su valor. Asegúrate que tu número de referencia de la agencia misionera o tu número de cuenta bancaria está en la tarjeta, para que tu donante sepa cómo realizar la donación. Tu tarjeta de compromiso de fe debe también explicar cómo donar electrónicamente. E incluir un sobre de respuesta para el correo (si se usa en tu país).

5. Solicita una cantidad exacta o un rango.

Una misionera de corto plazo estaba ansiosa por su recaudación de fondos, pero ella tomó un paso de fe para realizar visitas cara a cara y Dios la bendijo. De los primeros veinticinco donantes potenciales de su lista, veinticuatro se comprometieron con apoyo mensual. Ella estaba emocionada, pero dijo, "Hay un problema. Los veinticuatro compromisos llegan a un total de $960 dólares mensuales y mi presupuesto es de $2.900 dólares."

¿Les pediste que dieran una cantidad específica?" pregunté.

"No," dijo abruptamente. "¡Estoy súper contenta que están dando!"

Ahora ella tiene una cantidad adicional que recaudar de $1.940 dólares, de gente que ella no conoce tan bien. Si hubiera pedido específicamente de $100 a $200 dólares por mes, a lo mejor hubiera recaudado la cantidad entera.

Nunca solicites a los socios potenciales "solamente dar." Pídeles que den una cantidad exacta o dentro de un rango.

Una amiga de Wisconsin recibe muchas solicitudes de misioneros. Ella me dijo, "Cuando me piden que 'dé,' sin ninguna cantidad sugerida, no sé qué hacer. ¿Qué te sirve más: efectivo de inmediato, $100 dólares mensuales o $5.000 dólares anuales?"

Hasta Moisés pidió específicamente. En Éxodo 25:1-7 el Señor mandó a Moisés a recaudar contribuciones para el tabernáculo "de todo varón que la diere de su voluntad, de corazón." En los versículos 3-7, el Señor da una lista de catorce cosas específicas necesarias para el tabernáculo—oro, plata, cobre, azul, púrpura, carmesí, lino fino, pelo de cabras, pieles de carneros teñidas de rojo, pieles de tejones, etc.

Al dar una lista de cosas específicas la gente podrá participar con más facilidad. Si Moisés hubiera dicho, "¡Por favor den!" Los Israelitas no hubieran sabido qué hacer. Pero si tú, por pura casualidad, tienes una de las catorce cosas, como pieles de tejones traídas de Egipto, podrías participar.

Hazles saber a tus donantes específicamente lo que necesitas, como lo hizo Moisés. Ellos seriamente considerarán lo que sugieres. Las solicitaciones vagas se perciben como incertidumbre y confunde a los donantes.

¿Pero el sugerir una cantidad específica o un rango no es demasiado atrevido? Normalmente no. Años atrás, Alma y yo le pedimos a la Sra. X y a su hija que nos ayudara con nuestro ministerio de guía devocional de $150.000 dólares, con una fecha límite del 1º de agosto. Ella había dado donativos de $500 dólares anteriormente. Estábamos disfrutando el poder pasar la noche en su hogar de invierno en Florida.

A la mañana siguiente le pregunté si ella oraría acerca de dar $25.000 dólares para expandir el ministerio de la guía devocional. De inmediato ella soltó la risa, "¿$25.000? Ja-ja-ja. No puedo dar $25.000. ¡Ja-ja-ja-ja!" Su hija también se rio. Me sentí como un tonto, pero no me retracté. Explique que la mayoría de los donantes al proyecto daban $10 a $25 dólares y que necesitábamos unas pocas personas para apoyar el ministerio con cantidades más grandes. Ella entendió y dijo que "haría algo" para la fecha límite del 1º de agosto. ¿Pero $25.000 dólares? ¡Ja-ja-ja!

Pasamos una mañana muy agradable con ella y su hija y cuando estábamos despidiéndonos ella puso un cheque de $2.000 dólares en la mano de Alma. Y para la fecha límite ella había enviado cheques adicionales por un total de $10.000 dólares. ¡Me alegro de que no le pedí $2.500 dólares!

Si los donantes no pueden dar la cantidad que sugieres, te lo dirán. Pero por dentro pueden sentirse halagados que pensaste que pudieran dar tanto. En mi experiencia, los donantes rara vez se ofenden si solicitas demasiado.

Para ver cómo solicitar a los donantes clave, revisa el capítulo 12.

Ahora es tiempo de revisar los detalles esenciales del proceso de la solicitación.

10
LLAMADA TELEFÓNICA
Agendar una Cita para Recaudación de Fondos

AHORA QUE HAS identificado a tus donantes potenciales y marcado su dirección en un mapa, ya es hora de hacer las citas cara a cara. Esa es la parte difícil de la recaudación de fondos para los obreros de cualquier cultura. Muchos dicen, "Disfruto la recaudación de fondos— excepto la parte de hacer citas."

¿Por qué es tan difícil? Porque es cuando el rechazo es más probable.

Aunque telefonear es la forma tradicional de realizar citas, no es la única manera. También puedes mandar correos electrónicos, mensajes de texto, mensaje de Facebook y más. Sé creativo, pero sabio. Un mensaje de texto o correo electrónico tal vez no comunique la importancia de la cita y la gente encontrará esta forma más fácil para de decir no.

Conseguir una cita es un paso de fe, pero sigue estas sugerencias y te irá bien.

1. Haz un bosquejo y ora.
Si llamas, no leas un guion, pero tampoco dependas de tu ingenio espontáneo. Un bosquejo te permite olvidarte de ti mismo y concentrarte en el oyente.

Ensaya tu bosquejo de llamada varias veces mirándote al espejo, con un amigo o, si realmente quieres ayuda, con tu cónyuge. Puedo escuchar a los extrovertidos diciendo, "¡Nada de eso! Puedo sacármelo de la manga." Lo siento, pero serás más efectivo con un bosquejo. Aprendí por medio de malas experiencias que no soy naturalmente elocuente. La mayoría de nosotros no lo somos.

Al final de este capítulo, encontrarás una muestra del bosquejo de una llamada. Después, busca un bosquejo en blanco en scottmorton.net para crear tus propios apuntes. Mantén tu bosquejo a tu lado cuando hagas una llamada.

2. Asegúrate que tengas toda la atención del oyente.

Si tu oyente está preocupada por enviar a sus niños a dormir y su tiempo familiar al final del día, no tendrás su total atención. Después de saludar, pregunto, "¿Tienes un minuto para hablar? ¿Estás en medio de algo?" Tu oyente te dirá si es un mal momento.

3. Menciona el dinero cuando estás pidiendo una cita.

Si no mencionas el apoyo financiero cuando estás consiguiendo una cita, es incómodo mencionarlo durante la cita—estarás más nervioso que un pastor interino hablando del compromiso del diezmo en la junta anual. En lugar de disfrutar la conversación, estarás preocupado por hallar el momento propicio para hablar de dinero, por ejemplo, "Hablando de los precios tan altos, déjame compartirte acerca de nuestra situación financiera." No dejes que tus amigos crean que se están reuniendo para un rato de compartir, cuando en verdad tienes la intención de hacer una solicitación financiera.

Sin embargo, no digas tanto acerca de dinero, de manera que el oyente piense que estás pidiéndole tomar una decisión financiera por teléfono.

Un amigo misionero, que estaba preparándose para ir a Indonesia, iba perdiendo 0-por-7 en cuanto a lograr citas de sus mejores donantes potenciales. ¡Estaba desanimado! Había sido sincero por teléfono, explicando en detalle que estaba buscando apoyo financiero.

Sugerí que eliminara la mayoría de sus palabras financieras porque los oyentes quizá pensaban que quería que tomaran una decisión allí mismo durante la llamada.

Él cambió de estrategia. Siempre mencionó el dinero, pero fue más claro que no esperaba que tomaran una decisión financiera durante la llamada. ¡Sus siguientes cinco llama-das se convirtieron en cinco citas y eventualmente en cinco compromisos de apoyo!

¡La meta de la llamada es lograr *una cita*—no una donación! Si mi amigo titubea en darme una cita, digo, "No hay ninguna obligación. Sería un honor compartir contigo acerca de mi ministerio, ya sea que puedas donar o no." Quiero que la gente se sienta libre de decir no, sin poner en peligro nuestra relación.

4. Confirma la fecha, hora, lugar y la dirección.

Las citas son lo suficiente difíciles de conseguir, sin haber ido al lugar equivocado y el día equivocado. Pon la información de tu cita en tu agenda con su información de contacto, por si acaso tienes un atraso.

5. Sé tú mismo y sé *entusiasta*.

Durante una llamada tu oyente no te puede ver; solo tu voz puede comunicar tu sentir. No imites al "Sr. Energía" o a la "Srta. Alegre", pero no caigas en el mal hábito de una voz monótona o de poca energía. ¿Estás emocionado con tu ministerio o no?

6. Espera conseguir una cita.

Un grupo de jóvenes predicadores buscaron consejo del legendario predicador británico Charles Spurgeon. Dijeron que no estaban viendo a muchas personas llegar a los pies de Cristo y le preguntaron al Dr. Spurgeon si tenía algún consejo. Él dijo, "¿Ciertamente no esperan que alguien llegue a los pies de Cristo cada vez que predican, o sí?"

"Por supuesto que no," respondieron los jóvenes predicadores.

Lentamente el Dr. Spurgeon respondió, "¡Ese es tu problema!"

De igual manera, por teléfono, o esperamos que Dios actúe o no. Un comportamiento negativo o renuente propicia una respuesta negativa o renuente. Por eso la oración es tan importante antes de que empieces. Recuérdale a Dios Sus promesas. ¡Si Dios te ha llamado al ministerio, como te atreves a no estar expectante!

7. Mantén la puerta abierta.

Si tu amigo dice que no (aun después que le hayas dicho, "No hay ninguna obligación"), debes tener un plan. En lugar de empezar a llorar, anima a tu amigo. Tal vez se siente muy mal que no puede reunirse contigo. Yo digo, "Entiendo. ¿Te puedo mantener en nuestra lista de contactos para que estés informado acerca de nuestro ministerio y sepas cómo orar por nosotros?" Un no para una cita no significa un no para siempre, sino un no por ahora. Un puñado de nuestros donantes actuales inicialmente dijeron que no.

8. ¡No retrases!

Sábado en la mañana. Un misionero se prepara para llamar y hacer citas. Después de revisar las redes sociales, se retira a una parte semiprivada de la casa con su taza de té. Pero se le olvidó el azúcar.

Ya está de vuelta. Hace un espacio en su escritorio, pero revisa las redes sociales una última vez. Finalmente, él saca su lista de los primeros-veinticinco y estudia cada nombre para decidir quién es más "fácil".

Habiendo decidido a quien llamar primero, él busca su bosquejo para las llamadas. No lo puede encontrar. Revisa su mochila que está guardada en la cocina. "¿Mi amor, quedan galletas de avena?" pregunta a su esposa.

Ella fríamente responde, "¿No deberías estar llamando para que podamos comprar avena para las galletas?" Emmm.

Habiendo encontrado el bosquejo para las llamadas, lo revisa. Termina la revisión, ordena su escritorio…ora…agarra el teléfono…marca cuatro dígitos…cuelga. El primer nombre no era el indicado.

Segundo nombre. Marca el número. Gotas de sudor nervioso empiezan a brotar de su frente. Está timbrando. Una vez. Dos veces. No contesta. Tres veces. Cuatro. Cinco.

Aliviado, él cuelga. "¡Alabado sea el Señor! Es hora de otra taza de te."

Si has experimentado situaciones telefónicas como esta, no estás solo.

Prueba estas sugerencias:

- Aparta un tiempo para empezar y parar, digamos de 7:00 a 8:30 pm los martes. Luego te dices a ti mismo que estás parando a las 8:30. Tener una hora predeterminada para terminar te motiva y te obliga a no perder tiempo. Pero probablemente irás más allá de la hora de terminar.
- Toma tu lista de los TOP veinticinco prioritarios, sus números telefónicos y el guion para llamadas y organízalos de antemano—incluyendo el té y las galletas de avena.
- Pídele a un amigo o a tu coach de recaudación de fondos que ore por ti durante tu tiempo de realizar llamadas—incluso, invita a tu amigo a que venga a tu casa.
- Invita a otro misionero a hablar contigo por teléfono cuando sea conveniente para los dos. O hablen por Skype para que puedan observarse el uno al otro mientras hablan. RPSS (recaudar por-sí-solo) puede provocar desánimo.

Ejemplo de guion para la llamada telefónica

112

Ya que la naturaleza humana es similar alrededor del mundo, se ha visto que el siguiente guion es útil en más de una docena de culturas cuando está adaptado al contexto local. El ejemplo presupone que "Jaime" no conoce muy bien al misionero, pero ha estado recibiendo sus cartas de información.

Saludo
- "¡Hola! ¿Es Jaime?" (O, "¿Puedo hablar con Jaime?")
- Soy [tu nombre] de [tu agencia misionera o iglesia]." Establece el contexto de cómo lo conoces. Tal vez no te reconozca solamente por tu nombre.
- Conversa un poquito; intercambia frases de cortesía.

Transición
- "¿Jaime, tienes un minuto para hablar? ¿Es un buen momento?"
- Si es un mal momento: "¿Puedo llamarte de vuelta en unos minutos [o "en una hora" o "mañana"]?"

Pide una cita
- Si es un buen momento para hablar: "Como tú sabes, soy misionero con [agencia] en [lugar]. Estamos en nuestro ___ año de ministerio y estamos muy emocionados por lo que el Señor está haciendo."
- Si tu relación con Jaime es casual o distante, pero Jaime esta en tu lista de contactos: "¿Has estado recibiendo nuestras cartas de noticias? ... ¡Maravilloso! Espero que las hayas disfrutado."
- "Este mes estoy en el proceso de desarrollar un equipo de apoyo financiero. Parte de mi ministerio [o, si apenas estás empezando, "mi primera asignación oficial"] es conformar un equipo de socios que nos apoyen en oración y finanzas.
- "¡Mientras pensaba en quién me gustaría tener en nuestro equipo, tu nombre me llegó a la mente!" [¡Podrías usar algo de humor aquí!]
- Estaba pensando si habría un tiempo esta semana o la próxima cuando pudiéramos reunirnos como por una hora ¡Quiero compartir contigo acerca de lo Dios está haciendo en mi ministerio y mostrarte algunas fotos de gente que ha conocido a Cristo—es impresionante! Después quiero compartir contigo acerca de nuestro equipo de apoyo financiero."
- Otra opción: "Has mostrado gran interés en nuestro ministerio en el pasado a través de tus oraciones y donaciones. Estamos

muy agradecidos. Me pregunto si habría un tiempo esta semana o la próxima cuando pudiéramos reunirnos como por una hora. ¡Quiero compartir contigo lo que Dios está haciendo en mi ministerio y mostrarte algunas fotos de gente que ha conocido a Cristo—es impresionante! Después quiero dejarte una invitación para ser parte de nuestro equipo financiero."

- Si ellos titubean: "No hay ninguna obligación. Sería un honor compartir contigo acerca de nuestro ministerio y ponernos al día cara a cara."

Cierre
- Si dice que sí: Confirma la fecha de tu cita, hora y dirección al lugar de reunión.
- Si dice que no: "Aprecio tu disposición a considerarlo, Jaime. Tal vez podamos hablar en un año o dos...mientras tanto, continuaré enviándote nuestras cartas de información para que ores. Nuestra petición principal de oración es _____. Cuando pienses en nosotros, esa es la necesidad de oración. ¡Muchas gracias!"

Lenguaje de mensaje de texto o correo electrónico.

Aquí está una muestra del lenguaje de texto para ayudarte a empezar: "¡Reunámonos! Quiero compartir contigo acerca de mi nuevo ministerio en _____. ¿Qué te parece este viernes 15 en McDonald's de la calle 30? ¿A medio día? Yo invito."

. . .

Ingresa en línea a scottmorton.net para crear y descargar tu bosquejo personal de llamadas que puedes personalizar. Usa palabras y frases con las que te sientas cómodo. Conocer tu bosquejo te ayudará a disfrutar de la otra persona y servirle. El bosquejo solamente tiene cuatro elementos: saludo, transición, pedir una cita y cierre.

11

CARA A CARA; COMO SOLICITAR FINANCIAMIENTO MINISTERIAL

HAS SOBREVIVIDO LA PARTE MÁS DURA de recaudar apoyo—concertando tu cita cara a cara. ¡Ahora estás listo para reunirte con tu nuevo socio donante potencial! ¿Qué debes llevar contigo a la cita?

- La dirección del lugar de la cita y el teléfono del donante potencial
- Carpeta de presentación y materiales que dejarás con el donante potencial
- Tarjeta de compromiso de fe con un sobre de envío por correo

¡Asegúrate de haber orado!

Ahora, anticipa la reunión en cinco segmentos, como el diagrama en página 116.

Caja 1: Conocerse o Re-familiarízate.

¡No monopolices la conversación! Evita hablar demasiado solo para aliviar tus nervios — Un amigo británico lo llama "la enfermedad del imbécil". Los misioneros inseguros llenan los momentos de silencio con palabras, pero es una buena manera de meter la pata. Un misionero nervioso, en el hogar de un donante potencial, preguntó si la foto colgada en la pared era un padre o abuelo. "No, es Martin Luther King Jr.," fue la fría respuesta. La enfermedad del imbécil vuelve a golpear.

No precipites tu presentación. Relájate. Haz preguntas para familiarizarte con tu donante potencial. Por ejemplo:

- ¿Qué ha pasado desde la última vez que te vi?
- Cuéntame de tu familia.
- Cuéntame de tu trabajo.

Si estás en el hogar de tu amigo, observa las fotos y decoración del hogar. Haz preguntas. Sé un aprendiz. No hagas comentarios despectivos sobre su gato. Si tu estás relajado, ellos se relajarán.

1

CONOCERSE O RE-FAMILIARIZARSE

Transición:
"Como mencioné
por teléfono..."

2

COMPARTIR SUS PEREGRINAJES ESPIRITUALES

"Antes de compartirte sobre mi ministerio, quisiera explicarte cómo empezó todo..."

3

¿QUE PROBLEMA ESTAS TRATANDO DE RESOLVER?

"¿Cómo te sientes acerca de..."

4

RESPUESTA: HISTORIAS SOBRE ESTRATEGIAS DEL EVANGELIO

"¿Alguna pregunta sobre lo que hago?"

5

INVITACION PARA SER SOCIO MINISTERIAL (TARJETA DE COMPROMISO)

"¿Puedo volver a llamarte en unos días?"

Transición
Si organizaste una reunión de solo una hora (como un almuerzo de negocios), debes ser sensible al tiempo. Dile, "Quiero ser respetuoso de tu tiempo. ¿Tenemos una hora, verdad?... Como mencioné por teléfono, quizá deba empezar compartiendo contigo cómo empezó todo ..."

No esperes hasta que ellos pregunten acerca de tu ministerio. Los anfitriones le preguntaron a mi agradable exasistente: "¿Lisa, hay algo que querías mostrarnos?" Buena pregunta, porque llevaban una hora conversando felizmente.

Si estás en un hogar, pide reorganizar los asientos para que todos puedan ver fácilmente tu presentación y/o fotos. Estar sentados todos alrededor de una mesa es mejor que estar sentado en un sofá al lado opuesto de la sala de los oyentes. Si muestras un vídeo en tu computadora, debes reorganizar los asientos. En un restaurante estarás aún más limitado, pero sé creativo y hazlo agradable.

Caja 2: Peregrinación espiritual y llamamiento.

Comparte cómo llegaste a los pies de Cristo y cómo Dios te llamó al ministerio. Yo digo lo siguiente: "Antes de explicar mi ministerio, déjame compartirte cómo empezó todo. Mi peregrinación empezó el día que nuestro vecino, Emil Johnson, chocó su camioneta Chevrolet, modelo 1949, contra el granero de mi papá..."

Habiendo escuchado cientos de presentaciones de recaudación de fondos a lo largo de los años, no encuentro nada tan cautivante para los donantes potenciales como el testimonio del obrero sentado frente a ellos. Si ellos se identifican con tu testimonio personal y cómo Dios te guió hacia tu ministerio, lo más seguro es que recibirás apoyo financiero—y profundizarás maravillosamente tu amistad con ellos. Jeremías 51:10 dice, "venid, y contemos en Sion la obra de Jehová nuestro Dios."

Pero algunos misioneros dicen, "Mi testimonio es aburrido." ¡Tonterías! ¿Cómo puede ser que la obra de Dios sea aburrida? Tal vez piensas que *tú* eres aburrido, pero la obra de Dios en tu vida nunca es aburrida. Para que tu peregrinación sea más cautivadora:

- Sé vulnerable. No suavices lo de tu familia abusiva o tu divorcio.
- Comparte como Cristo cambió tu vida, no solamente que estás contento de ir al cielo.
- Usa un versículo bíblico que te haya impresionado profundamente.
- Da ejemplos de tu vida antes y después de tu decisión de caminar con Cristo. Incluye humor. Sé vulnerable.
- Conoce tu primera y última frase.
- Limita tu testimonio a unos tres a cinco minutos.

Después, pregunta a tu oyente acerca de su peregrinación espiritual. Eso crea un lazo profundo entre tú y tu oyente, pero es riesgoso si alguien no tiene una historia Cristo-céntrica o no sabe cómo expresarla.

¿Qué pasa si has escuchado la historia de alguien antes? Yo digo, "Benjamín sé que años atrás me contaste cómo llegaste a los pies de Cristo, pero ha pasado mucho tiempo. Cuéntame de nuevo acerca de tu peregrinación espiritual."

Le pedí a un donante de los Navegantes en Illinois que compartiera acerca de su peregrinación espiritual—aunque nunca lo había conocido antes. Después, él tenía lágrimas en los ojos. Le pregunté si ocurría algo malo. "No," me dijo, "Estoy contento de haber compartido mi testimonio. Nadie me pregunta cómo conocí a Cristo—ni siquiera mi pastor."

A continuación, explica cómo Dios te llamó a este ministerio. Usa un versículo bíblico. Toma solamente un minuto.

Caja 3. ¿Qué problema estás tratando de resolver? Tu reto ministerial.

¡Antes de describir el cómo de tu ministerio, explica el *por qué*! Usa estadísticas, citas o gráficas para conectar a tus oyentes emocionalmente con el problema.

No leas tus estadísticas solamente. Enfócate en una y explícala; luego, comparte una historia personal. Por ejemplo, acerca de la tendencia a la secularización: "Hace algunas Navidades fui a una tienda de música para comprar un CD del *Mesías* de Handel. Me atendió un empleado joven y amigable, con múltiples perforaciones en su cuerpo. Le pregunté acerca del CD del *Mesías*, pensando que él me indicaría el lugar correcto. En lugar de eso, frunció el ceño y preguntó, '¿Es un nuevo grupo?'"

Para promover el diálogo, yo le pregunto a mis oyentes qué ejemplos de secularización ven ellos en sus mundos. Involucra a tus oyentes en la discusión, que no solamente escuchen tu discurso.

No te sientas obligado a explicar cada cita o estadística en tu folleto. ¿Qué tal un vídeo? Por supuesto; pero debe ser corto y convincente.

¿Cuál es la estrategia de tu ministerio para atacar el problema que estás tratando de resolver? En ese momento es tentador simplemente leer la declaración de misión de tu organización, pero ten cuidado. Hace algunos años cité con pasión el llamado de Los Navegantes a un donante potencial. El solamente se me quedó mirando y finalmente me preguntó, "Sí, pero ¿qué es lo que haces *realmente?*"

Estaba avergonzado. Hice una pausa, y entonces dije: " Conocer a Cristo y darlo a conocer." De inmediato él sonrió y me dijo, "Entiendo. Qué bien."

Las Declaraciones de misión son inspiradoras, pero están mezcladas con suposiciones filosóficas, de las cuales las personas ajenas al tema no están enteradas.

Caja 4. Estrategias ministeriales e historias.

Describe tu estrategia ministerial contando historias de personas, y no dando un tratado filosófico. Por ejemplo: "Tenemos un hombre que se llama Roberto en nuestro ministerio. El año pasado se burlaba de la idea de estudiar acerca de Jesús. Pero un viernes en la noche llegó de repente al estudio bíblico y nos contó que odiaba a su papá." Luego, cuéntales un poco más acerca de cómo Roberto se está interesando más en Cristo.

Cuenta dos o tres historias cortas de vidas cambiadas o de gente que está sedienta, como Roberto. Pero regresa a tu estrategia. Por ejemplo: "Como puedes ver a través de estas historias, nuestra estrategia es comenzar un estudio bíblico acerca de Jesús en cada residencia en la universidad. Mi rol principal es ser el mentor para los treinta líderes de estos estudios, y algunos de ellos tienen muy poca experiencia. Hemos tenido un buen comienzo, pero faltan ochenta y dos residencias todavía. Por favor ora."

¿Qué pasa si tu ministerio no va muy bien? Cuenta historias acerca de los peregrinajes espirituales de gente en tu ministerio, sea exitoso o no. Las historias de fracasos a menudo mueven a la gente a orar más que las historias de éxito como la de Roberto, mencionada previamente. Describe tu visión y sé vulnerable.

¿Deberías utilizar un folleto o algún equipo electrónico (como una tableta) para tu presentación? Sí a cualquiera de los dos. Una tableta electrónica les da a ti y a tu oyente algo en qué fijar la vista, aparte de mirarse el uno al otro. El Contacto visual constante puede ser intimidante.

Transición: Aclara cualquier duda. "¿Hay alguna pregunta?"
Invita a tus oyentes a hacer preguntas. Yo digo: "Bueno, esto es lo que puedo hacer con toda la energía que tengo. ¿Algún comentario o pregunta?" Con suerte tendrán una pregunta o dos. No pases al cierre

hasta que tus oyentes hayan tenido la oportunidad a expresarse acerca de tu visión.

Caja 5. Cierre (Invitación a dar).

Invita a tu socio potencial a ser parte de tu equipo de apoyo financiero. Sugerencias:

- Obtén su atención completa. He visto misioneros nerviosos, que de forma inadvertida incorporan su solicitud de apoyo en el flujo de la conversación, de manera que los oyentes ni se dan cuenta que les pidieron. Haz una pausa, míralos a los ojos y pregunta: "Roberto y María, han escuchado acerca de nuestro ministerio y les he explicado nuestra meta financiera. Ahora es el momento para hacerles una pregunta importante. [Pausa.] ¿Estarían ustedes dispuestos a orar acerca de unirse a nuestro equipo con la cantidad de $100 a $200 dólares por mes?"

  ¡Alto! Una vez que hayas lanzado la pregunta, habrá unos momentos de silencio. Tendrás la tentación de llenar el silencio con palabras, pero no lo hagas. Tus pensamientos correrán. *Los ofendí. ¿Por qué no dicen nada? Debí haberles enviado una carta. ¿Por qué me está mirando él de esa manera? Tal vez debí haberme quedado trabajando en el periódico. Están enojados. Alguien diga algo. Estoy sudando. María se ve molesta. Ahora está mirando a Roberto. Me van a decir que nunca quieren verme de nuevo. Probablemente dirán que no. No los culpo.* La realidad es que solamente han pasado tres segundos.

  No rompas el silencio con comentarios inútiles como "En realidad no necesitamos tanto el apoyo" o "Tal vez prefieran solamente orar." Es el turno de ellos de hablar. No diluyas tu propuesta.

- Debes estar preparado para una respuesta negativa si la persona en este momento no quiere o no puede apoyar tu proyecto, deja la puerta abierta para que lo pueda hacer más adelante. Por ejemplo, "Nuestra iglesia acaba de terminar un proyecto de construcción" o "Las inscripciones del colegio de nuestros hijos están al cobro." En lugar de desinflarte como un globo de 4 días, reconoce tu comentario de Si la persona en este momento no quiere o no puede apoyar tu proyecto, deja la puerta abierta para que lo pueda hacer más adelante, pero no retires tu solicitud de apoyo financiero. Puedes decir: "¡Un proyecto de construcción es maravilloso; el Reino de Dios está creciendo! Para nuestro ministerio, estamos pidiendo a la gente orar acerca de dar más allá de sus compromisos actuales ..."

Si la persona en este momento no quiere o no puede apoyar tu proyecto no es un *no*. Roberto y María quieren que sepas que ellos no pueden apoyarlo todo. De igual manera, en el evangelismo, cuando un amigo está seriamente considerando a Cristo, pero da una razón como: "¿Qué hay de aquellos que nunca han escuchado?", no por eso dejamos de explicar el evangelio.

- Si dicen que orarán acerca de su apoyo financiero, anímalos y repasa la tarjeta de compromiso detalladamente. Algunos misioneros menosprecian la tarjeta de compromiso o la envían posteriormente. Eso es un error. Trata la tarjeta con mucho cuidado para mostrar su importancia.

- Cierra con un pasaje bíblico acerca de dar. Enseña acerca de dar en cualquier oportunidad que tengas, incluso en pequeños espacios. Yo digo algo como: "Gracias por presentar esta decisión delante del Señor. Yo les sugerí dar entre $100 y $200 dólares mensuales, pero 2 Corintios 9:7 dice que no debemos dar 'con tristeza, ni por necesidad, porque Dios ama al dador gruñón.'—¡no, quise decir ¡dador *alegre*!" Esta pequeña broma ayuda a enfatizar el punto y hace a la gente reír. "Cualquiera que sea su decisión, confío en que será alegre como para el Señor." Los oyentes aprecian cuando se les recuerda que la decisión es entre ellos y el Señor.

- Infórmales que vas a contactarlos acerca de su decisión. Puedes decir: "¿Podrías enviarme la tarjeta de vuelta antes del 14 del mes, de hoy en una semana?" o "Te llamaré en una semana para saber cómo te ha guiado el Señor o si tienes alguna pregunta. Lanzaremos nuestro ministerio el 10 de septiembre, y necesito tener mi equipo de apoyo financiero completo para esta fecha.

- *Debes llamarlos de nuevo*. Si no me contactan en siete días, los llamo yo. Esta semana me reuní con un misionero que me dijo que había realizado veintiún solicitudes de apoyo cara a cara el mes pasado y solo una fue afirmativa. "¿Los llamaste de nuevo a todos los veintiuno?" pregunté.

"Solamente a cuatro," me respondió tristemente.

Llamarlos de nuevo es difícil. Muchos donantes posponen tomar decisiones de mayordomía financiera y probablemente tendrás que contactarlos varias veces. Explica muy bien tu fecha límite el por qué del límite (por ejemplo, los estudiantes están de regreso).

- Si dicen que no, dales las gracias y pregunta si puedes continuar enviándoles tu carta de noticia para oración. Si piensas que quieren dar, pero por ahora tienen demasiados compromisos, sugiéreles que puedes contactarlos en un año, más o menos.

Construyendo amistad.

Ahora es tiempo de dejar de hablar de ti mismo. Después de realizar una solicitud de apoyo financiero, yo digo: "Hemos hablado de mi ministerio todo el rato. Díganme, ¿Cómo van las cosas con ustedes?" Pregunta sobre sus carreras, familia e iglesia—su peregrinación espiritual, particularmente si su respuesta anterior no fue muy clara. Yo digo: "Cuéntenme, ¿Qué lecciones están aprendiendo en estos días en cuanto a su caminar con Cristo?" O pregunta, "¿Acerca de qué puedo orar por ustedes cuando piense en ustedes en los próximos días?" ¡Rara vez alguien hace estas preguntas! Acuérdate que estás reuniéndote con ellos no solamente para lograr un socio financiero, sino también para animarlos en su caminar con Cristo. Como Pablo le recordaba a los Corintios: "Delante de Dios en Cristo hablamos; y todo, muy amados, para vuestra *edificación*" (2 Corintios 12:19, énfasis añadido). Sugerencias adicionales:

- Ten algunos materiales para regalar: tu folleto de parte de tu agencia misionera o tal vez un librito sobre crecimiento espiritual.
- Cierra con oración, a menos que sea algo vergonzoso para ellos —como tal vez si están en un restaurante. Una oración breve casi siempre es apreciada—*oración breve*. Rompe el estereotipo de que los misioneros son muy hablantines.
- Si la visita fue en su hogar, de inmediato mándales una tarjetita dándoles gracias por haberte recibido en su casa. No menciones dinero a menos que ya hayan hecho un compromiso.

12
CÓMO ATRAER DONANTES MAYORATIOS

CUANDO LOS OBREROS ESCUCHAN el término "donante mayoritario," normalmente piensan en una de tres cosas:

- ¿Necesito donantes mayoritarios? (¡Sí los necesitas!)
- No conozco a ningún millonario. (No es necesario que un donante mayoritario sea un millonario.)
- ¿Cómo encuentro grandes donantes? (¡Están más cerca de lo que piensas!)

Si eres un misionero de carrera con un presupuesto que está subiendo más alto cada año, no tendrás tu financiamiento completo sin donantes mayoritarios. Los obreros que tienen su financiamiento total año tras año siempre tienen unos cuantos donantes mayoritarios. No es opcional. Lo siento.

Pero tampoco es imposible.

¿Qué es un donante mayoritario? Algunas organizaciones definen al donante mayoritario como alguien que puede escribir un cheque por $100.000 dólares. Pero los misioneros individuales deben pensar en términos de $3.000 a $25.000 dólares.

Puedes reclutar donantes mayoritarios imitando a Nehemías, un líder temeroso, pero valiente en el área de recaudación de fondos.

1. Encuentra tu pasión.
Durante el tiempo de Nehemías, el pueblo judío estaba exiliado en Persia (en la actualidad, Irán/Irak). Nehemías era el copero de

Artajerjes, el rey de Persia. Él debía probar las bebidas del rey para ver si contenían veneno. ¡Un trabajo de alto riesgo!

Durante el mes de Chislev (del 15 de noviembre al 15 de diciembre) alrededor del año 445 AC, un séquito de Jerusalén dirigido por Hanani visitaba Persia. Dijo Nehemías: "les pregunté por los judíos que habían escapado, que habían quedado de la cautividad, y por Jerusalén" (Nehemías 1:2). Respondieron que el remanente judío estaba con gran aflicción. Los muros de Jerusalén estaban derrumbados y las puertas de la ciudad estaban quemadas.

Este informe devastó a Nehemías y en el versículo 4 lo vemos llorando y en duelo "por días". Pero su duelo lo motivó a orar. Los versículos 5-11 captan la oración de confesión de pecado por él mismo y por su nación. También le recordó a Dios de Su promesa a Moisés: "...os traeré al lugar que escogí para hacer habitar allí mi nombre".

La pasión de Nehemías (afianzada en la promesa de Dios) fue más allá del sentimentalismo o patriotismo. Lo llevó al duelo y a la oración.

La pasión es donde comienza tu recaudación de fondos.

Un recién graduado de secundaria en Minneapolis hizo una solicitud de apoyo financiero a un amigo mío que es agente de bienes raíces (David) para un viaje ministerial de un equipo deportivo a Sudamérica. El joven era sincero, pero le faltaba pasión. David le dijo, "¿Tú realmente no quieres realizar este viaje, ¿verdad?"

"Sí, quiero", fue su respuesta indiferente.

"¡No, pienso que no quieres!" argumentó David. "Tú solamente quieres escaparte de tus padres por unas semanas para disfrutar. ¿No es cierto?"

Poniéndose rojo, el joven jugador de baloncesto se armó de suficiente valentía y gritó: "¡Quiero ir en este viaje misionero de corto plazo para servir a Dios!"

"¡Maravilloso!" dijo David. "Ahora, termina tu presentación como si lo crees de verdad, y con mucho gusto te apoyaré." David me dijo más tarde con un guiño, "¡Quería ver si realmente creía en su propia misión!"

¿Qué hay de ti? ¿Tú crees en tu propia misión? ¿Te mueve a la oración y al duelo? ¿Al arrepentimiento? ¿A reclamar promesas? ¿A dejar tu zona de confort y con valentía realizar tu solicitud de apoyo financiero? Si no estás dispuesto a recaudar fondos para tu pasión, ¿realmente tienes una pasión—o es solamente un pasatiempo?

Para descubrir tu verdadera pasión, pregúntate, "¿Qué me hace enojar o entristecerme?" Cuando Nehemías recibió noticias acerca de

Jerusalén, se entristeció y lloró. También estaba enojado que los muros estaban caídos y los enemigos de Judá estaban dominando a sus compatriotas judíos.

¿Si el llamamiento de tu organización no te entristece o enoja, hay algún aspecto del mismo que sí? Tal vez necesitas personalizar tu trabajo con algún aspecto de la causa que te apasione. O tal vez es tiempo de revisar tus pasiones y sueños. Esto puede señalar un cambio de carrera, pero está bien. La vida es demasiado corta para abandonar tu pasión por una causa que no te motiva. El poeta Ralph Waldo Emerson dijo, "Ninguna cosa significativa se logra sin entusiasmo."

2. Ora mucho.

Corría el mes de Nisan, del 15 de marzo al 15 de abril—cuatro meses después de que Nehemías escuchó las noticias devastadoras de Jerusalén. Sus oraciones por Jerusalén no eran una solicitud rápida de una o dos veces al Señor. Aunque quizá hubiese querido correr hacia la acción, Nehemías esperó y oró durante cuatro meses. Mientras estaba de rodillas en oración, esperó en el Señor y desarrolló un plan.

Yo desearía ser mejor en la oración continua. Me lamento y oro principalmente cuando estoy en un lío. Pero aquí hay algo que ayuda: He escrito mi misión de vida en la página de oración de mi diario y la miro todos los días. También, reviso mis metas de la vida cada vez que subo a un avión. Mientras tomo mi asiento, abro la pantalla de mis metas de vida y oro sobre ello. ¡Que gozo!

Mantén tu pasión delante de ti. Ora cada día acerca de tu pasión.

Y ora también en el calor del momento oportuno. En Nehemías 2:2, el rey se dio cuenta del semblante triste y caído de Nehemías. Eso era muy mal visto en la Corte Persa. Los empleados no debían dejar que sus problemas personales fueran evidentes. ¿Recuerdas la dificultad que vivió la reina Ester para conseguir una audiencia con el rey? Ocurrió en el mismo palacio.

Entonces Artajerjes descubrió la tristeza de Nehemías. Pero en lugar de llenarse de pánico, Nehemías "oró al Dios de los cielos" (2:4).

La oración sostenida y de largo plazo (1:5-11) al igual que las oraciones espontáneas (2:4) eran típico de Nehemías. El respaldaba su pasión con oraciones—largas y cortas.

Como Nehemías, tú lo puedes hacer. ¿Oras todos los días acerca de tu trabajo? Pide a Dios que sostenga la obra de nuestras manos (Salmo 90:17). Y ora antes de cada encuentro con socios donantes potenciales—que tu pasión se convierta en la pasión de ellos también.

3. Asume un riesgo.

Cuando el Rey Artajerjes confrontó a Nehemías acerca de su semblante caído, Nehemías dijo, "¿Cómo no estará triste mi rostro, cuando la ciudad, casa de los sepulcros de mis padres, está desierta, y sus puertas consumidas por el fuego?" (2:3).

Eso fue muy valiente. Solamente diecisiete años antes, el gobierno Persa les había negado a los rebeldes judíos el permiso para reconstruir la ciudad.

Sabemos que era riesgoso porque Nehemías dice entre paréntesis en el verso 2:2, "Entonces temí en gran manera." Similarmente, tu podrías tener miedo de realizar una solicitud de apoyo financiero a un donante mayoritario. Está bien—el miedo es normal. Asume un riesgo como Nehemías y dile "al rey" lo que hay en tu corazón—un compañero de la misión (Glenn) lo hizo.

En su primera solicitación a un donante mayoritario, Glenn habló con un amigo en un almuerzo, sonriendo con confianza. Sin embargo, durante su presentación, Glenn se percató de un suave tintineo que sonaba en el fondo. Cuando terminó la solicitud de apoyo financiero, descubrió que él estaba agarrando su taza de café de tal manera que sus nudillos estaban blancos del puro terror y él la estaba golpeteando contra el plato. También se dio cuenta que no había comido nada.

A pesar de sus temores, Glenn completó su solicitud de apoyo, y el donante dijo que sí. Después él le preguntó a Glenn, "¿Estás seguro que estás pidiendo la cantidad suficiente?"

¡No dejes que tu terror te impida compartir tu brillante visión con un donante mayoritario—simplemente relájate!

4. Pide en grande—pide específicamente.

Si tu meta parece ser mucho dinero, tal vez estás atorado en un paradigma de poco-dinero; no bases tu solicitud en lo que a ti te parece una gran cantidad. Probablemente es poco dinero para un donante mayoritario.

Nehemías con valentía le dijo a Artajerjes exactamente lo que necesitaba. No intentó diluirlo. "Envíame a Judá, a la ciudad de los sepulcros de mis padres, y la reedificaré" (2:5). Pidió lo siguiente:

- Tiempo libre de ser el copero en el palacio en Susa (implícito)

- Permiso para construir
- Cartas que le dieran paso seguro en el viaje de casi 1,300 kilómetros
- Madera del bosque del rey para construir puertas del muro de Jerusalén

Obviamente, Nehemías había hecho un plan muy detallado durante sus meses de duelo. Y después pidió recursos específicos para lograr este plan.

En contraste, imagínate un enorme termómetro de recaudación de fondos frente a la iglesia, mostrando 30% del meta alcanzado. Dos miembros de la iglesia están estudiando el termómetro. Uno dice, "¿Para qué es esto?"

El otro responde, "¡Nada en particular! ¡Pensaba que podemos necesitar recursos extras!" En otras palabras, "¡Envía dinero; te explicaré más tarde!"

¿Si recibieras una solicitud de dinero sin ninguna explicación, como te sentirías? Explica a tus donantes mayoritarios potenciales exactamente lo que necesitas y por qué—sin remiendos, sin verdades a medias, sin clichés de la organización. No te preocupes de que la cantidad sea demasiado grande o la visión demasiado absurda. ¡Pero sí preocúpate de que tu solicitud no sea demasiado ambigua!

Un deportista profesional recibió una solicitud de $5.000 dólares para un proyecto misionero. La meta total de recaudación era de $15.000 dólares, pero el misionero no se atrevió a pedirle esa cantidad. Algunos meses después el deportista confesó que él hubiera dado el total de $15.000 dólares si se le hubiera solicitado.

Pide en grande—pide específicamente.

5.   Vé al grano—sé específico.

Nehemías no divagaba con preámbulos. Él declaró su pasión en una frase: "Envíame a Judá, a la ciudad de los sepulcros de mis padres, para poder reedificarla." ¡Qué Refrescante! Demasiadas veces nuestras solicitudes están llenas de palabras y son confusas. O son "conversaciones alegres visionarias" que no explican cómo gastaremos el dinero.

Los donantes mayoritarios están ocupados y no tienen tiempo para que tú deambules como el Río Níger. Ellos saben por qué estás allí—vé al grano.

Años atrás mi amigo Don, un sensato constructor de casas de Minneapolis quien ha recibido muchas solicitudes de donación, me dijo: "¡Scott, dile a los misioneros que vayan al grano y pidan! ¡Que no se anden con rodeos!"

Para mi presupuesto normal digo algo como esto:

> Roberto y Elizabeth, en mi nuevo puesto, debemos recaudar $24.725 dólares adicionales para finales de diciembre, para así poder empezar el nuevo año con financiamiento completo. Contactaré a muchos amigos quienes probablemente darán $20-$30 dólares por mes—y eso es maravilloso. Pero necesitamos algunas personas que sean socios claves dando $5.000-$10.000-$15.000 por año. Me gustaría pedirles que oren para saber si Dios quiere que sean uno de estos.

Después, quédate quieto.

Para un proyecto especial (después de explicar el proyecto y contestar preguntas) puedes decir:

> Roberto y Elizabeth, para alcanzar nuestra meta de $42.350 dólares y poder poner una Biblia en la mano de cada estudiante de las universidades en la costa, necesitaremos una donación fuerte. ¿Les puedo pedir que oren acerca de apoyar con la mitad de los fondos necesarios para este proyecto: $21.175 dólares?

6. Construye amistades genuinas.

Toma nota de esta frase en Nehemías 2:5: "Si tu siervo ha hallado gracia delante de ti." Porque Nehemías había ganado el respeto de Artajerjes durante sus años de servicio, el rey estuvo dispuesto a considerar la solicitación de Nehemías.

De vez en cuando, se escucha de una donación grande dada por una persona desconocida para la organización. Pero las donaciones más grandes son dadas por donantes que tienen una buena relación con el/la solicitante o la organización que él/ella representa.

Años atrás, Cruzada Estudiantil, ahora conocido como CRU, lanzó la campaña "Aquí está la Vida, Mundo" que solicitaba donaciones de $1 millón de dólares. Entre los donantes que dieron un $1 millón o más, sus primeras donaciones a CRU fueron, en promedio, de $15 dólares—lo más probable a obreros de CRU de años atrás. Esto muestra que ellos fueron amistades fielmente cultivadas a lo largo del tiempo. Bien hecho.

¿No tienes tiempo para construir relaciones con donantes? Eso sería como decir que no tienes tiempo para cumplir tu llamamiento. Pide a tu junta directiva o equipo de liderazgo que te ayuden a priorizar tu trabajo. Planea dedicar 20% de tu tiempo al ministerio de recaudar fondos y ministrar a los donantes.

¿Por qué 20%? A través de los años, cuando los obreros (especialmente líderes organizacionales) me preguntaban cuánto tiempo debían dedicar al ministerio de recaudar fondos y ministrar a los donantes, yo le daba largas al tema porque no tenía un pasaje bíblico para guiarme. Ellos buscaban datos específicos, pero mi respuesta evasiva de: "Deja que el Señor te guíe," no ayudaba. Entonces, se me ocurrió el 20%— es decir, un día por semana. Esa es mi meta en mi propia recaudación de fondos cuando mi financiamiento se queda corto o cuando estoy trabajando en un proyecto específico. Una vez que llegas al 100% del presupuesto (o mejor, 110%), puedes reducir tu tiempo al 10%.

Pero los líderes ministeriales de la ciudad o una región necesitarán mantenerlo en 20% o más porque ellos necesitan recaudar más finanzas que su presupuesto personal—cosas como fondos de emergencia para sus obreros o fondos para expandir o iniciar nuevos ministerios.

Cuidado: Un donante mayoritario le dijo a un miembro de nuestro departamento, "Aprecio que vengas a verme. Pero también estoy agradecido que eres sensible a mi tiempo limitado. No estoy buscando un nuevo mejor amigo."

7.   Responde a las preguntas con sabiduría.

En Nehemías 2:6 el rey interroga a Nehemías. "¿Cuánto durará tu viaje, y cuándo volverás?" Obviamente, Nehemías anticipaba esta pregunta y dio al rey un "tiempo definido."

No estás listo para realizar una solicitud de apoyo financiero hasta que hayas anticipado las preguntas y preparado las respuestas específicas. ¡Consigue los datos! Las generalidades son una señal de "pensamiento perezoso". Por ejemplo, si un donante pregunta, "¿Cómo van a utilizar el dinero?" o "¿Cuándo terminarán el edificio?", tú debes responder con respuestas específicas. Decir algo como: "¡Lo usaremos con sabiduría!" o "¡Durante los próximos veinticuatro meses!" es demasiado general. Haz tu tarea.

8.   Evita palabras de moda.

Por el hecho de que los hebreos habían recibido el rechazo de un permiso para construir, Nehemías tenía que usar mucho tacto. Sabiamente, él nunca utilizó la "palabra con J"; en su lugar, se refirió a Jerusalén como "la ciudad de las tumbas de mis padres."

¿Qué palabras de negativas moda causarán una reacción en tu donante potencial? Por ejemplo: campaña de recolección, tarjeta de compromiso, campaña de construcción, potenciando nuestro ministerio. Entre más escuchas a tu amigo donante y más profundizas tu relación, y más capaz serás de identificar lo que le entusiasma y lo que le desanima.

9. Trae emoción.

"La ciudad de los sepulcros de mis padres" es una frase llena de emotividad. Si has perdido a tu padre, sabes dónde está sepultado, ¿verdad? Mi padre murió en 2007, y frecuentemente visualizo el pequeño cementerio, barrido por el viento, en la tierra de cultivo de Iowa donde está enterrado. Y esto inunda mi mente de emociones. Cuando Nehemías menciona la "ciudad de los sepulcros de mis padres," Artajerjes también habría pensado en el sepulcro de su propio padre; algo emotivo.

Antes solía pensar que los donantes eran motivados a dar intelectualmente más que por emoción. Pero ahora veo que las emociones son un enorme motivador para las decisiones de donar— incluso para los donantes mayoritarios.

10. Da la gloria a Dios.

Nehemías fue rápido para darle la gloria a Dios: "Y me lo concedió el rey, según la benéfica mano de mi Dios sobre mí" (2:8).

Es una tentación tomar el mérito cuando hemos trabajado duro. Como Nehemías, haz tu parte, pero da el mérito a quien lo merece.

Aplicación

Ahora es el tiempo de crear una lista de donantes potenciales, a quienes puedes invitar a dar de $3.000 a $25.000 dólares o más. ¿Vienen a tu mente algunos nombres? No preguntes, "¿Conozco a algunas personas ricas?" ¡Pregunta equivocada! Y no preguntes, "¿Esta persona dará? ¡Pregunta equivocada! No he conocido a un solo obrero en el mundo que no conozca a unas cuantas personas a quienes se les deba invitar a dar donaciones mayores, sean "pudientes" o no. Para ser específico, les pido apuntar los nombres de personas que conocen, que tienen un buen flujo de efectivo—dueños de empresas, doctores, odontólogos, agentes de ventas o líderes en el gobierno. Empieza allí.

Además de esto, no he conocido a un obrero que no conozca a por lo menos uno o dos "Artajerjes"—gente genuinamente pudiente. Todos los nombres que te llegan a la mente cuando piensas en estas categorías, deben estar en tu lista de contactos. Empieza allí. No salgas de tu mundo hasta que hayas dado a todos en tu mundo una oportunidad.

Pregúntate esto: "¿Quién, en este gran mundo de conocidos que el Dios soberano me ha dado, debe escuchar mi historia?"

¿Cómo sabes si ellos pueden dar una donación mayor? ¡No sabes! No estás buscando millonarios. Ciertamente Artajerjes hubiera calificado como millonario y se notaba. Pero hoy, si alguien parece pudiente, puede ser que estén viviendo en, llevan puesto, o andan conduciendo en sus riquezas. Es infructuoso intentar determinar su capacidad de dar basándose en las apariencias externas. ¡Deja que el Señor te sorprenda!

Un consejo más: Después que tus donantes mayoritarios empiecen a apoyarte, preséntales a tu director nacional para que él o ella pueda darles las gracias personalmente y empezar a conectarlos con la obra nacional. Mientras fui el director de desarrollo para Los Navegantes, me di cuenta de que la mayoría de los donantes no darían más de $5.000 a $25.000 dólares para el sostenimiento personal de un misionero, pero tal vez darían $100.000 para la obra nacional, si se cultiva la relación con el donante. ¡Y seguirán apoyándote! Los instructores de recaudación de fondos de otros ministerios coinciden en que esta es la experiencia de sus organizaciones también.

13
CÓMO SOLICITAR A LAS IGLESIAS

NO QUIERO EMPEZAR en una nota negativa, pero tú necesitas saber que tendrás más éxito en tu recaudación de fondos si te enfocas en individuos en vez de iglesias.

En la mente de algunos misioneros, la recaudación de fondos significa viajar a cincuenta y dos iglesias en cincuenta y dos semanas, haciendo presentaciones a extraños. Extraños amigables y sonrientes, pero siguen siendo extraños. Si hablas elocuentemente y tus hijos cantan en el culto del domingo, tu conseguirás apoyo financiero. Esta estrategia tal vez funcionaba años atrás (aunque la cuestiono), pero no funcionará hoy en día.

¿Por qué no? Las Iglesias, especialmente iglesias grandes, se están volviendo más específicas en cuanto a los tipos de ministerios que apoyan. Algunas se enfocan en ministerios de evangelismo; otras tal vez prefieran plantar iglesias en países en desarrollo, mientras otras prefieren ministerios pioneros en la ventana 10/40 en el Medio Oriente. Además, la mayoría de iglesias dan prioridad a candidatos misioneros que hayan crecido dentro de sus iglesias, por encima de un extraño de afuera.

Todavía, persiste el mito que solicitar a una iglesia es tu mejor estrategia. Lo siento.

La excepción es el misionero con un ministerio atractivo en el extranjero. Las iglesias muestran mayor interés en cosas lejanas y exóticas que en ministerios cercanos. Un misio-nero en Kazajistán tiene siete iglesias que lo apoyan. Otro, con un ministerio secreto en Europa Oriental años atrás, tenía doce. Pero si estás tratando de alcanzar a estudiantes universitarios en tu propio país o a empresarios en el centro de la ciudad, estarás de último en la lista del comité de misiones—en terminología de béisbol, estás en un "equipo del sótano".

Ahora, que te he desanimado, aquí hay sugerencias para reclutar apoyo financiero de las iglesias.

1. Enfócate en tu iglesia o en una "iglesia que envía".

Incluso los misioneros que no pertenecen a una denominación necesitan una iglesia propia. Pero tendrás mucha dificultad recaudando fondos si te mueves frecuentemente de iglesia en iglesia. Un pastor me dijo, "Si los futuros misioneros, en sus años de formación, saltan constantemente de iglesia en iglesia, no contarán con mucho apoyo financiero de las mismas."

Es posible que hayas crecido en una iglesia que no cree en las misiones—¡no hay calor de hogar emocional ahí! Si esa es tu situación, desarróllate en una "iglesia hogar" donde sientas lazos cálidos con los miembros.

2. Desarrolla un defensor.

Por años, nuestra iglesia en Minneapolis apoyaba a Greg, un misionero que había crecido en la iglesia. Su padre era un pilar fuerte en la iglesia. Pero me di cuenta que Greg solamente recibía un pequeño apoyo—él era un miembro del "equipo del sótano". Cuando llegó el tiempo de hacer el presupuesto anual de misiones, el nombre de Greg estaba de último en la lista, y ni siquiera se discutió. Entonces pregunté si alguien lo conocía. Silencio. Un voluntario levantó la voz y dijo que había sido activo en la iglesia hace años. Nadie sabía de su enorme ministerio entre la gente secularizada en Latinoamérica. A pesar de mis argumentos, lo mantuvieron de último en la lista y poco después se le dejó de apoyar.

¡Greg no tenía un defensor! Los miembros antiguos de la iglesia lo apreciaban, pero no le informaban al comité de misiones acerca de él.

Ya que los comités de misiones cambian, y las personas que toman las decisiones en una iglesia cambian, debes tener un defensor que tenga influencia. Sin un defensor, pronto estarás al final de la lista, en el "equipo del sótano". Los comités apoyan a quienes conocen.

¿Cómo encontrar y retener a los defensores? Lo mejor que puedes hacer es servir en la iglesia cuando sea posible. De esta manera, conocerás a las personas de influencia y que toman decisiones en la iglesia. Haz nuevos amigos, sirve de todo corazón, hazte útil y bien conocido. De esta manera no serás un desconocido al comité de misiones y fácilmente encontrarás quién te defienda.

3. Mantén informadas a las personas que toman las decisiones.

Además de no tener un defensor, Greg no hacía mucho por mantener a la iglesia informada. Escucha a esta antigua miembro de CRU, la esposa de un pastor y miembro del comité de misiones:

> He notado una tendencia a través de los años. Los misioneros que envían cartas de noticias y comunicados regularmente a la iglesia son vistos como "una parte de nuestro ministerio". Los otros eventualmente se convierten en una baja. Sin importar cuán eficaz o no pudiera ser su ministerio, su regularidad de comunicación era trascendental para nuestras decisiones de apoyo financiero. Por favor anima a los obreros que envíen, siquiera cartas cortas, (correos electrónicos) a quienes los apoyan, para que sepan que están vivos y en el campo de la cosecha. De lo contrario, te garantizo que entrarán en números rojos en sus finanzas.

Asegúrate que tus cartas lleguen a las manos del comité de misiones y a las personas que toman decisiones. ¡Un misionero descubrió que sus cartas enviadas a la iglesia no habían sido entregadas al comité de misiones por años!

Además de enviar cartas, necesitas asistir a sus conferencias misioneras, aunque éstas ocurran en tiempos inconvenientes.

4. Solicitar a iglesias es un proceso, no un evento.

Tomará varios encuentros para ser aprobado para apoyo financiero en una iglesia. En tu primera visita, a lo mejor solamente te darás cuenta con quien debes hablar acerca del proceso de aplicación. En el segundo viaje podrías recibir el formulario de solicitud. En la tercera visita, tal vez conozcas al pastor de misiones o al presidente del comité de misiones. En la cuarta visita podrías hacer una presentación.

No te des por vencido. Los responsables de las decisiones están manejando el dinero de otras personas y debes seguir todos los pasos necesarios que ellos te pidan.

Durante el proceso sigue hablando con los responsables de las decisiones. Un amigo misionero me dijo que requiere cinco visitas para que te acepten para apoyo financiero.

5. Llena tu aplicación.

Con socios individuales el papeleo no es esencial. Pero con una iglesia, el papeleo no es negociable. Cuán bien hayas hecho el papeleo indica cuán bien realizas tu ministerio.

6. Habla el lenguaje de la iglesia.

Infórmate sobre los proyectos que la iglesia prefiere apoyar. Por ejemplo, si están muy interesados en plantar iglesias, explica cómo tu ministerio ayuda en la plantación de iglesias (si lo hace). O si la iglesia está interesada en reclutar líderes nacionales, muéstrales cómo tu ministerio hace eso.

¡Haz tu tarea! Si tu agencia misionera desempeña un ministerio que no le interesa a la iglesia, refiérelos a una organización adecuada.

7. Conoce el tema del que hablas.

Las iglesias se desilusionan cuando no estás bien informado acerca de tu agencia misionera. Aquí hay algunas preguntas que te podrían hacer:

- ¿En cuántos países está trabajando? ¿Con cuántos obreros?
- ¿Cómo se fundó su organización? (Cuenta una historia folclórica.)
- ¿Plantas iglesias?
- ¿Cómo capacitas a los líderes locales? (Es un tema sensible para muchos.)
- ¿Qué porcentaje de las ofrendas se destina a gastos administrativos?
- ¿Qué cree tu agencia misionera acerca de los dones carismáticos?
- ¿Qué cree tu agencia misionera acerca de las libertades cristianas?
- ¿Tu agencia misionera es miembro del Consejo Evangélico de Responsabilidad Financiera (ECFA, por sus siglas en inglés)?
- Nosotros apoyamos a obreros locales por la quinta parte del costo tuyo. ¿Cómo puedes justificar tu presupuesto tan alto?

8. Sirve en la iglesia y asiste a los cultos.

Si eres obrero local, entonces por supuesto que es fácil asistir a una iglesia y ser miembro, enseñar una clase de la escuela dominical o servir en algún comité. Pero si no vives cerca, entonces procura visitar la iglesia que te envió lo más a menudo posible. E informa a las personas que toman las decisiones, que estás disponible para enseñar, dar un informe en el culto o reunirte con el comité de misiones. Ofrece ayuda—preferiblemente en el área de tus dones. En caso desesperado, ofrece cuidar a los niños de dos años en la sala maternal. Quienes toman las decisiones en la iglesia se darán cuenta de tu asistencia y tu disponibilidad de servir. ¡No lo subestimes!

9. Exime a los donantes potenciales, uno a uno, de la política de no solicitar.

Algunas iglesias no te permitirán solicitar a individuos de la congregación si te están apoyando mediante el presupuesto de misiones de la iglesia. El propósito es proteger a la congregación de extraños sin escrúpulos que absorben el efectivo.

Tal posición se entiende. Si tu o yo fuéramos el pastor, probablemente estaríamos de acuerdo. Yo manejé el asunto así: Pregunté al presidente del comité de misiones, con quien tenía una buena relación, si la política implicaba que no podía solicitar a Ted, quien había estado en mis "Estudios Bíblicos Tempraneros".

"No, por supuesto que no incluye a Ted," me respondió.

¿Qué hay de Brian, al cual estoy discipulando personalmente?

"Brian está bien," me dijo. Y así seguí con una lista de veinte personas a las cuales quería solicitar individualmente.

Identifica a aquellos a quienes quieres solicitar y exímelos uno por uno. La política—diseñada para proteger la iglesia—no necesita dañar tu apoyo financiero.

10.   Prepara un currículum vitae.

Abajo hay un ejemplo del formato, en caso que la iglesia no te provea uno. También ten disponible una declaración doctrinal, folletos de la agencia (que no sea demasiado), una tarjeta de compromiso con su sobre, más tu presupuesto anual.

Esto es una introducción—no es tu presentación para solicitar apoyo financiero. Pero es posible que lo pidan de antemano.

Precaución: De ser posible, no le des al comité de misiones tu presupuesto de antemano. Debes explicarlo en persona. Hay miembros del comité sin experiencia que comparan tu presupuesto con otros presupuestos de misioneros (¡y a veces con sus propios salarios!), pero están comparando manzanas con naranjas. Es mejor explicarlo en persona.

BOSQUEJO DE CURRÍCULUM VITAE PARA UNA IGLESIA	
Página 1	Foto a Color (con la familia, si eres casado(a))
Página 2	Tu llamado al ministerio y tu testimonio espiritual
Página 3	Experiencia ministerial, educación y entrenamiento
Página 4	Descripción de meta ministerial y los problemas que tu ministerio pretende resolver. (Asegúrate de contar una historia sobre alguien del grupo que tú esperas alcanzar)
Página 5	Tu estrategia ministerial y los resultados esperados (literatura de la agencia misionera disponible)
Página 6	Explicación financiera y una solicitud (con tarjeta de compromiso y tu sobre)

11.   Pide una cantidad significativa.

Loa misioneros suelen pedir cantidades modestas a los individuos, pero como una iglesia es un conjunto de individuos, les piden del 10 al 50% de su presupuesto, dependiendo del tamaño de la iglesia y tu relación con ella. Considera a la iglesia como un potencial "donante clave".

La razón por la que sugiero hasta un 50% de tu presupuesto es que algunas iglesias, en ciertas situaciones, les gusta considerar a un misionero como suyo propio. Por lo tanto, ellos tal vez quieran asumir la mayoría de tu apoyo financiero. Lo cual puede significar que tengas que readecuar los acuerdos con tu agencia misionera también.

Yo animé a una joven misionera de corto plazo de Wisconsin a pedir $800 dólares al mes a la iglesia que la envió; 30% de su presupuesto.

Ella me dijo, "Ellos nunca dan más de $50 dólares y nunca afuera de la denominación". Pero estaba dispuesta a intentarlo porque era la iglesia donde había crecido.

El gran día llegó. Armada de valor, ella solicitó $800 dólares por mes. El comité de misiones estaba espantado. "Señorita", dijeron, "nunca hemos financiado gente afuera de nuestra denominación y nunca por esta cantidad".

Ella no se retrajo. Les recordó que esta era su iglesia hogar. "¿Estarían dispuestos a orar acerca de los $800 dólares al mes?" reiteró.

¡Katia eventualmente salió para Francia con $800 dólares de apoyo mensual, gentilmente dado por su iglesia hogar! Las políticas no están talladas en piedra. Piensa en grande.

A continuación, cómo realizar solicitudes escritas para recibir dinero en efectivo.

14
CÓMO ESCRIBIR PARA SOLICITAR EFECTIVO
Cartas y Correo Electrónico

LAS CARTAS PARA SOLICITAR ofrendas especiales tienen un lugar significativo en tu estrategia de financiamiento. Vamos a revisar el diagrama de la pirámide del capítulo 6, que tiene un bosquejo de los tres tipos de socios donantes. En este capítulo me estoy refiriendo principalmente a la parte baja de la pirámide—el grupo de donantes esporádicos o extraordinarios y los no donantes en tu lista de contactos.

¿Por qué son tan importantes estos dos grupos? Porque es difícil lograr tu presupuesto completo con donaciones mayores y donaciones mensuales solamente. Debes tener ofrendas especiales para alcanzar el 100%. Además, una carta con una solicitud de ofrenda especial a tus "no donantes" les da la oportunidad de un mayor involucramiento en el Reino a través de tu ministerio. También, algunos donantes—tal vez muchos—no darán mensualmente o cantidades mayores en su primera donación. Una vez que han dado su donación inicial, quizás suban de nivel en la pirámide.

Tu carta de solicitud pidiendo una ofrenda especial debe ser enviada a *todos* los niveles de la pirámide. Invita a tus principales donantes y los mensuales a dar una donación extra, pero enfoca tu solicitud a los "no donantes" o donantes esporádicos.

¿Qué tan a menudo debes mandar una carta solicitando una ofrenda especial? Una vez al año mínimo, especialmente a "no donantes". Pero adicionalmente, una solicitud de efectivo a mediados de año también puede ser enviada si tus lectores han escuchado noticias de ti desde tu última solicitud.

Antes de enviar tu carta de solicitud, acuérdate de estas precauciones:

- Las cartas para solicitar ofrendas especiales logran *poco o ningún* apoyo financiero mensual. El apoyo mensual se consigue mejor cara a cara.
- Escribe genuinamente. Di la verdad. No mendigues.
- Las respuestas a correos electrónicos son *significativamente* menores que las solicitudes por correo postal, pero la donación promedio es más alta.
- Aunque recomiendo que las cartas de noticias sean de una sola página, la carta impresa de un proyecto especial puede ser de dos o más paginas—toma todas las páginas necesarias para contar bien tu historia. Las cartas largas frecuentemente consiguen una mejor respuesta. Pero mantén tu carta enfocada en tu proyecto—esta no es una carta a tu madre.
- Las solicitudes por correo electrónico deben ser cortas y concisas—una pantalla.
- En ambas solicitudes, correo electrónico y cartas impresas, explica cómo los lectores pueden donar en línea.

Antes de pulsar "enviar" o "imprimir", usa esta lista de verificación para evaluar tu carta. Esta lista de revisión se aplica a solicitudes en forma de cartas impresas y correos electrónicos, excepto donde se especifica. Al final del capítulo hay una entrevista de cómo hacer solicitudes por correo electrónico más eficientes.

1. ¿Incluí una tarjeta de compromiso? (Copia impresa solamente.)

Si no incluyes una tarjeta de compromiso, menos lectores dirán que sí. Una tarjeta de compromiso le da al lector un instrumento para expresar su compromiso.

Un misionero me dijo, "Mis donantes están familiarizados con el sistema de recepción de donaciones de nuestra agencia misionera; ellos no necesitan un sistema de respuesta". ¡Ups! No confundas lealtad con conocimiento. Los mejores donantes te aman, pero ellos todavía necesitan un vehículo de respuesta en su mano. Ayúdales, proveyendo una manera fácil de responder.

Las tarjetas de compromiso cumplen otro propósito: Mientras tu tarjeta reposa sobre el escritorio del donante, entre sus papeles, cuentas pendientes y artículos que quiere leer, y probablemente nunca lo haga, es tu abogado silencioso recordándole de tomar una decisión de mayordomía. Hace siete días, cuando leyó tu carta, su intención era tomar una decisión, pero la puso a un lado. Ahora tu carta está fuera de vista y de la mente. Pero tu fiel tarjeta de compromiso muy pronto le recordará.

Para solicitudes por correo electrónico, no tienes un representante silencioso. Más bien, envía un breve recordatorio. ¡También puedes enviar un correo electrónico de seguimiento a tu carta impresa, reportando cuánto ha llegado hasta la fecha y animando a los lectores a no olvidar tu proyecto!

Escribe tu tarjeta de compromiso *antes* de escribir la carta, porque te obliga a responder a la pregunta "¿Qué acción quiero que tome el lector?" No estás pidiendo oración o reclutando gente para un viaje de verano. Tú quieres que tu lector haga una cosa—que dé una ofrenda especial, guiado por Dios, antes de la fecha límite.

Aquí hay unos elementos que cada tarjeta de compromiso debe tener—¿los tiene la tuya?

- Ofrece *solamente* opciones de dinero—no una casilla para apoyo de oración, solicitud de literatura o una invitación al campamento. Por ejemplo:
    - $\_\_\_$ Ofrenda Especial hoy $\_\_\_$ Compromiso Mensual

- Incluye un rango de ofrendas o montos que quieres que el lector considere—incluyendo una opción de "otro". Por ejemplo:
  - o ___ $500 ___ $250 ___ $100 ___ Otro: $_____ dólares
    - Pon claramente el nombre de tu proyecto y su propósito. Los lectores a menudo tiran a la basura la carta y solamente guardan la tarjeta. La tarjeta le recuerda a tu donante lo que su ofrenda logrará. Es la última cosa que verá antes de hacer la ofrenda.
    - Da instrucciones claras acerca de cómo ofrendar con cheque o transferencia en línea (ofrendas en línea). Vuelve a revisar direcciones, números del banco y números de la cuenta bancaria con exactitud.
- Da una fecha límite de cuándo necesitas tener el dinero en la mano—y la razón para la fecha límite. Una razón para una fecha límite aumenta la motivación. Por ejemplo: "Por favor manda tu ofrenda antes del 30 de agosto—este es el día que los estudiantes llegan a la universidad."
- Incluye un sobre de regreso con una carta impresa. No es necesario que tenga una estampilla. Probablemente tus contactos no dirían, "¡Vaya, no hay estampilla—no voy a dar!"
    - Incluye el nombre y logotipo de tu organización con la información oficial de contacto.
    - Incluye un lugar para la dirección del donante, teléfono, correo electrónico e información adicional para contactarlo.

2. ¿Se enfoca mi carta solamente en mi proyecto especial?

Tienes un solo tema—la solicitud en sí. Las noticias adicionales disipan la urgencia.

En comparación con las cartas de proyectos especiales de Los Navegantes, aquellos que agregaron una solicitud a una carta normal de noticias recibieron solamente 3,5% de respuesta. Aquellos que enviaron una solicitud sola—sin ninguna otra noticia— recibieron un 14% de respuestas.

¿Se ofenderán los lectores si solamente hablas de ofrendas? ¡Si escuchan de ti *solamente* cuando necesitas dinero, sí! Pero si escribes cuatro cartas al año más la carta de solicitud, entonces solamente una de cada cinco trata sobre dinero. Eso no es ofensivo (asumiendo que no insinúas acerca de dinero en tus cartas de noticias regulares).

Ve en este ejemplo por qué es tan importante enfocarse en un solo tema.

ENFOQUE DE PROYECTO ESPECIAL

El tener múltiples temas eclipsa el enfoque principal. Borra los primeros dos párrafos.

En los últimos diez meses que yo he trabajado en recaudación de fondos, Dios ha sido fiel. Mientras mi financiamiento entra lentamente, he disfrutado el terminar mi tesis, visitar familia, amigos y trabajando con los obreros de mi nuevo equipo ministerial.

Recientemente empecé a estudiar el Evangelio de Marcos con mi vecino, José. Estoy sorprendido de las preguntas que reflejan la percepción de José. Es un deleite ver que está empezando a entender el Evangelio.

¡Estoy escribiendo hoy porque necesito tu ayuda con un proyecto especial que impactará a estudiantes para Cristo—un fondo de becas para enviar a estudiantes a un entrenamiento en el área de vida santificada durante Semana Santa!

Empieza con este párrafo.

¡Aquí está el tema verdadero de la carta: dinero! Limita tu carta a este tema.

3. ¿Debo mencionar al principio de la carta por qué estoy escribiendo?

Un ingeniero de Illinois me dijo, "Con toda la correspondencia que recibo, si no veo el propósito en el primer o segundo párrafo, dejo de lado la carta."

¡Evita la tentación de "entrar en calor" con tus lectores! No le entres a tu solicitud de la misma manera que te deslizas al agua fría de una piscina. Diles de inmediato por qué estás escribiendo. Aquí hay un buen primer párrafo:

Querido Amigo,
¡Estoy escribiendo hoy para invitarte a ser un socio en nuestro segundo viaje misionero a uno de los lugares más necesitados del mundo—Perú! El 20 de marzo a las 10 a.m. abordaremos un vuelo a Lima para una misión de cuatro semanas. ¡Pero no debo ir solo! Requiero tu ayuda.

Este primer párrafo no pide una ofrenda; simplemente anuncia el propósito de la carta. No pierdas el tiempo del lector con un preámbulo largo. Si mezclas tu solicitud con otros temas para que los lectores no se sientan presionados, probablemente estás demasiado avergonzado para pedir.

4. ¿Declaré claramente la meta financiera?

Los lectores aprecian saber *cuánto necesitas*, *cuándo* lo necesitas y *por qué* lo necesitas. Ser ambiguo acerca del monto frustra a tus lectores y reduce las respuestas que recibes.

5. ¿Ofrecí a los lectores un rango de posibles ofrendas?

Los socios donantes potenciales no pueden leer tu mente. No saben si deben orar acerca de dar $5, $50, $500 o $5.000 dólares. A los donantes les gusta saber qué pueden hacer para ayudar. Y ellos aprecian saber *por qué* tú estás sugiriendo el monto o rango. Por ejemplo:

> Mientras consideras nuestro reto de $8.700 dólares, ¿orarías por una ofrenda de $75 o $150 dólares? Eso proveerá un paquete de discipulado para uno o dos estudiantes.
> Las ofrendas de $500, $1.000 o más también se necesitan. Mil dólares cubren la tarifa aérea y quinientos dólares patrocinan el costo de un obrero en el campamento de entrenamiento de discipulado.
> ¿Orarías por una de las cantidades? Por supuesto es tu decisión. Las ofrendas de cualquier tamaño serán tan gratamente recibidas como alegremente las dan—"Dios ama el dador alegre" (2 Corintios 9:7). Gracias de antemano por lo que el Señor te guíe a hacer.

No pongas tu rango demasiado bajo, porque la gente da lo que sugieres. Y ten una razón lógica por la cual sugieres el tamaño de la ofrenda. No escojas simplemente un número al azar. Un veterano misionero pidió a sus lectores considerar patrocinar uno o dos días de su viaje ministerial a África—$163,89 dólares por un día o $327.78 dólares por dos. Muchas ofrendas fueron exactamente por esos montos.

6. ¿Comuniqué la urgencia—una fecha límite?

Para comunicar urgencia, contesta estas dos preguntas:

- ¿Por qué necesito el dinero?
- ¿Por qué lo necesito ahora?

Estas dos preguntas te obligan a pensar y orar acerca de qué pedir. Tu solicitud será mucho más creíble y honrarán al Señor.

Si tus respuestas son confusas, tal vez no necesites el dinero. "Para pagar mis cuentas" no es una buena respuesta. Aquí hay una mejor respuesta: "Para poder lanzar un nuevo esfuerzo evangelístico desde el 26 de agosto—ese es el día en que los estudiantes regresan a clases en la universidad. Queremos estar listos para compartir de Cristo."

¿Puedes ver la urgencia—y la visión?

¿La fecha límite es demasiado agresiva? No. La mayoría de las personas son como el legendario líder de banda americana, Duke Ellington, quien dijo, "¡Si no fuera por las fechas tope, nene, yo no haría nada!"

Envía tus cartas seis o hasta ocho semanas antes de tu fecha límite. Un misionero quería enviar sus cartas en diciembre para un proyecto con fecha límite el siguiente junio—seis meses después. Demasiado lejos. A los lectores se les olvidará.

7. ¿Les dije a los lectores cómo hacer una ofrenda?

No asumas que los lectores saben cómo hacer una ofrenda—aunque reciban una tarjeta de compromiso para responder. Yo lo explico en la posdata porque una posdata normalmente la leen—*aún en correos electrónicos*. Por ejemplo, en una carta impresa:

P.D.: Para ofrendar, por favor llena la tarjeta de respuesta y regrésala con tu cheque, a nombre de Los Navegantes, antes del 10 de junio. Para ofrendar en línea, por favor ve a navigators.org y haz clic en "Find Staff." Gracias de antemano.

En solicitudes por correo electrónico, como no hay una tarjeta de compromiso para añadir detalles, debes ser especialmente claro en cuanto a cómo ofrendar.

8. ¿Les compartí una historia ministerial?

Cuando me piden revisar cartas de solicitud, encuentro que hasta los obreros veteranos frecuentemente omiten una historia motivadora sobre el ministerio. Requiere trabajo poder escribir una buena. Pero vale la pena. ¿Por qué?

El dar es tanto emocional como lo es intelectual. No es suficiente *explicar* tu proyecto a financiar. Debes tocar sus emociones. Cuenta una historia de tu conversación acerca de Dios con José durante tu estudio bíblico, tarde en la noche en los dormitorios de la universidad, con cajas de pizza tiradas por todos lados. O describe un encuentro evangelístico con el dueño de una pequeña empresa en el mercado de una aldea, en medio de muchos pollos colgando en los puestos de venta.

Las personas no dan para sacarte de apuros; dan para ayudarte a alcanzar a los estudiantes con pizza o a los aldeanos. El antiguo refrán es verdad: La gente da a gente.

Compara los dos ejemplos en el diagrama "Explicar vs. Ilustrar un Ministerio" en página 149. ¡Jesús contaba historias para estimular a los oyentes a la acción! En Mateo 13:11-15, Jesús dice, "Por eso les hablo por medio de parábolas; porque ellos miran" (DHH).

9. ¿Personalmente firmé cada carta? (Solamente para cartas impresas.)

¡Personalmente firma cada carta—*legible*! Si estás pidiendo su ayuda, por lo menos puedes firmar su carta.

En esta era de tecnología, una firma de puño y letra muestra atención personal—"¡Yo te valoro!" Usa tinta azul para que tu firma sea obvia. Vale la pena.

¿Legible? Sí. El famoso jugador de béisbol, Reggie Jackson, una vez vio a un novato garabatear apuradamente su firma en una pelota para un aficionado. Jackson lo reprendió, diciendo, "Firmar tu nombre de forma ilegible deshonra a tu familia. Firma con orgullo." Bien dicho.

¿Qué hay sobre añadir notas personales escritas a mano? ¡Sí! Escribe notitas especialmente a los lectores de quienes esperas que den su primera ofrenda. Haz tus comentarios de corazón.

10. ¿Pedí disculpas? ¡Espero que no!

Empezar pidiendo disculpas desvaloriza a tus lectores. Por ejemplo:

- "Hemos estado tan ocupados en el ministerio que no tenemos tiempo para escribir a cada uno de ustedes personalmente."
- "Probablemente estás inundado con solicitudes financieras durante esta época del año…"

EXPLICAR VS. ILUSTRAR UN MINISTERIO

EJEMPLO 1

Yo dirijo dos estudios bíblicos en la compañía de papel Dixon. Estoy comprometida con alcanzar mujeres en el lugar del trabajo. Estoy emocionada que estas mujeres profesionales serán efectivas en sus vidas alcanzando a otras con el evangelio.

Es mi deseo ser continuamente efectiva en alcanzar mujeres en el lugar del trabajo. Estoy muy emocionada de asistir al seminario "Alcanzando a la Empresaria de Hoy" el mes próximo.

Un emocionante e importante ministerio, pero el lector recibe una explicación en lugar de una ilustración.

EJEMPLO 2

Son las 11:30 a.m., martes. Termino de preparar mi almuerzo y me pongo la chaqueta para manejar 20 minutos a la Empresa de Papel Dixon, Inc. Cuando entro a la oficina escucho cinco teléfonos sonando y un cliente enojado porque su representante de ventas le mandó cajas de papel gris en vez de marfil. Cuatro mujeres profesionales, cansadas, pero sonriendo, entran al comedor y parloteamos unos 10 minutos.

"Estamos ya en la página 10," les recordé. Sus miradas se fueron a otro lado cuando pregunté, "¿Qué piensan, entonces, que significa aquí cuando Jesús dice, 'Soy la verdad'?"

Silencio. Luego Tricia rompe el silencio, "¿Cómo se sabe que Él tiene razón? Quiero decir que mi marido piensa que debe seguir sus instintos. Eso funciona para mi."

Para seguir alcanzando a mujeres como Tricia, necesito seguir aprendiendo constantemente. Por eso estoy muy emocionada de poder asistir al seminario "Alcanzando a la Mujer de Negocios de Hoy" el próximo mes.

La misma actividad ministerial como el ejemplo de la izquierda, pero ilustrado. Esto envuelve al lector y le ayuda a él o ella a visualizar lo que haces.

11.¿Añadí folletos extra? ¡No lo hagas!

Añadir literatura extra baja el promedio de respuestas. Las decisiones sobre ofrendas no están basadas en volúmenes de información, sino en una conexión emocional. En Éxodo 25:2 Dios dijo a Moisés que levantara una contribución "de todo varón que la diere de su voluntad, de corazón."

Para solicitudes por correo electrónico, evita inundar a tus lectores con buenos (pero innecesarios) adjuntos. Un adjunto acerca de tu organización está bien.

12.¿Me quejé?

¿Qué tanto te gustan las cartas estilo "¡Ay de mí!"? Enfatiza tu visión, no el mal estado de tu situación financiera.

En conclusión, seguir las reglas generales en este capítulo no te garantizará tu financiamiento. El ministerio del Reino no se logra con fórmulas. Las cartas mal escritas a veces logran excelentes resultados y cartas "bien escritas" a veces fracasan. Pero el seguir estas sugerencias hará tu carta más entendible y motivante. Tu proyecto debe tener las huellas de Dios sobre él.

Solicitudes por Correo Electrónico

Yo entrevisté a Dave Kassing, que tiene treinta años de experiencia como gerente de correo directo en el departamento de desarrollo de Los Navegantes, acerca de solicitudes por correo electrónico.

P: ¿Qué es lo que logra resultados en las solicitudes por correo electrónico?

R: En contraste a las cartas impresas, los correos electrónicos cortos son mejores—no un tratado de quinientas palabras. Piensa en tu solicitud como un mensaje de texto largo o un post de Twitter explicando un evento ministerial con una fecha cercana. Por ejemplo: "Nuestro retiro de otoño para los estudiantes de primer año en el Lago Winnebago será del 15 al 19 de septiembre. Ahora es tiempo de reponer nuestro fondo para estudiantes primerizos y dar becas de $50 dólares para el retiro de discipulado al máximo número posible de estudiantes de primer año".

P: ¿Qué promedio de respuesta podemos esperar?

R: ¡Un promedio mucho menor que el de solicitudes de cartas impresas—pero el costo es mucho más bajo también! En una solicitud reciente por correo electrónico a 57.000 contactos a nivel nacional, recibimos 114 donaciones por un total de $25.853 dólares—un promedio por donación de $227 dólares. Eso es más alto que la copia impresa, pero el promedio de respuesta de 0,2% de las 57.000 enviadas es 20 veces más bajo que la carta impresa. Sin embargo, los $25.853 dólares de donaciones no tuvieron ningún gasto de correo.

P: ¿Qué tan a menudo debe un misionero enviar una solicitud por correo electrónico?

R: No mandes una solicitud con cada envío masivo de correo electrónico—envía otras noticias, también, por lo menos cuatro o cinco veces entre solicitudes. Pero puedes ciertamente solicitar dos veces al año (o más) para proyectos especiales, como viajes. Si acabas de regresar de una reunión emocionante y han hablado de necesidad financiera, envía una solicitud de inmediato—mantenlo conciso y ayuda al lector a sentirse como si él o ella hubieran estado contigo en la reunión.

Ministerio a Tus Donantes

Si tu meta es simplemente "conseguir el dinero", puedes saltarte esta sección. ¡Pero por favor no lo hagas! Yo espero que escojas ministrar a tus socios donantes. En su excelente libro *La Solicitud de Dios*, mi colega Steve Shadrach describe la asociación entre Dios, tú (el solicitante) y el socio donante. Este diagrama está adaptado de su libro y siendo usado con su bendición.

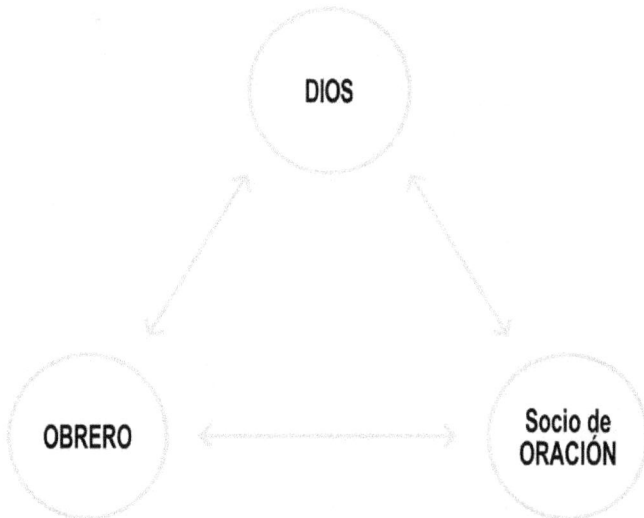

La recaudación de fondos secular deja a Dios afuera del escenario, pero nosotros como obreros no debemos. Los socios a fin de cuentas le están dando a Él. Esto implica que tu papel como solicitante es también de ministrar a tus socios donantes, procurando llevarlos cada vez más cerca de Aquel a quien realmente están dando. No estamos buscando meramente una transacción financiera, sino una transformación espiritual con aquellos a quienes Dios ha traído a nuestro mundo.

Pero desde el punto de vista pragmático, ¿por qué realizar todo el trabajo de traer socios donantes por la puerta principal de tu ministerio si salen corriendo por la puerta trasera al cabo de un año?

15

MINISTERIO A DONANTES

Acercando a tus Donantes hacia Ti y Hacia el Señor

ALGUNOS USAN EL TÉRMINO "mantenimiento del donante" para describir su relación con sus donantes, pero *mantenimiento* se refiere a cosas, no personas. Un gurú de computadoras *mantiene* una base de datos. Un representante del departamento de servicio mantiene la copiadora en la oficina. ¡Los socios donantes no son cajeros automáticos! Son seres humanos que luchan contra alergias de alimentos, seguridad laboral y entrenar a niños pequeños a ir al baño. Ellos necesitan apreciación, información y ánimo—no mantenimiento.

Los donantes "sienten" tus motivos. No ministramos a donantes solamente para que sigan donando. Nuestra meta es ayudarles a madurar en su relación con el Señor y su evangelismo a otros. Como Lorne Sanny el antiguo presidente de Los Navegantes solía retarnos, "Cada donante es un obrero." Ten en cuenta el diagrama en la introducción de esta sección—los donantes son parte del triángulo espiritual.

Aquí hay siete sugerencias para ayudarte a tener un fabuloso éxito en tu ministerio a los donantes.

1. Acepta tu ministerio a los donantes como parte de tu llamamiento.

Si has decidido recibir ofrendas de otros, entonces has decidido aceptar la responsabilidad de informar, animar y ministrar a aquellos que te apoyan. Es tan importante como tu otro trabajo ministerial. Deja de resentir el tiempo que requiere escribir a los donantes, mandar regalos de agradecimiento, y mantén tu lista de contactos al día. Ponlo en tu agenda.

En Filipenses 4:17 Pablo dice, "No es que busque dádivas, sino que busco *fruto* que abunde en vuestra cuenta" (énfasis añadido). Además de elogiar a los Filipenses por enviar apoyo financiero, Pablo estaba comprometido con la "ganancia" espiritual de sus socios donantes. ¿Puedes imaginarte a Pablo resentido por la necesidad de comunicarse con sus socios donantes?

2. El estar atento personalmente se gana los corazones.

En *How to Win Customers and Keep Them for Life* (*Cómo Ganar Clientes y Conservarlos de por Vida*), Michael LeBoeuf investigó por qué los clientes dejaban de comprar. Aquí están los resultados de su investigación:

- 3% se mudan a otra área.
- 5% desarrollan otras amistades.
- 9% salen por razones de competitividad.
- 14% no están satisfechos con el producto.
- 68% lo dejan por la actitud indiferente de la empresa hacia el cliente.[1]

Cierto, estas estadísticas son de negocios y no de agencias misioneras, pero siempre podemos aprender de ellas. Este extracto de una carta al vicepresidente de Los Navegantes reafirma los datos de LeBoeuf:

> Estimado Sr. Libby,
> Estoy escribiéndole para informarle que ya no seguiremos proveyendo apoyo financiero para [una familia misionera]. Me doy cuenta que [ellos] están ocupados en la extensión del Evangelio.
> [Pero] ocasionalmente sería agradable si—en lugar de otra carta genérica...pudiéramos recibir una nota o carta personal.

El autor de la carta había escrito a este misionero buscando consejo en un asunto personal, pero no hubo ninguna respuesta. Varios meses transcurrieron, pero solamente recibió una tarjeta postal genérica solicitando fondos. Él continua:

> Originalmente no iba a hacer más contribuciones...[Pero] al menos debo una explicación de mis acciones por cortesía.

Supongo que llegamos al punto que nos sentíamos que estaban tomándonos por sentado y nos ignoraron.

¿Qué salió mal aquí? ¿Por qué el misionero no respondía con una respuesta meditada a su pregunta personal—o mejor aún, una llamada? La *atención personal* hubiera resuelto el problema. El asesor gerencial Tom Peters resalta la necesidad de la atención personalizada después de devolver su plato a la cocina en un restaurante.

Yo había pedido el plato vegetariano, que resultó ser una masa de pasta blanda con una pelota de queso fundido desconocido encima...
La dueña rápidamente llegó a la mesa. Las primeras palabras que salieron de su boca fueron...acerca de dinero. Ella quitaría el platillo de la cuenta.
Está bien.
Pero...
El asunto no era el dinero...
Algo hacía falta.
Ese algo llegó espontáneamente cuando nuestra mesera llegó a la mesa. Ella dijo que había trabajado en otro restaurante que siempre experimentaba cada noche con su plato fuerte de comida vegetariana, y esto inició una conversación de cinco minutos acerca de la cocina vegetariana y cosas similares.
Lo que ella proveyó fue... *atención*. ¿Será la fuerza más poderosa en el universo? Tal vez. [2]

Tu carta de noticias genérica no debe ser la única comunicación con tus socios donantes. Acuérdate del diagrama. Los donantes son socios contigo y con Dios. La *Atención personal* debe ser parte de la relación.

3. Segmenta tu lista.

Algunos en tu lista de contactos no necesitan escuchar muy a menudo de ti. ¡Otros quieren leer el informe tuyo de cada día! No trates a todos por igual.

Esta gráfica muestra como yo segmento mi lista en tres grupos y qué tan a menudo me comunico con cada uno.

	En.	Feb.	Mar.	Abr.	May.	Jun.	Jul.	Ag.	Sep.	Oct.	Nov.	Dic.
General (3)	X				X			X				
Donante (3+4=7)			Y			Y				Y	Cal.*	
Guerrero de Oración (3+4+5=12)		+		+		+			+			+

Yo envío una copia impresa de mi carta de noticias tres veces al año. Todos reciben esta carta—donantes, no-donantes, familia, no-creyentes, extraños que conozco en mis viajes—todos. Esta carta está escrita para que extraños y no-creyentes entiendan—no está cargada con vocabulario cristiano. Si el servicio postal en tu país no es de confianza, por supuesto, deberás comunicarte electrónicamente. Pero de forma impresa deja una impresión más profunda que el correo electrónico.

Características de una carta general de noticias (X)

- Una página, por un lado, un solo tema.
- Foto con una frase leyenda.
- Cada carta personalmente firmada con tinta azul.

Cuando escribo una carta de noticias, escribo a una persona. Visualizo a mi tía Felicia en su finca en el norte de Minnesota—una maravillosa mujer cristiana y muy pragmática. Solamente necesitas verla decapitar y quitar las entrañas de un pollo para entender que no es pretenciosa.

Escribiendo con mi tía Felicia en mente me obliga a usar palabras sencillas en lugar de jerga ministerial. Además, ella tiene trabajos que cumplir en la finca y no tiene tiempo para navegar por un tomo voluminoso escrito por mí.

Los donantes de mi lista reciben dos o tres cartas (marca en la gráfica con un X) aparte de las cartas generales de noticias.

Características de cartas solamente para donantes (Y)

- Mas íntimas que las cartas generales.
- Comparto retos personales de mi ministerio—más vulnerable.
- Peticiones de oración más íntimas. Los donantes generalmente quieren saber más que los no-donantes.
- Firmado personalmente con tinta azul.

Características del grupo de guerreros de oración por correo electrónico (+)

- Piden recibir correos electrónicos con noticias de oración e informes de viajes.
- No programado, pero enviado cuando siento una necesidad especial de apoyo en oración o para dar un informe.
- Una sola pantalla, sin adjuntos.

Algunos lectores podrían escuchar de mí diez o doce veces al año (tres generales + tres para donantes + cinco correos electrónicos pidiendo oración).

Nota el "Cal*" en el gráfico. Envío a todos los donantes de los últimos veinticuatro meses un calendario de apreciación en el "Día de Acción de Gracias" en noviembre. Incluyo una breve nota de agradecimiento, expresando mi gratitud por su apoyo, aunque sola haya donado una vez. Aunque la carta sea genérica, escribo notas personales en muchas de ellas.

Hasta ahora, este segmentado es bastante ordenado, pero hay un elemento más que es desordenado. Se llama "Cuando pienso en ti".

- Mantengo cierta cantidad de tarjetas de agradecimiento a la mano. Si pienso en alguien durante el día (frecuentemente en mi tiempo de oración), simplemente escribo, "Estaba pensando en ti hoy." Añado dos breves noticias y... listo.
- A veces envío las notas "cuando pienso en ti" por correo electrónico.
- Aleatoriamente llamo a los donantes para agradecerles. Usualmente dejo un mensaje de voz.
- Mando mensajes de textos a dos o tres donantes mientras estoy esperando un avión o antes de compartir en una reunión.
- Respondo a *cada* carta personal que recibo de un amigo de mi lista de contactos.

¿Qué hay de la comunicación electrónica? ¡Sí! Usa correo electrónico y redes sociales en el ministerio a donantes. Pero haz caso a este consejo de Judith Martin, la periodista y columnista de EE. UU., la "Srta. Modales":

"Mucha gente erróneamente piensa que la nueva tecnología elimina la antigua."
...La gente está encantada con cartas escritas a mano, ella dice, precisamente porque son más excepcionales. "A un correo electrónico solo le echas un vistazo," dice Martin. "Pero prestas más atención a una carta real."[3]

Estoy de acuerdo. Hoy mismo recibí una tarjeta de agradecimiento de un misionero, escrita a mano. ¡Donaré de nuevo! Las investigaciones muestran ahora que la gente en sus veintenas y treintenas están regresando al formato impreso. Un estudio en 2012, publicado en el *Guardián,* dio a la mitad de los participantes una historia en papel y a la otra mitad la misma historia en pantalla. ¿El resultado? Los lectores de la historia en pantalla sintieron que podían sumergirse en la historia y por lo tanto no podían identificarse con ella a nivel emocional. Aquellos que leyeron la historia en papel fueron mucho más capaces de poner los detalles de la historia en orden cronológico.[4]

4. Di "gracias" frecuente, rápida y creativamente.

Aprendí a decir, "Gracias" de mi madre. Cuando visitábamos a los vecinos, si nosotros, los niños, no dábamos las gracias a nuestra anfitriona, nos devolvían para decir, "Gracias por la deliciosa cena, Sra. Martínez."

Pero hoy, Alma y yo nos dimos cuenta que normalmente no recibimos una tarjeta de agradecimiento muy rápido de los misioneros a quienes enviamos una primera donación. No es que exigimos que se nos agradezca (damos al Señor), pero sería muy bueno escuchar si recibieron el regalo.

Conoces la historia de los diez leprosos (Lucas 17:12-17). Un leproso, cuando se dio cuenta que estaba limpio, regresó donde Jesús para glorificar a Dios como signo de agradecimiento. Jesús preguntó, "¿No son diez los que fueron limpiados? Y los nueve, ¿dónde están?"

No puedes fingir la gratitud. O aprecias a tus donantes o no. Si no los aprecias, debes arrepentirte. ¿Será demasiado fuerte la palabra *arrepentirse*? No lo creo. La ingratitud es un pecado muy serio.

Hebreos 12:28 dice, "Así que, recibiendo nosotros un reino inconmovible, tengamos gratitud, y mediante ella sirvamos a Dios, agradándole con temor y reverencia". La gratitud es la única respuesta posible al Dios que ha hecho tanto por nosotros.

¿Por qué los misioneros no muestran más agradecimiento? Aquí hay algunas posibilidades:

- *Una mentalidad de que "ellos nos deben"*. Algunos misioneros piensan que se les debe el apoyo financiero porque escogieron entrar al ministerio a "tiempo completo" (¡Un término desafortunado!).
- *No estudiar los informes financieros de los donantes.* ¿Echas un vistazo o estudias tus informes de donaciones? Al final de cada mes, programo una comida en McDonald's con el informe de donaciones impreso. Pluma en mano, marco los nombres de los nuevos donantes, los que han empezado de nuevo, los que han aumentado de $25 a $30 dólares y aquellos que no han donado en dos meses consecutivos. ¿Qué pobreza de valores hace que los misioneros revisen los informes de donaciones descuidadamente?
- *Ninguna capacidad administrativa.* Sin la ayuda de un oficinista, los misioneros pueden estar tan abrumados que no se pueden comunicar con los donantes, aunque tengan buenas intenciones.

Aquí hay un deber en cuanto a la atención personal para cada obrero: Cuando recibas la primera ofrenda de un donante, llama o envía un mensaje de texto a esta persona *dentro de las primeras cuarenta y ocho* horas para darles las gracias. Demuestra a tu nuevo donante que estás emocionado de tenerlo en tu equipo de apoyo. Pero de veras estás emocionado, ¿cierto?

Además, tengo en mi computadora una carta de agradecimiento para el "nuevo socio", lista para enviar. Inserto el nombre del donante y la cantidad, la imprimo y la envío en cuestión de cuarenta y ocho horas. Incluyo un útil folleto sobre la oración y lo firmo en la primera página. Esta carta sale a cualquier donante después de su primera donación, sea esta mensual o extraordinaria.

El reconocimiento *inmediato* respalda un buen trabajo. Jesús reconocía de inmediato a aquellos que se arriesgaron con El—como la mujer pecadora que limpió sus pies con sus lágrimas (Lucas 7:47) o el centurión Romano con un sirviente enfermo, al cual Jesús sanó. Él dijo, "Os digo que ni aun en Israel he hallado tanta fe" (Lucas 7:9).

RECORD DEL DONANTE/PÁGINA DE ORACIÓN

Nombre del Donante _____

Dirección _____

Ciudad _____ Estado/Provincia _____ Código Postal _____

Teléfono _____ Celular _____

Email _____

Historia Personal

_____
_____
_____

Testimonio/Trasfondo Espiritual

_____
_____

Trabajo de Él/Trabajo de Ella

_____
_____

Notas

_____
_____

Record de Oración

_____
_____
_____

Record Financiero

Año	Compromiso	Ene.	Feb.	Marzo	Abril	Mayo	Junio	Julio	Ago.	Sep.	Oct.	Nov.	Dic.	Total

Record de Comunicación

Visitas _____

Donaciones _____

Llamadas telefónicas _____

Otros _____

Nosotros de inmediato afirmamos a nuestros hijos. ¿Por qué no nuestros socios donantes?

5. Mantén registros exactos.

Con el fin de dar atención personal, debes estudiar tus informes de donaciones bien. Fíjate en cambios de direcciones, aumento en apoyo y gente que deja de apoyar. Puedes aprender mucho acerca de tus donantes estudiando sus patrones de donación—especialmente durante doce a veinticuatro meses.

Cuando descubro que un donante no ha faltado ni un mes todo el año (doce por doce), a veces mando una nota a esta persona, que he notado su fidelidad—"¡Bien hecho!"

El registro de oración del donante en página 162 está diseñado para ayudarte a iniciar tu propio registro. Hazlo electrónicamente y personalízalo a tu situación.

Como en tus finanzas personales, también en el registro de tus donantes: "Sé diligente en conocer el estado de tus ovejas, y mira con cuidado por tus rebaños" (Proverbios 27:23). Aparta tiempo para estudiar a tus socios (¡aunque no necesariamente en McDonald's!).

6. Escribe bien.

La mayoría de la comunicación entre tú y tus socios donantes será escrita en vez de verbal. Esto significa que debes escribir bien. Tristemente, muchos misioneros piensan que la buena redacción es opcional. Error.

¡Pero anímate—no necesitas escribir como Ernest Hemingway! Te sorprenderás de lo rápido que puedes mejorar tu redacción. (Sigue las sugerencias sencillas en capítulo 16.)

. . .

Para concluir, ¿por qué los donantes dejan de dar? Unos años atrás, Bruce Swezey estudiaba a donantes de misioneros como parte de sus estudios de posgrado. El preguntó, "¿Por qué los donantes dejan de apoyar a misioneros de Los Navegantes?" Aquí están sus resultados: 19%—¡uno de cada cinco! —paran porque no recibían suficientes noticias. Si tú tienes sesenta donantes y no te comunicas fielmente, doce dejarán de apoyarte.

Treinta y tres por ciento de donantes estaban "satisfechos" pero dejaron de apoyar a un Navegante para apoyar "otra

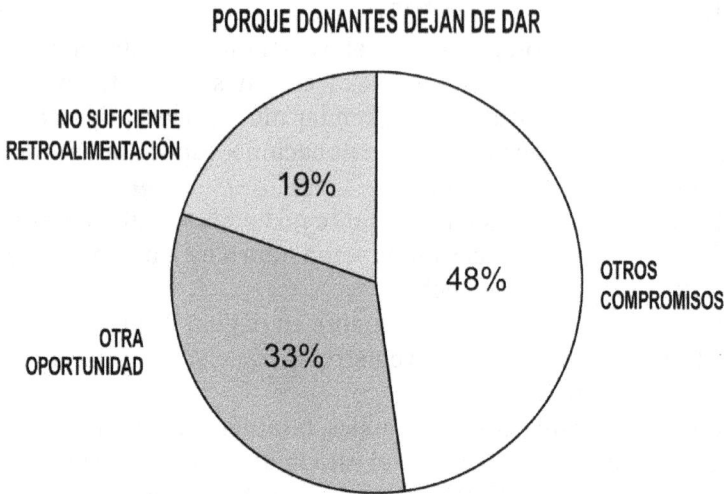

PORQUE DONANTES DEJAN DE DAR

NO SUFICIENTE RETROALIMENTACIÓN
19%

48% OTROS COMPROMISOS

OTRA OPORTUNIDAD
33%

oportunidad". ¿Hay algo que se pueda hacer al respecto? ¡Sí! Piénsalo—estos donantes no están suficientemente identificados con tu ministerio, como para decir no a otra oportunidad de dar. ¡Están vinculados a ti débilmente! Cuando una oportunidad más atractiva de dar les llega, ellos dejan de apoyar al instante.

Estoy agradecido por el asesor Dwight Maltby, por el diagrama tan útil en página 165. Pon atención donde los obreros pierden la pelota: no diciendo a sus socios que ellos estaban haciendo una diferencia—¡ministerio al donante!

7. ¡Escucha!

Tal vez no necesito recordarte de la importancia de *escuchar* a tus socios donantes como parte de tu ministerio—si tu estás en el ministerio del evangelio, probablemente seas un buen oyente. Yo titubeo para decir esto, pero encuentro que entre más tiempo la gente sirve en el ministerio y más alta sea su responsabilidad (liderazgo), mayor tendencia hay de hablar en lugar de escuchar—¡tiene tanto que decir! ¡Me incluyo en esto!

Cuando estás con tus socios donantes, diles acerca de tu ministerio tan emocionante, pero también deja bastante tiempo para

HISTORIA DE LA VIDA DE LOS DONANTES

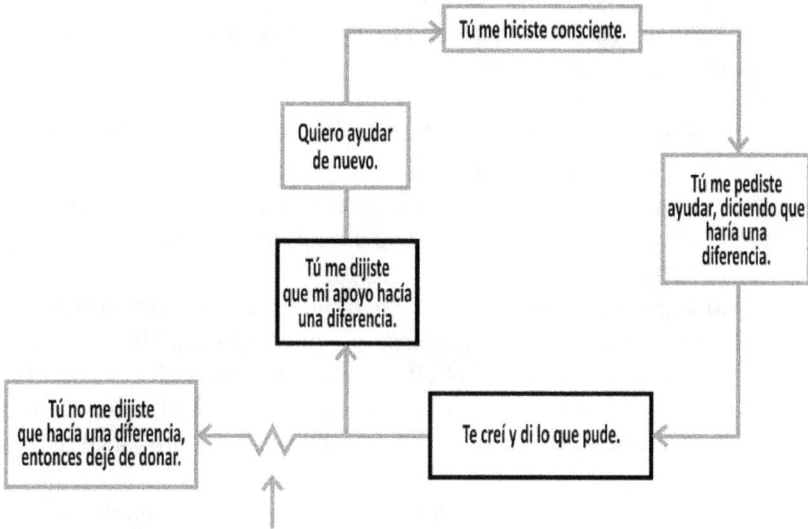

Aquí es donde los misioneros dejan caer la pelota.

oír de ellos. Una amiga me dijo de un obrero que ella apoyaba, que vino a visitarla a su casa y pasar la noche (¡buena idea!), pero no les hizo ninguna pregunta ni a ella y ni a su marido acerca de ellos, su familia, sus luchas o su caminar con Cristo. "Él solamente habló de sus cosas," dijo ella tristemente.

¡Podemos hacerlo mejor que eso! ¡Aquí hay unas cuantas preguntas que tus socios donantes esperan que hagas—aunque ellos quizá no tengan maravillosas respuestas!

- Cuéntenme sobre sus carreras—¿Qué es lo que les gusta de lo que hacen?
- En los próximos diez años, ¿qué tienen proyectado? ¿Nuevos empleos? ¿Mudarse a Florida?
- ¿Qué está pasando en tu iglesia? ¿Qué es lo que te gusta de tu iglesia? ¿Estás involucrado en el ministerio allí?
- ¿Estás involucrado en estudios bíblicos con tus vecinos o con no creyentes?

- ¿Qué está pasando en tu caminar con Dios? ¿Qué te está diciendo Dios? ¿Has recibido alguna noticia del cielo en estos días?
- ¿Habrá alguna lucha que estés enfrentando en estos días? ¿Qué asuntos o decisiones están en tu mente?
- Al pensar yo en ustedes en las próximas semanas, ¿cómo puedo orar por ustedes?

No tienes que dar profundos consejos a tus socios donantes—solamente escuchar sin juzgar. Es más importante que estés *interesado* a que seas *interesante*. ¡Entre menos hables de ti mismo, más brillante y conversador te considerarán tus socios donantes y querrán que regreses por más!

Tal vez los donantes de hoy sean demasiado inconstantes o demasiado exigentes, pero el quejarse no los cambiará. Mejor ayúdales a convencerse de que son socios vitales para el avance del evangelio. Toma en serio el ministerio a los donantes. Considera el famoso refrán: "La gente se olvida de tu nombre y lo que haces, pero nunca se olvida de cómo los hiciste sentir."

En el siguiente capítulo veremos el ministerio a los donantes a través de cartas de noticias.

16
ESCRIBIR CARTAS QUE A LA GENTE LE ENCANTE LEER

¿CUÁL ES LA QUEJA número uno de las cartas de noticias de misioneros? *¡Son demasiado largas!* Ellos divagan de tema en tema como un abejorro flotando tranquilamente de flor en flor. Los socios donantes alrededor del mundo me piden que te diga una cosa, "¡Escribe cartas cortas!"

Esta es una tendencia peligrosa que no ayuda: los obreros están no escribiendo cartas de noticias, sino volantes o folletos, más aptos para la pizarra de anuncios de la iglesia. Sus folletos tienen estas características:

- No hay saludo—no dice: "Estimada María".
- Gráficamente "recargado". Demasiado que ver.
- Formato de columnas como periódico.
- Sin fecha específica.
- No termina con una firma.
- No hay un tema central sobre el cual se enfoca.

Estos folletos rebozan con información, pero falta la conexión emocional. ¿Quieres que tus lectores se identifiquen contigo? *Escribe una carta*, no un folleto o volante. Sigue estos consejos.

1. Un tema, una página o una pantalla.
Limita tu carta a un tema en lugar de describir siete cosas que has hecho desde la última carta. Una carta misionera de noticias no es un compendio de tus actividades.

Aunque tus donantes te aprecien, la mayoría no va a querer navegar a través de una carta larga, sea impresa o en el monitor de tu computadora. Y la mayoría no abre adjuntos.

Si no puedes eliminar nada en tu carta, manda cartas más cortas y más a menudo para que no tengas que meter siete temas juntos en volúmenes de cinco pantallas en letra pequeña.

¿Qué hay de noticias familiares? Incluye un párrafo corto o en un P.D. Algunos lectores cercanos a ti quieren conocer cada detalle de la escuela de tus hijos y Héctor el gato. Al resto de tus donantes les importa tu vida personal, pero oran y donan para tu ministerio.

Alvera Mickelsen en "*Cómo escribir Cartas Misioneras*", dice, "Decide la razón de tu carta antes de empezar a escribir. Una carta enfocada en una sola idea o incidente tiene más fuerza."[1] La excepción a esta regla es una carta solicitando fondos para un proyecto especial. Toma las páginas impresas necesarias para contar tu historia.

2. Incluye una foto (o dos) con leyendas.

¡Si una foto vale mil palabras, pon una foto en cada carta! Muchos lectores le dan una ojeada a tus palabras, pero las buenas fotos con leyendas llaman su atención.

¿Qué tan importante son las leyendas? Pon atención a tus propios hábitos. Cuando lees un periódico o carta de noticias (también una carta electrónica de noticias), tus ojos van primero a los titulares y las fotos. ¡Y cuando te fijas en las fotos lees las leyendas! Es la naturaleza humana.

¿Cuáles fotos debes utilizar? Hazte cuatro preguntas:

- ¿La foto cuenta una historia?
- ¿Hay un contraste en los colores o están borrosos?
- ¿Estás en la foto? Los lectores quieren verte en acción.
- ¿Puedes ver una cara de cerca (no las cabezas por detrás)? Las caras comunican emociones. Los publicistas le sacan provecho a este principio.

Escribe una leyenda con información para cada foto. No solamente decir, "Beto y yo". Si los lectores solamente leen las leyendas deben captar el sentido de la carta.

3. Deja mucho espacio en blanco.

Una carta de noticias saturada con palabras de extremo a extremo le está advirtiendo al lector: "¡Eso va a ser difícil de leer!" Deja márgenes de por lo menos 2.5 cm (mejor es de 3.5 cm). ¿Debes eliminar palabras para ampliar los márgenes? ¡Sí! Toma nota de la apariencia limpia de la carta abajo.

THE NAVIGATORS®

13 de marzo de 2012

Queridos Amigos,

Holanda, Zambia, Egipto y las Filipinas-cuatro países que visitaré esta primavera. Empiezo el viernes 16 de marzo a las 11:50 a.m., cuando subo a un avión para Ámsterdam. Aquí está la lista de peticiones de oración. Espero que estarán pensando en mí y los misioneros de Los Navegantes, a los cuales estaré enseñando.

Holanda—6 al 23 de marzo. Reunión con tres grupos; un privilegio especial poder compartir con los pastores y líderes de la Alianza Evangélica de Holanda. El ministerio en las universidades de Holanda está floreciente, pero solamente opera un día por semana en el campus de la universidad por falta de finanzas.

Zambia—23 al 30 de marzo. Nuevo país. Noel Owuor (mi socio de Kenia) y yo hablaremos a los obreros y apoyadores de Los Navegantes. Una de mis conferencias es "¡Cuatro Palabras que Debes Conocer Bien!".

Egipto—18 al 24 de abril. Confidencial. ¡Oren que yo no salga en la TV en las noticias! Ojalá pudiera decir más. ¡Esto es enorme!

Filipinas—1 al 8 de mayo. ¡Los Navegantes en las Filipinas han hecho un estupendo inicio después de mi entrenamiento el pasado octubre, pero después las devastadoras inundaciones llegaron! Muchos amigos del ministerio de los Navegantes perdieron sus hogares y algunos de sus familiares fallecieron. El obrero de Los Navegantes, Ed Amper, todavía no puede regresar a su hogar y está viviendo con su hermano. Más noticias cuando regreso.

Por los siguientes 53 días por favor acuérdense de mí en sus oraciones. Gracias. Mi versículo clave es Juan 15:16—
"para que VAYÁIS y llevéis fruto".

Un receso del entrenamiento en Filipinas el pasado octubre, jugando baloncesto. "¡El espíritu está dispuesto, pero la carne es más lenta que antes!"

Scott y Alma Morton

¿Scottmorton.net—has visto mi página web? ¿Ya me diste tu correo electrónico? Scott.morton@navigators.org

¡Es fácil escatimar en los márgenes cuando tienes una millonada de diferentes tipografías, bordes e íconos de donde escoger—quieres usarlos todos! Sin embargo, debes seguir las reglas básicas de diseño gráfico como estas clásicas:

- Usa el espacio en blanco ampliamente.

- Limita tus tipografías a dos o tres. Demasiadas tipografías comunican inestabilidad.
- Usa tipo de letra "serif" en el cuerpo del texto. El ojo humano, leyendo español, más fácilmente capta tipografías "serif" (como Times New Roman) que "sans serif" (como Arial). Sans serif está bien para el título.
- Usa el margen derecho sin alineado. Estás escribiendo una carta—no publicando un periódico.
- Muestra destacadamente el logo oficial de la organización. No lo alteres o podrías desacreditar la credibilidad de la organización y la tuya.

4. Encuentra un inicio interesante—una apertura que cautive.

Si escribieras a tu mama, puedes divagar acerca de cómo pasó el verano tan rápido, tus vecinos que te fastidian y el problema con el maestro del quinto grado de Robertito. Más bien empieza tu carta con una historia interesante, una pregunta o una conversación. También, evita iniciar pidiendo disculpas: "Ha pasado mucho tiempo desde la última vez que escribimos, pero hemos estado muy ocupados".

Compara las tres frases de aperturas abajo. ¿Cuál de las tres te llama la atención?

1. Mucho ha ocurrido desde nuestra última carta. Seguimos percibiendo la obra alentadora y protectora del Espíritu Santo en nuestras vidas.
2. Por favor disculpa el aspecto impersonal de esta carta, pero quería comunicar la dirección nueva lo más pronto posible y dar una breve actualización.
3. "¡Ahora sé que tengo una relación con Dios!" Dagmar dijo espontáneamente, el pasado viernes después de nuestro "Estudio Bíblico con pizza" en el dormitorio universitario. Me sorprendió porque ella...

Captura un evento ministerial como el anuncio de Dagmar en la primera oración de tus cartas. ¡No hay tal cosa como un tema aburrido, pero sí *hay* escritores aburridos!

5. Usa el poder de una historia.

Quizá no te acuerdes del punto principal del sermón de la semana pasada, pero usualmente recuerdas la historia que contó el pastor. Aquellos que escribieron las palabras de Jesús recordaban Sus historias—las parábolas.

Las historias llevan el ADN de tu visión y lo convierten en transmisible. Sin historias tus cartas de noticias se disipan como un globo de helio de un niño en una feria. Pero las historias bien contadas se graban en la memoria.

¿Qué hace que una historia sea emocionante? Una amenaza, la posibilidad de un desastre, un león rugiendo a la distancia. El cuento de niños *Ricitos de Oro y los Tres Osos* es un buen ejemplo. ¡Ricitos de Oro ha entrado al hogar de los osos—pero sabemos que los osos regresarán! ¡Ya vienen los problemas!

Una carta de noticias típica dice esto: "Beto tuvo un trasfondo difícil, pero después de asistir a nuestro estudio bíblico el confió en Cristo". Esta historia tiene potencial, pero no hay león rugiendo a la distancia. Dilo mejor de esta manera:

> Beto se perdió la mayoría de nuestros estudios bíblicos, pero cuando sí asistió brotó su ira acerca del problema de alcohol de su padre. Como su padre asistía a la iglesia, enojado nos dijo que los cristianos eran hipócritas.
>
> El pasado lunes, mientras terminábamos el estudio y comíamos una pizza barata de pepperoni, Beto entró abruptamente y se me quedó mirando. Silencio. *¿Me irá a dirigir algunas palabrotas a mí?* Estaba preocupado.
>
> Recostado sobre el marco de la puerta, el suspiró. "Acabo de colgar del teléfono con mi papa. Tengo miedo que estoy siendo más como él. Lo que dices de Jesús tiene sentido..."

En la segunda versión Beto tiene personalidad. Sentimos la tensión. Un león ruge a la distancia. La esencia de la historia se guarda hasta al final.

Directrices de la narración
1. Brevemente describe el trasfondo con ilustraciones. ¿Qué tipo de pizza? ¿Qué fue lo que oliste, sentiste y escuchaste?
2. Describe una amenaza; crea el drama. "Roberto entró abruptamente y se me quedó mirando".

3. Describe tus propias emociones. *¿Me irá a dirigir algunas palabrotas a mí?*
4. No es necesario que la historia tenga éxito. ¿Roberto ha llegado a los pies de Cristo? Su futuro inseguro impulsa a los lectores a la oración.
5. No reveles el final prematuramente.
6. Consigue permiso de los personajes en tus historias o disfraza los nombres y lugares.
7. Cuando la historia termina, sigue adelante. Ten cuidado de moralizar. Deja que la historia lo haga por ti.

¡Es difícil *explicar* tu ministerio, pero lo puedes *ilustrar*!

6. Elimina palabras innecesarias.

Una buena redacción es concisa. Como ha sido ampliamente reportado, el Padre Nuestro tiene cincuenta y seis palabras, el discurso de Gettysburg de Abraham Lincoln tiene doscientas setenta y dos, los Diez Mandamientos tienen doscientas noventa y siete, La Declaración de Independencia de Estados Unidos tiene más o menos mil trescientas; pero una orden del gobierno para fijar el precio del repollo tiene veintiséis mil novecientas once palabras.[2]

Nosotros disfrutamos de los oradores y escritores que *recortan y recortan*. Toma nota como el recorte le da un impulso a la acción en estos ejemplos.

- "Durante el viaje de licencia ha sido muy refrescante para nosotros tener una serie de visitas y contacto con aquellos a quienes ministramos en el pasado." (Veintiséis palabras)
- *Visitar a los amigos a quienes ministramos en el pasado fue refrescante durante la licencia.* (quince palabras)
- "En nuestra sala había un gran número de estudiantes apretujados durante nuestro primer estudio bíblico, el cual realizamos todos los viernes. (Veintidós palabras)
- *Treinta y ocho estudiantes llenaron nuestra sala en nuestro primer estudio la noche del viernes.* (Quince palabras)
- "Fue como la expresión que acabo de leer en el libro de Tozer *El Conocimiento del Dios Santo*, donde él dijo..." (Veintiún palabras)
- *Como dijo Tozer* en *El Conocimiento del Dios Santo*...(Nueve palabras)

Thomas Jefferson, autor de la Declaración de Independencia, decía "el más valioso de todos los talentos es el de nunca usar dos palabras cuando una basta."[3] Y George Orwell, en su ensayo "La Política y la Lengua Inglesa," aconsejó, "Si es posible eliminar una palabra, siempre elimínala."[4]

7. Usa verbos de acción. Evita los verbos ser y estar.

Los verbos ser y estar (*es, era, soy, estamos*) atrofian tu escritura. Reemplázalas con verbos fuertes de acción. Por ejemplo:

- *Eran* catorce estudiantes en el estudio bíblico la semana pasada y *estaban* comiendo pizza y una *había* una discusión sobre relaciones entre hombre y mujer.

  Reescribir así: Catorce estudiantes *colmaron* el estudio bíblico *devorando* tres pizzas de pepperoni mientras *debatían* la perspectiva bíblica sobre relaciones entre hombre y mujer.
- *Estuvimos* organizando nuestra primera merienda evangelística para empresarios el mes pasado.

  Reescribir así: *Lanzamos* una merienda evangelística para empresarios el mes pasado.

Toma nota de los verbos de acción: *colmaron, devorando, debatían y lanzamos*. Pon atención a los verbos de acción esta semana e inyéctalos (¡buen verbo!) en tus escritos.

8. Evita jerga y lenguaje muy coloquial.

David McCasland exhibe el problema de la jerga en este ejemplo de una revista australiana:

Rodney Hogg, jugador de boliche temperamental, aplastó sus troncos después de recibir la corrida en la primera prueba de Australia contra Paquistán en el MCG. Hogg fue puesto a correr por Javed Miandad cuando estaba fuera de su doblez para planchar el mimbre después de un juego defensivo sin pelota.[5]

¡El juego curioso de criquet! Nos preocupamos por el pobre Rodney aplastando sus troncos. ¡El béisbol americano es igual! "Él muñequeó a un liguero de Tejas al centro". Pero el cristianismo tiene su propia jerga, como la siguiente:

- "Tenemos nuestra *koinonía* en Biblia Abierta".
- "Estoy en *promoción* con la misión *Fronteras* en la *Ventana 10/40*".

Para descubrir tu propio lenguaje coloquial pide alguien que no es parte de tu ministerio que revise tus cartas.

9. Evita las generalidades. Sé específico.

Las generalidades son el refugio de una mente perezosa. Aquí hay palabras que claman por más detalle:

- "Recientemente". ¿Cuándo exactamente? ¿Hace tres días, siete semanas, en 1954?
- "Mucho ha pasado". ¿Qué exactamente?
- "Pocos/muchos/varios/algunos". ¿Cuántos? ¡Dame un número!
- "Tuve un maravilloso tiempo". ¿Qué lo hizo maravilloso?

Para convertir generalidades en algo específico pregunta, "¿Cuántos? ¿Qué tipo? ¿Por ejemplo?" Estas preguntas te obligan a llegar al fondo del asunto en vez de deambular entre generalidades insignificantes. Si tu recopilación de datos es débil, tu escrito es débil.

10. Usa una fecha específica.

Tu carta de noticia no es un folleto o un volante en el pizarrón. Dale una fecha específica, como "el 15 de septiembre"—no "septiembre" u "otoño".

Siempre me preguntan: "¿Qué pasa si no logro enviar la carta para el 15 de septiembre? ¡Al poner "septiembre" me da treinta días de gracia!"

¿Con esta lógica, entonces, por qué no decir "otoño"? De esa manera te da noventa días. ¿O "2018"? Entonces tienes todo un año. Una fecha específica le da cierta urgencia.

11. Evita los sermoncitos.

Si no tienes noticias del ministerio es una tentación escribir pequeños sermones. Los sermoncitos caen mal con los lectores. Pero una lección personal relacionada con el ministerio puede tocar profundamente al lector. Por ejemplo, si Dios te está enseñando acerca de la desilusión en el ministerio, sé vulnerable—¿Qué provocó tu desilusión? Incluye un versículo de las Escrituras que Dios usó en tu vida.

Si tienes un ardiente mensaje de Dios, incluye una página extra o un adjunto. Tal vez algo como: "Dios está enseñándome acerca de la humildad a través de los tiempos difíciles con el evangelismo en la aldea y en mi lectura de Hechos. Estoy incluyendo un bosquejo de Hechos 4 al 9 con mis observaciones. Espero que te hable a ti también".

Las palabras "tú debes" o "tienes que" son banderines rojos sugiriendo que has empezado a predicar.

12.   No insinúes acerca de dinero.

Diles gracias, pero nada más acerca de dinero. Un P. D. diciendo "Por favor ora por nuestras finanzas" es una solicitud oculta. Si quieres oración por tus finanzas, busca a tres o cuatro guerreros de oración en privado.

13.   Incluye tu apellido y tu información de contacto.

Conozco a varios con el nombre David, así que siempre incluye tu apellido e información de contacto tuyo, de tu agencia misionera y dónde pueden enviar donaciones y ofrendas.

. . .

En conclusión: ¿Crees que vale la pena el esfuerzo de comunicarnos bien por escrito?

Aunque tus lectores tal vez nunca te feliciten por recortar palabras no pertinentes, estarán agradecidos que no tienen que re-dedicar sus vidas a Cristo para navegar por tus cartas de noticias. Como el autor americano Mark Twain dijo, "Si el escritor no suda, el lector tendrá que sudar."

¿Por qué comunicarnos bien? ¡La Trinidad! Dios es un excelente comunicador. Durante Su tiempo sobre la faz de la tierra, Jesucristo fue un excelente comunicador. Y el Espíritu Santo es un excelente comunicador. La comunicación descuidada deshonra al Dios que servimos. Y esta es más que suficiente razón para hacerlo.

Puedes encontrar más sugerencias para aprender a escribir eficazmente por internet, pero el seguir estos consejos te llevará al 98% de eficacia. Para aprender más busca el librito *Writing Exceptional Missionary Newsletters* por mi colega Sandy Weyeneth (solamente disponible en inglés).[6]

Si puedes realizar solo un cambio ahora—usa verbos resplandecientes. ¡Las palabras en primer lugar! Las imágenes en segundo lugar.

Todas estas sugerencias sobre comunicarse bien con tus donantes reflejan el valor que espero que pongas a tu ministerio a ellos. Cuando te comunicas claramente y con sensibilidad, estas acercándolos a ti y a tu ministerio y espero que ellos estén acercándose al Señor también, mientras sean parte de tu equipo. Seguro que necesitas su apoyo financiero, pero tú debes tener la meta más importante de animarlos en su caminar con Dios también.

Especialmente para Ti

Los siguientes seis capítulos abordan tu situación particular en cuanto al financiamiento. Aunque te beneficiarán las seis categorías especiales, escoge el capítulo que mejor te sirve y empieza allí:

¡Ciertamente tu situación de financiamiento es única—¡no hay nadie igual a ti! Y en los capítulos 17 al 22 he procurado, lo mejor que he podido, personalizar el financiamiento bíblico a tus circunstancias. Pero ten cuidado de no pensar que eres tan especializado que los principios básicos del financiamiento bíblico ya no se aplican a ti. Sin importar tu situación, tú debes aplicar los principios bíblicos básicos, comprobados y eficaces—"el plato fuerte"—en tu estrategia.

No pases por alto el capítulo 17 para líderes de organizaciones. Aunque no seas líder de otros obreros, este capítulo te ayudará. ¿Por qué? ¡Te permitirá ayudarle a tu supervisor a liderarte a ti! Aunque tú dirijas solamente a una persona, este capítulo es necesario.

ESPECIALMENTE PARA LÍDERES DE ORGANIZACIONES

PUEDO PERDER algunos amigos en este capítulo, pero hay que decirlo fuertemente: Uno de los problemas más grandes en el financiamiento de misioneros es el liderazgo débil—no de los especialistas en financiamiento, sino los líderes de primera fila. Ese eres tú. En tu defensa, cuando tomaste tu posición de liderazgo, probablemente no recibiste entrenamiento formal sobre las implicaciones financieros del liderazgo.

Si tú eres un director ejecutivo, CEO de un ministerio grande, un administrador de nivel medio en el campo o el supervisor de una persona, dañas a otros cuando metes la pata en cuanto a estos puntos ciegos del liderazgo en financiamiento. Abróchate tu cinturón…

1. Silencio acerca del dinero.

Sucedió otra vez ayer. Estaba cenando en el hogar de un misionero que estaba lamentando su falta de finanzas (con su esposa completamente de acuerdo). Luego de una hora le pregunté, "¿Qué piensa tu supervisor?"

Juan rodó sus ojos hacia arriba. De repente su esposa se levantó para recoger los platos vacíos. Silencio.

Finalmente, Juan dijo, "Nosotros hablamos de todo menos eso, pero él nunca pregunta sobre nuestras finanzas—no le importa."

Tratando de animarlo, le sugerí, "Quizá sí le importa, pero no sabe qué decir."

Juan continuó, "Tal vez, pero uno *siente* como que no le importa. Tampoco él tiene buen financiamiento y no pienso que se sienta con suficiente confianza en esta área para hablar de financiamiento."

Docenas de misioneros cuentan una historia similar. Los líderes espirituales que son competentes en otras áreas se están descalificando por no decir nada acerca del dinero. Aunque tus obreros no lo mencionen, viven con la tensión de la falta de financiamiento todos los días:

- ¿Cómo voy a poder reponer a un donante que ha dejado de dar sus $500 dólares mensuales?
- ¿Debe mi esposa conseguir un trabajo de nuevo?
- ¿Cuándo tomaré en serio la noción de empezar de ahorrar?
- No he enviado una carta de noticias en nueve meses.

Tu equipo ministerial tiene vergüenza de tocar el tema del dinero o recaudar fondos porque no quieren dar la impresión de falta de espiritualidad. Es el gran elefante apestoso en medio del salón y ellos se preguntan por qué no lo has notado.

Roger Hamilton, director del desarrollo de ministerios asociados de Los Navegantes dice, "Ignorar el asunto del financiamiento de obreros es como poner cinta negra sobre la luz de 'revisar motor' en el tablero del automóvil. No sabrás qué problemas serios hay hasta que sea demasiado tarde."

¡Compañero en el liderazgo, lidia con el asunto del elefante! Mantenerte callado solamente empeora el asunto. Aunque quizá no seas un experto, empieza a hablar con frecuencia sobre el financiamiento—visitando a los obreros en sus hogares, en reuniones del equipo, en la orientación de nuevos obreros y en los comunicados. Si hablas (sin quejarte) de dinero, tu equipo te respetará más y serás conocido como el líder a quien sí le importa.

¿Dónde se empieza? Habla acerca de las finanzas en cada reunión. Saquen sus Biblias o aparatos electrónicos y mediten sobre pasajes de las Escrituras acerca de recaudación de fondos o administración del dinero. Después oren. Cuando yo estudio pasajes sobre el dinero con obreros y misioneros *siempre* están emocionados. (Para encontrar estudios bíblicos acerca del dinero busca en scottmorton.net.)

2. Falta de una persona ejemplar.

Si no estás activo en la recaudación de fondos—por sostenimiento personal o financiación cooperativa—tendrás cero confianza para hablar con tu equipo. No queriendo ser hipócrita, no dices nada (mira el #1). ¡Pero tu silencio no es una señal de humildad!

Eso es fácil corregirlo. Simplemente haz lo básico—consigue una cita, escribe una nota de agradecimiento, llama a un donante sin una razón especial. Después, simple y humildemente dile a tu equipo lo que estás haciendo para buscar fondos. Y pregúntales qué están haciendo ellos para buscar fondos. Tu ejemplo les da permiso para estar activos buscando financiamiento también. Tus preguntas acerca de sus finanzas muestran tu interés.

¡Dar el ejemplo en cuanto al financiamiento no significa que tienes que ser el mejor recaudador de fondos de la región! Sé un ejemplo y deja que otros te rebasen.

3. No conocer cómo iniciar diálogos de financiamiento.

Aquí hay seis preguntas de inicio que pregunto a los misioneros (con sus cónyuges):

- Dime sobre tus finanzas. ¿Cuáles son tus puntos de presión en cuánto al dinero?
- ¿Cuánta recaudación de fondos has hecho en los últimos seis meses? Dime lo que hiciste.
- ¿Cuánto estás intentando recaudar para lograr tu sostenimiento completo?
- ¿Has tenido citas de financiamiento cara a cara en los últimos seis meses? Cuéntame acerca de un par de ellas—¿cómo te fue?
- ¿Sientes que tienes mi bendición para tomar tiempo para recaudar fondos? ¿Cuánto tiempo necesitas? Revisemos tu calendario.
- ¿Qué puedo hacer para ayudarte a alcanzar tu financiamiento completo?

¡Haz estas preguntas *sin* ofrecer soluciones! Las respuestas que tu recibes te darán más entendimiento de tu equipo que tres horas de filosofando en un restaurante. Aunque tú no eres un maravilloso levantador de finanzas podrás darte cuenta de errores obvios.

Si el personal es masculino y casado, su esposa debe estar incluida y animarla a que se sienta libre de comentar. De otro modo, recibirás opiniones sesgadas. Los maridos no tratar de sesgar sus aportes, pero no pueden evitarlo. Sus esposas son la clave para lograr respuestas exactas y para entender su nivel de dolor.

4. Solamente exhortación.

Si tu respuesta al dolor financiero de tus miembros de equipo es solamente exhortarlos para que se esfuercen más, dejarán de escucharte.

Si no puedes ayudarles a desarrollar una estrategia, mándalos con alguien que sí puede. O guíalos hacia el departamento de entrenamiento de tu organización—quien sea el responsable de ayudar a tus obreros con el financiamiento.

5. Falta de dar a tus obreros tiempo y dinero para recaudar fondos.

Si le dices a tu equipo, "Siéntanse libres de tomar tiempo para recaudar fondos," pero nos les ayudas a apartar el tiempo en sus calendarios, has fracasado. Ellos piensan que quieres que lo añadan sobre todo lo demás. Esto es lo que escuchan: "Enfóquense en sus finanzas. ¡Pero no olviden reclutar sus equipos para el programa de verano! ¡Asegúrense de reunirse con el nuevo grupo de Oskaloosa! ¡Y tómense aquella vacación de dos semanas—lo merecen!"

Los misioneros concienzudos intentan hacer todo, pero no pueden. Ayúdales a tener éxito en reuniones privadas con cada miembro del equipo para revisar sus prioridades por los siguientes noventa días, *con el calendario en la mano*. Tendrás que tomar la iniciativa al dirigir a tu equipo en cuanto a las fechas exactas cuando él/ella tomará su tiempo de licencia para recaudar fondos. Pídeles que hagan un plan para recaudar fondos, luego que se pongan de acuerdo en las fechas para implementar el plan. No es solo darles permiso de enfocarse en recaudar fondos—diríjalos a que lo hagan en las fechas que se acuerdan. Y cuando terminan, haz una reunión de conclusión y cierre y planea los siguientes pasos. Eso es liderazgo.

Si hay un coach de financiamiento en tu región, inclúyelo. Ponte de acuerdo sobre cuáles actividades eliminarán tus obreros para asegurarte de que sus planes de financiamiento se lleven a cabo.

Conforme apruebas sus planes, ofrece pagarles todos o parte de sus gastos de recaudación usando tu cuenta de liderazgo. ¡Sí, paga sus gastos de recaudar fondos! Cuesta dinero recaudar dinero. ¿No tienes cuenta de liderazgo? Créala tú mismo o pídele a tu supervisor. Empuja el sistema. ¡Tus obreros valen la pena! No los dejes solos en su proceso de recaudación.

6. Conformándote con menos del 100%.

La mayoría de líderes piensan que están haciendo un favor a sus obreros permitiéndoles recaudar menos del 100% de su presupuesto aprobado. Pero esto silenciosamente esparce el tóxico gas de monóxido carbono por todo el ministerio. Cuando los miembros del equipo andan cojeando con 60-80%, los siguientes síntomas se manifiestan:

- Las cuentas mensuales no están se pagando por completo. Los miembros del equipo se ven tentados a pedir prestado de familiares o usar tarjetas de crédito.
- El ahorro proveniente de cada salario mensual se pospone y eventualmente se abandona.
- Los obreros buscan oportunidades de estar con gente de dinero con la esperanza de conseguir donaciones.
- El "pobre de mi" domina las mentes de los obreros. "Conformándose con apenas suficiente" llega a ser la meta.
- Los obreros no llegan a las reuniones del equipo porque no tienen dinero (pero te dicen que están enfermos).

Justamente hoy escuché de algunos obreros a quienes les permitieron empezar su ministerio hace cuatro años sin su financiamiento completo. Ahora están muy por debajo en su presupuesto, desanimados y sus ministerios están decayendo. Podemos hacerlo mejor.

. . .

Cuando aceptaste la oportunidad de servir en el liderazgo, nadie te dijo que un "pastoreo financiero" sería parte del trabajo. ¡Pero te lo estoy diciendo ahora! Los problemas de financiamiento de tus obreros también son los tuyos. Eso es parte del liderazgo. ¿Acerca de cuál punto o dos, entre estos seis, te está hablando Dios? Determina que desarrollarás las habilidades de liderazgo necesarias para lidiar con el elefante apestoso en el salón. Menciona la palabra *dinero* y luego escucha atentamente.

18
ESPECIALMENTE PARA PASTORES Y COMITÉS DE MISIONES

UNA PAREJA JOVEN Y BRILLANTE irrumpió en nuestra oficina: "¡Dios nos ha llamado al campo misionero!" Están sin aliento de la emoción. Han firmado un contrato con un ministerio de renombre. Sus amigos en la congregación ya se han comprometido con apoyo financiero. A pesar de los obstáculos financieros, esta joven pareja es imparable.

Pero después de un año tratando de vender una casa, luchando con el proceso de visas, trabajando medio tiempo en sus empresas, viajes relámpago a las oficinas principales de la agencia misionera y una experiencia frustrante con "recaudación de fondos", otra vez aparecen en nuestra oficina. Pero ahora están desilusionados. Solo han logrado recaudar la mitad del compromiso financiero. No saben dónde más buscar financiamiento. Ellos empiezan la escuela de idiomas en doce semanas. Piden ayuda. ¿Qué les dirías?

¡Si tu iglesia está generosamente comprometida con apoyo económico mensual para esta joven pareja, bien hecho! La tentación será añadir más a esta cantidad porque estás escuchando sus historias de desánimo en el proceso de conseguir financiamiento. ¿Pero qué puedes hacer para asegurar que ellos no lleguen a ser dependientes de tu iglesia cada vez que tienen una dificultad económica?

Esto es difícil. Aunque tu iglesia quiera ayudarles con el faltante en su financiamiento, puede ser que eso no sea sabio. El consejo que das tendrá un impacto significativo en el Reino y la vida de estas dos personas muy dedicadas a quienes amas.

Esto es lo que *no* debes decir. (Para ver las directrices para misioneros de corto plazo ve al capítulo 20.)

1. "Solo confía en el Señor."

¿Qué significa "confiar en Dios" en la recaudación de fondos? Otros clichés son igual de inútiles:

- "Si eres llamado, el dinero va a llegar."
- "La voluntad de Dios hecha a la manera de Dios nunca carece de la provisión de Dios."
- "Donde El guía, El provee."

En cierto nivel estos clichés pueden ser veraces, pero esta pareja joven no necesita una exhortación filosófica. Necesitan instrucción práctica acerca de los pasos que deben seguir. Resiste la tentación de predicarles.

2. "Visita más iglesias."

A menos que la pareja tenga 100% de su financiamiento de su denominación, no es sabio construir una estrategia de financiamiento basada en el apoyo de las iglesias. ¿Para qué visitar iglesias desconocidas cada fin de semana buscando el apoyo financiero de extraños?

Se ha demostrado que es más efectivo construir un equipo de financiamiento con solicitaciones personales entre amigos y conocidos en vez de intentar crear una impresión favorable en muchas congregaciones con un discurso de diez minutos, seguido de un almuerzo con el comité de misiones en un restaurante muy lleno y ruidoso.

3. "¡Compartamos una merienda!"

Aunque una merienda estimula el interés y consigue algunas dádivas de despedida, produce poco financiamiento mensual. En Los Navegantes se ha descubierto que solamente 9% de aquellos que asisten a las "meriendas" se comprometieron con apoyo mensual. Si piensas que eso es un buen resultado, haz estos números. Para reclutar ochenta donantes mensuales (una base razonable de donantes), necesitarás 720 personas asistiendo a las meriendas.

El mismo estudio halló que 46% de los donantes potenciales se comprometen con donaciones mensuales cuando compartes con ellos uno a uno. Una merienda funciona bien para presentarle al misionero nuevos amigos y para solicitar apoyo en oración; pero sin las solicitaciones personales, las meriendas no generan suficiente apoyo mensual fiel.

4. "Dios traerá lo que falta una vez que llegues al campo misionero."

No conozco una sola situación donde esto haya funcionado. El apóstol Pablo dio el ejemplo: El no esperaba apoyo financiero de la gente a quienes estaba llevando el evangelio. Una agencia misionera que permite a un misionero subir a un avión para ir a tierras lejanas a ministrar gente de otra cultura, que sospecha del evangelio, con falta de fondos, es una garantía de fracaso. Afectará al misionero por el resto de su vida. Suponer no es tener fe.

5. "Fundaciones."

Es muy difícil de conseguir apoyo de fundaciones a menos que conozcas a alguien de la fundación personalmente, que participa en la toma de decisiones. En Estados Unidos menos del 5% de las donaciones benéficas viene de fundaciones. Otro 5% viene de corporaciones, pero el 90% viene de individuos.

. . .

Ahora que hemos identificado los mal consejos, ¿Qué tal una estrategia diferente? Cuando la próxima joven pareja, sin aliento por la emoción, llega a tu oficina con su sueño de misiones, intenta esto.

1. Asígnales un estudio bíblico acerca de recaudación de fondos.

Diles, "Estamos emocionados que Dios los está guiando al ministerio a tiempo completo. Es la política de nuestra iglesia que cada persona que considera las misiones haga un estudio acerca del financiamiento con nuestro representante del comité de misiones."

Un estudio que se encuentra en scottmorton.net, "Estudio Bíblico para el Financiamiento Internacional", ha sido usado por miles de obreros que apenas empiezan en el ministerio. Dales el estudio a los nuevos misioneros en tu iglesia, acompañado de este libro, para ayudarles a arrancar en su llamamiento.

¡No les des dinero simplemente! Ayuda a tus candidatos a entender el financiamiento desde una perspectiva bíblica para que puedan prosperar por años. Ni siquiera los misioneros maduros tienen automáticamente una perspectiva bíblica de la recaudación de fondos.

Asigna a un miembro del comité de misiones que esté motivado para interactuar con los candidatos, mientras están leyendo el libro y llevando a cabo el estudio. Será un tiempo muy fructífero de descubrimiento.

Basado en mi experiencia, recomiendo que los candidatos realicen de diez a veinte horas de preparación con el estudio bíblico. Si no lo hacen, devuélvelos para que terminen. Debemos romper el mito de que el financiamiento es una actividad de menor importancia.

2. Asigna un coach de recaudación de fondos para trabajar con ellos semanalmente.

Lo ideal es que el coach de recaudación de fondos sea la misma persona que revisó el estudio bíblico con sus candidatos. Un coach de recaudación de fondos ayuda a los candidatos a desarrollar su estrategia, supervisa su progreso en la recaudación y les sirve de representante ante la congregación.

El coach está en contacto con la agencia misionera que envía para coordinar su agenda, supervisar su progreso de recaudación de fondos y fijar su fecha de salida. El coach también les ayuda a practicar su presentación con el juego de asumir roles. Esto es crucial—como practicar un sermón.

El coach se convierte en su patrocinador, guerrero de oración, crítico y principal animador. Tener un coach efectivo le quita la presión al pastor y al comité de misiones.

3. El coach ayuda a los misioneros a desarrollar una lista de correo de 200 a 400 personas y una estrategia de recaudación de finanzas.

Si tu candidato solamente puede pensar en noventa y cinco amigos para apuntar en la lista de personas para enviar sus cartas de noticias, deben reconsiderar su aptitud. Esto es lo que debe contener una buena estrategia:

- Una lista grande de donantes potenciales, intercesores de oración y conocidos (por lo menos doscientas personas para un candidato misionero soltero y cuatrocientas personas para parejas).

- Apoyo financiero significativo de su "propia congregación local".
- Un énfasis en solicitudes cara a cara, en lugar de reuniones en grupos, visitas a iglesias, cartas o redes sociales.
- Materiales de presentación efectivos. Los materiales por sí solos no son la clave, pero sí son necesarios. El candidato debe poder realizar su presentación en veinte a treinta minutos.
- Una hoja sencilla de informes. Si no hay control de resultados, se recaudará muy poco apoyo financiero y los candidatos se verán abrumados. Los informes semanales o mensuales mantienen al candidato animado. Descarga el "Reporte al Día (Hoy por Hoy)" de scottmorton.net.

4. Ayúdales a encontrar entrenamiento en recaudación de fondos.

¿Qué tipo de entrenamiento en recaudación de fondos ofrece la agencia misionera? Ten cuidado. Algunas agencias tienen programas muy completos, pero otras simplemente muestran a los candidatos como enviar las donaciones a la oficina de contabilidad. Busca en línea los ministerios que entrenan misioneros en recaudación de fondos.

. . .

Además del generoso apoyo financiero de tu congregación, el practicar estos cuatro pasos asegura que has hecho tu parte para ayudar a tus misioneros con la tarea más grande que enfrentan antes de llegar al campo misionero. Su obra misionera empieza en el momento que inician el estudio bíblico que les das. ¡Su obra misionera empieza aquí—en la recaudación de fondos bíblica—no cuando se bajan del avión!

19

ESPECIALMENTE PARA MISIONEROS TRANSCULTURALES

A LO LARGO DE LOS AÑOS, he observado cinco errores que los misioneros (sirviendo afuera de su país de origen) cometen en cuanto al financiamiento. Estos errores no son imposibles de corregir, pero es necesario que haya un cambio en la forma de pensar.

Error 1: Fallar en la organización de tu recaudación de fondos antes del inicio de tu asignación de vuelta a tu país de origen.
También podríamos titularlo "intentar lograr demasiado en muy poco tiempo". Actualmente son más populares las visitas más cortas y más frecuentes al país de origen, en lugar de los tradicionales doce meses cada cuatro años, pero la presión de lograr el financiamiento no ha disminuido.

Típicamente, hacia el final de la asignación al país de origen, el pánico ocasionado por la recaudación de fondos comienza. Aunque una media docena de amigos mencionaron su interés en apoyarte, no han entrado nuevos dineros. No has sido perezoso— has visitado a tus familiares, has reestablecido los vínculos con iglesias que apoyan, has visitado a tus socios donantes, has tomado cursos en el seminario, has reclutado donantes de corto plazo, has escrito acerca de la política interna de la organización, has asistido a conferencias acerca de misiones y has manejado un asunto muy difícil del personal que te asignó tu supervisor. ¡Y has descansado! ¡Un misionero me dijo que estaba ansioso por regresar al país tercermundista donde estaba ministrando para poder recuperar su salud mental!

¿Qué tal probar esto, más bien? Escribe tu plan de recaudación de fondos, incluyendo un calendario detallado de tu viaje, *antes* de tu regreso a tu país de origen. Llega a casa listo para poner en marcha tu plan de recaudación de fondos. Aquí hay unas cosas para preparar antes de subir al avión de regreso a casa.

- Una lista de treinta y cinco a cincuenta personas nuevas a las cuales solicitar apoyo financiero mensual (incluyendo correos electrónicos, direcciones de envío y números telefónicos)
- Una lista de treinta y cinco a cincuenta de tus mejores y fieles donantes para darles las gracias en persona.
- Tres a cinco citas ya hechas tentativamente con tus donantes clave
- Tu presentación actualizada y fotos ya listas para compartir
- Tres iglesias que visitarás
- Un plan para añadir veinticinco a cincuenta nuevas personas a tu lista de correo

Unas diez semanas antes de tu regreso al país donde estás ministrando, escribe una carta de proyecto especial solicitando donaciones para cubrir tus gastos de regreso al campo misionero. No dependas de esta carta para conseguir apoyo mensual—no lo lograrás. Temprano en tu tiempo de licencia, identifica y solicita apoyo a nuevos prospectos de apoyo financiero mensual y a donantes clave.

También, antes de llegar a tu país de origen, encuentra un coach ante quien puedas rendir cuentas de tu estrategia de recaudación de fondos—alguien que:

- Provea asistencia administrativa,
- Encuentre números telefónicos,
- Rastree amigos en Facebook,
- Organice reuniones y
- Provea un vehículo confiable.

También debes trabajar con tu agencia misionera para asegurar que los objetivos de tu viaje a casa sean realistas. Lo que parecía factible en las discusiones con tu supervisor en el campo, de repente se convierte en no realista al llegar a tu país de origen. Antes de comprometerte a grandes planes, consulta con tu cónyuge (si eres casado) y busca consejo de otros misioneros con experiencia.

Error 2: Falta de reconocimiento de las preferencias de comunicación de tu país de origen.

Un misionero de licencia, de viaje en el país de origen estaba desanimado por la falta de respuestas a sus solicitaciones de apoyo financiero mensual cara a cara. Roberto tenía una buena presentación, describiendo su ministerio en Asia. Sin embargo, solamente recibió dos respuestas afirmativas a las 15 solicitudes que realizó. Yo no sabía qué decirle a este hermano tan desanimado.

Me di cuenta que apenas podía escucharle en nuestras conversaciones en privado. También me di cuenta que rara vez me miraba a los ojos y si lo hacía, desviaba la mirada rápidamente. Finalmente, por una corazonada, le pregunte por qué hablaba tan suavemente.

"Es la manera en que hablo en Asia" él dijo. "La forma de comunicación de los americanos, fuerte y atrevida, no es bien recibida allá".

"Es cierto," le dije. "¿Pero será posible que los americanos estén confundiendo tu sensibilidad cultural por Asia con duda o vacilación? Ellos se podrían preguntar si la mano de Dios está sobre ti."

Cuando Roberto volvió a hablar con el estilo americano más fuerte y viendo la gente directamente a los ojos, sus resultados mejoraron. (El volvió a su estilo de hablar asiático cuando regresó a Asia.)

Tú debes ser capaz de ajustar tus métodos de comunicación. No cambies tu personalidad—solamente asegúrate que te estás comunicando según los estándares de tus oyentes. El apóstol Pablo lo dijo de esta manera: "Me hice todo para todos" (1 Corintios 9:22, NVI).

Error 3: Suponer que el interés de tus donantes por tu ministerio es mayor que su interés por sus propios asuntos personales.

Los misioneros llegan a casa rebosando de historias de cómo Dios está obrando en el ministerio, lecciones que han aprendido y cosas profundas para compartir acerca de la vida en otra cultura. Están desesperados porque sus donantes les hagan preguntas profundas a ellos acerca del ministerio.

Pero los donantes raramente preguntan. Y después de unos pocos minutos de oír tu historia, se cambian al tema de sus hijos, su perro, su iglesia y los programas de televisión. Aunque has viajado tres horas para verlos, ellos prefieren hablar de ellos mismos. Incluso pueden hablar de otro misionero que ellos apoyan y lo maravilloso que es.

No lo tomes muy a pecho. Justo la semana pasada visitamos a un socio donante quien nos ha apoyado por treinta años, pero todavía estaba inseguro acerca de donde vivíamos. Mmmm.

Un misionero de Australia me dijo que el período de atención de sus donantes era veinte minutos—no más. Entonces el bajó sus expectativas y comunicó el mensaje principal en veinte minutos. Y después escuchó a sus amigos y trató de atender sus necesidades, durante el tiempo restante de su visita.

Algunos donantes tienen una capacidad insaciable de escuchar tus aventuras misioneras durante horas. Dales a ellos más tiempo.

En mi experiencia con "millenials" (jóvenes que crecieron con la cultura informática y de redes sociales) alrededor del mundo, el período de atención no va a aumentar; al menos no de momento. ¡Comprime significativamente tu comunicación—veinte minutos en total, intercalado con diálogo!

Error 4: No añadir nuevos nombres a tu lista de contactos.

Después de diez años en el extranjero, los misioneros han aprendido un nuevo idioma y arduamente han invertido en relaciones con la cultura anfitriona. Ahora finalmente están listos para un maravilloso ministerio. Pero sus presupuestos han aumentado en un 40 por ciento, y 20 por ciento de sus donantes han dejado de dar. Ahora que están entrando en sus años más productivos del ministerio, su apoyo financiero se está agotando, secándose como flor en el desierto ante un viento abrasador.

¿Ahora qué? Ellos deben apoyarse en sus donantes activos para que den más. "¿Podrían todos, por favor, incrementar su colaboración?" suplican los misioneros.

Elevar el monto de colaboración de tus donantes debe ser parte de tu estrategia, pero solamente subir de monto no te ayuda a llegar a tu presupuesto completo. Mientras estás de visita en tu país de origen, tú debes añadir nuevos nombres a tu lista de contactos antes de que necesites más apoyo económico. Intenta estas ideas mientras estás de regreso:

- Diariamente pide al Señor que te dé citas divinas con nuevas personas que tengan un corazón dispuesto hacia ti.
- Enseña una clase en la escuela dominical para matrimonios jóvenes. (Con gentileza evita comprometerte a enseñar clases de niños.)
- Asiste a varias funciones sociales de tu iglesia.

- Pide a cinco de tus donantes que cada uno te presente a dos de sus amigos cara a cara en un desayuno o un café.
- Cuando compartas en una reunión, anuncia que hay una lista para apuntarse para recibir tus cartas de noticias. Comparte la historia de una persona en tu ministerio que tiene hambre espiritual y solicita oración por esta persona—no por el ministerio entero. Invita tus oyentes a que se apunten para recibir tus cartas de noticias, para escuchar más sobre las personas como la que acabas de describir.
- Comparte en grupos cívicos, como Rotarios o el grupo de empresarios jóvenes en sus reuniones en tu pueblo.

No solicites apoyo financiero a estas nuevas personas. Solamente añádelos a tu lista de contactos. Después de que ellos hayan recibido tus cartas de noticias por un año o dos o cuatro, estarán conscientes de lo que tú haces y felizmente querrán reunirse contigo en privado para escuchar más.

Yo digo algo como esto: "He disfrutado hablar contigo hoy, Samuel. No sabía que teníamos tanto en común. Me gustaría poner tu nombre en la lista para recibir las cartas de noticas de nuestro ministerio. Enviamos una carta de noticias cada tres meses y eso nos ayuda a mantenernos en contacto."

He añadido docenas de nuevos amigos a nuestra lista de contactos de esta manera—muchos se han convertido en socios donantes. Añadir nombres a tu lista de contactos es tu trabajo de todo el año—especialmente cuando estás de visita en tu país. Si esperas hasta que tu presupuesto esté muy reducido, es demasiado tarde.

Error 5: Suponer que tus donantes te apoyarán por estar de regreso a tu país de origen.

Lo he escuchado cientos de veces: "Nuestro apoyo financiero baja cuando estamos de vuelta en nuestro país." Dile a tus donantes que una larga licencia no implica que no necesitas apoyo financiero. ¡No estás de "vacaciones"! Escribe una carta individual, personalizada, a cada donante, citando la cantidad de su apoyo financiero. Después explica el propósito de tu licencia y como calza dentro de tu visión ministerial. Algo como esto:

Estoy escribiéndote para darte las gracias por tu generoso apoyo y para pedirte que continúes apoyándonos durante nuestra licencia por los próximos doce meses.

Desafortunadamente, algunos amigos donantes suponen que nuestros gastos están cubiertos durante nuestra licencia o que nuestro ministerio en Asia se detiene. No hay nada más lejos de la verdad. Durante nuestra licencia, estamos apoyados *solamente* por nuestro equipo de donantes—la agencia misionera no nos subsidia. Aunque nuestro ministerio es diferente, cuando estamos de regreso, de lo que hacemos en el campo misionero, es crucial para nuestro éxito mientras estamos de regreso.

Por ejemplo, esto es lo que queremos lograr para enero próximo...

Después haz seguimiento con una llamada a cada donante para asegurarte que entiendan.

¿Qué pasa si te encuentras tan bajo en tu apoyo financiero que no es posible regresar a casa por varios meses o años? Intenta esta estrategia en esta secuencia:

- En oración identifica cinco a diez potenciales donantes clave que ayuden aumentando su apoyo o dando donaciones adicionales periódicamente.
- Haz una cita por correo electrónico o coordina por Facebook un tiempo para llamadas vía Skype con estos donantes potenciales. Lleva a cabo la llamada de Skype como si estuvieras sentado en la cocina del donante.
- Explica claramente por qué tienes la necesidad de recursos extra (tipo de cambio sube y baja, necesidad del incremento en tu presupuesto, emergencia en la familia, una oportunidad ministerial donde hay que responder rápido, etc.). Menciona la cantidad de tu faltante. Sugiere una cantidad o rango de donación por la que quieres que ore.
- Invítales a dar según como Dios los guíe. Menciona el "cuándo" de la donación.
- Si no puedes llamar por Skype, ponte de acuerdo para hablar por teléfono y haz seguimiento con una solicitud por correo electrónico.

20
ESPECIALMENTE PARA MISIONEROS DE CORTO PLAZO

SIN IMPORTAR TU EDAD, te felicito por tu valentía de tomar el reto de ir en un viaje misionero de corto plazo. Aunque tu tarea ministerial sea por dos semanas o dos años, tienes el privilegio de reclutar y bendecir a los socios para la obra del Reino—algunos de los cuales nunca ha apoyado a un obrero antes.

Debido a que la cantidad que estás recaudando es menor a la que necesitan los misioneros de carrera, podrías pensar que puedes tomar un atajo en el proceso de recaudación de fondos. Ni siquiera lo intentes. Financiar tu ministerio de corto plazo es igual de espiritual que cualquier otro trabajo que hagas. La Biblia debe ser tu guía—la idea medio loca de tu primo de tener una rifa de bingo es maravillosa, pero...

No estás representando solamente a tu familia y a tu organización ministerial, sino también a Cristo— quien realmente te está enviando.

¿Estás considerando cubrir tus gastos desde tu cuenta de ahorros? La Biblia ciertamente lo permite, pero debo prevenirte contra esta idea—por dos razones:

¿Tienes otros propósitos de Dios para estos ahorros? ¿Si está destinado para estudios de postgrado, que harás cuando regreses?

¿Estás usando tus ahorros para evitar la recaudación de fondos? Una joven obrera en un viaje de dos años a Rusia quería usar sus ahorros porque ella despreciaba la recaudación de fondos. Cuando su mama escuchó su plan, le agarró de los hombros y le dijo, "No te atrevas a financiar tu propio ministerio. ¡Apoyarte a ti es la única manera en la que *yo* llegaré alguna vez a Rusia!"

No ignores lo que muchos misioneros novatos ya aprendieron. Es más fácil recaudar finanzas correctamente la primera vez que tener que reiniciar cuando estás desanimado. Recaudar finanzas probará tu carácter— y cuando las circunstancias te obliguen a doblar rodillas, Dios te encontrará allí de formas maravillosos. Aquí hay algunos consejos para tu inicio:

1. Confirma que tienes un "llamado" para este ministerio.

Si el Señor no es la "mano invisible" detrás de tu misión, ¿cuál es el punto de recaudar finanzas? ¡La parte intimidante es que a lo mejor tendrás algo de éxito al recaudar fondos!

Aquí hay dos preguntas cruciales. Primero, ¿Estás yendo al campo misionero para escaparte de algo? Algunos misioneros o pastores se sentían "llamados" porque tenían mucho miedo de buscar una carrera en el mundo secular o estaban tratando de escaparse del dolor de una relación traumática. La obra misionera no debe ser un escape.

Personalmente yo tengo "paz" cuando evito circunstancias temibles o de incertidumbre. Pero no es la paz de Dios. ¡Tal como lo descubrió Jonás, puedes correr, pero no te podrás esconder!

Segundo, ¿Estás entrando al ministerio porque alguien (padre, pastor o líder) te dijo que deberías? No vivas el sueño de otra persona. ¡asegúrate que tu llamamiento es de Dios, no de personas!

2. Encuentra un mentor de recaudación de fondos.

Pídele a Dios que te dé un mentor que tenga las agallas para pedirte que le rindas cuentas. Alguien que pregunte. "¿Lograste enviar tus cartas la semana pasada?" y "¿Exactamente cuántas llamadas hiciste?" ¡Busca un mentor sin el don de misericordia!

No es necesario que tu mentor tenga experiencia en misiones. Es más importante su comprensión de tu plan de recaudación de fondos y su disposición de mantenerte rindiendo cuentas.

3. Estudia en las Escrituras acerca de recaudación de finanzas.

Encontrarás "El Estudio Bíblico Internacional de Recaudación de Finanzas" en scottmorton.net. Podrías estar tentado a saltarte partes o solamente hojear este estudio bíblico porque eres solamente un obrero de "corto plazo". Pero ten cuidado. La recaudación de fondos bíblica tiene que ver más con actitudes Cristocéntricas que con la habilidad de conseguir fondos.

No estoy sugiriendo que te conviertas en un teólogo de recaudación de fondos, sino que inviertas de diez a doce horas en tu desarrollo profesional, aprendiendo lo que las Escrituras dicen acerca de la recaudación de fondos. Haz el estudio bíblico con tu coach de recaudación de fondos. Interactúa con él o ella, especialmente acerca de pasajes que te parecieron confusos. Asegúrate de discutir lo que han aprendido—tus aplicaciones específicas del estudio que puedes poner en práctica.

4. Construye una lista de contactos de 200 a 400.

¡Qué miedo! ¿Te espanté lo suficiente como para tirar la toalla? Construye una lista grande de contactos—doscientas personas si eres soltero, cuatrocientas si eres casado. No tengo una razón científica para sugerir este rango—pero sí sé que los obreros con listas de 50-150 sufren para lograr alcanzar su presupuesto.

De acuerdo, es posible que no necesites cientos de nombres para tu misión si es solamente de dos semanas en un lugar cercano. Pero piensa en forma más amplia. La mayoría de tus contactos no donarán, pero estarán inspirados y aún mejor, el evangelio les llamará la atención mientras escuchan de tu experiencia en misiones. No estoy hablando de doscientos o cuatrocientos *donantes*—solamente amigos, conocidos o contactos que estén dispuestos a recibir tus cartas de noticias. Recuerda que tus cartas de noticias no son solamente para donantes o para donantes potenciales. Tu carta inspirará a todos en tu mundo sea que estén donando o no. Impactarás a personas a las cuales ninguna otra persona puede tocar para el Reino. Y algunos de ellos orarán fielmente por ti.

Segundo, ¿Podría esta aventura de corto-plazo de dos semanas ser el inicio de una carrera más larga para ti en misiones? Y si resulta ser el caso, cientos de personas ya sabrán acerca de tu pasión ministerial. No estarás empezando de cero.

A menudo escucho a obreros de corto plazo decir, "No conozco a muchas personas con un corazón para las misiones." Ese no es el criterio. Añade conocidos que conocen poco de ti o del evangelio—aprenderán y serán bendecidos cuando lean tus increíbles cartas de noticias—aún más si son donantes. ¡Apunta a todos los que conozcas que estén respirando!

"¿Todos"? ¡Sí, casi! Dios te ha rodeado providencialmente con familia, amigos y conocidos—cristianos, no-cristianos, familia, antiguos jefes, amigos de la iglesia, amigos de antiguas iglesias, vecinos, antiguo vecinos, amigos del estudio bíblico, compañeros del trabajo, etcétera. (¿Qué hay de los antiguos novios? ¡No!)

No preguntes: "Me donarán?" Pregunta equivocada. Más bien pregúntate, "¿Estarán dispuestos a escuchar sobre mi aventura?" La mayoría sí. Vas a presentarles las misiones del Reino y tal vez el evangelio por medio de tus cartas. ¡Apúntalos!

¿Qué hay de Facebook? Puedes estar tentado a no tomar en cuenta tus amigos de Facebook porque piensas en ellos como un solo grupo— monolítico. Pero ellos son individuos con diferentes intereses y cada uno está en un lugar espiritual diferente. Tus cartas los influenciarán a ellos en su caminar con Dios.

En cuanto al entrenamiento de nuevos miembros del equipo, Roger Hamilton, director de desarrollo de socios ministeriales para Los Navegantes, dice, "Aparta una hora para revisar cada nombre en tu lista de amigos de Facebook y contactos en tu celular. Pregúntate a ti mismo específicamente, '¿Esta persona estará dispuesta a escuchar lo que Dios me ha llamado a hacer?"

Un joven obrero le dijo a su coach de recaudación de fondos, "¡No tengo ningún contacto!"

Su coach le preguntó, "¿Cuántos amigos tienes en Facebook?

La respuesta: "Seiscientos."

Este joven y su coach comenzaron a revisar sus amigos de Facebook uno por uno. Antes de terminar con los de calificación "A", habían apuntado diez nombres en su lista de contactos. Al tomarte el tiempo de revisar la lista de amigos en Facebook y la lista en tu celular uno por uno, descubrirás ángeles que no sabías que existían (Hebreos 13:2).

5. Gana el apoyo financiero de una "iglesia enviadora".

Si no vienes de una familia cristiana, encontrar tu propia iglesia para enviarte puede ser un reto, pero vale la pena intentarlo. Más que ayuda financiera, una iglesia propia provee un refugio emocional para darte ánimo y un sentido de hogar. Tal vez podrías ayudarles a desarrollar un mayor interés en las misiones.

6. Encuentra a otros para recaudar finanzas contigo.

Aunque tus "compañeros de recaudación de finanzas" estén en otra ciudad, pónganse de acuerdo para recaudar fondos juntos. (Tal vez a la misma hora) para que no te sientas solo. Si estás viviendo con tus padres o en tu viejo vecindario, necesitas enfáticamente encontrar a otros para recaudar finanzas contigo. He visto a muchos obreros estar muy desanimados mientras implementaban su estrategia de financiamiento desde el hogar de sus padres. No estoy seguro por qué, pero es una tendencia.

7. Envía una explosiva carta introductoria de solicitud de apoyo.

Si tu asignación es para dos semanas o dos meses, tú puedes recaudar todo tu financiamiento por medio de una carta bien escrita solicitando apoyo de "una sola vez". Pero para un compromiso de uno o dos años, primero debes enfocarte en las solicitudes cara a cara. Envía una carta introductoria a todos los contactos en tu lista con una descripción de tu nueva aventura. Diles que estarás contactándolos personalmente pronto. Cuando hayas alcanzado el 80 por ciento de tu meta mediante solicitudes cara a cara, envía una carta solicitando donaciones únicas para "superar la meta".

No estés "solamente contento de recibir una donación." ¡A veces, las pequeñas donaciones dadas una sola vez son otorgadas con mucho sacrificio—eso es maravilloso! Pero ayúdales a tus socios donantes a entender también cómo dar más allá de su primera donación. Puedes encontrar una carta de muestra en scottmorton.net.

Resiste la tentación de hablar negativamente acerca de la recaudación de fondos—es demasiado común. Incluso tu iglesia o tus donantes fieles podrían inconscientemente alimentar la idea del pobre misionero, la mentalidad del "pobre de mí". Si Dios te ha llamado, Él va a financiarte mientras tú hagas tu parte. ¡Tu emocionante labor es encontrar a quienes serán los que "sostengan tu cuerda"!

¿Por dónde empezar? Toma tiempo para hacer el estudio bíblico en scottmorton.net y 0revisa los capítulos 3 y 4 de este libro. Te sentirás animado.

21
ESPECIALMENTE PARA MISIONERAS SOLTERAS Y SUS SUPERVISORES

SIN MISIONERAS, particularmente misioneras solteras, ¿dónde estaría el avance del evangelio? A través de los siglos, las mujeres con audacia han llevado el evangelio alrededor del mundo, muchas veces con muchas dificultades. Y las mujeres solteras siguen haciendo un impacto el día de hoy.

La lista de contribuciones de obreras solteras podría llenar muchos libros, pero esta es mi favorita—Mary Slessor, Misionera Escocesa a Nigeria. Su vida aún hoy nos inspira.

Mary, una pelirroja de ojos azules, llegó a Nigeria en 1876 a sus veintiocho años y de inmediato buscó cómo llegar a la zona del "interior". Una vez que lo logró, se espantó con la costumbre supersticiosa de matar a los bebés gemelos. La gente tribal creía que uno de los gemelos era hijo del diablo y su madre habría cometido un horrible pecado. Al no poder saber cuál gemelo era el maligno, mataban a ambos, dejándolos en la selva para ser devorados por animales salvajes o murieran por exposición. A veces también mataban a las madres.

Mary condujo una fuerte campaña para detener esta cruel costumbre. La superstición era fuerte, pero Mary Slessor no se daría por vencida. Una vez encontró gemelos de solo cinco días de nacidos, muriendo en la selva. El niño gemelo falleció, pero Mary logró ayudar a la niña a recuperarse y se salvó.

En 1888 Mary fue asignada a un área donde previamente los misioneros varones habían sido asesinados. A pesar del peligro, ella creía que su mensaje, y el hecho de que ella fuera una mujer, le daría una oportunidad. Tenía razón. Ella llegó a ser conocida como "La Reina Blanca de Okoyong".[1]

¿Sería posible que un misionero varón pudiera tener éxito en Okoyong? Probablemente no. Las obreras a menudo son percibidas como menos amenazantes y más relacionales, proveyendo así mayor facilidad que los varones. Debemos mucha gratitud a las misioneras solteras por los últimos doscientos años. Hoy día 4,4 millones de mujeres de muchas naciones sirven a tiempo completo en la obra de Cristo, y dos terceras partes (2,9 millones) son solteras.[2]

A pesar de sus maravillosas contribuciones, ¿las misioneras solteras enfrentan retos únicos en la recaudación de finanzas? Sí, y sus supervisores también. Aquí hay tres mayores retos que las obreras misioneras se enfrenta.

1. Puntos ciegos por ser relacionales.

De manera general, las mujeres son más relacionales que los varones—¡eso es algo bueno! Las mujeres (generalmente) son más aptas para captar las sutilezas del lenguaje corporal y tonos de voz y recordar los detalles de una conversación. Eso da a las mujeres el potencial de ser maravillosas recaudadores de finanzas.

Pero cualquier habilidad, si se lleva demasiado lejos, tienes desventajas. Por ejemplo:

- Sentir demasiada empatía puede descarrilar una solicitación para financiamiento. Viendo que su potencial donante tiene un viejo carro y una hija empezando la universidad te puede hace "sentir" que no debes pedir. Pero no dejes que tu empatía te impida hacer la invitación a tu potencial donante de unirse a tu equipo de apoyadores.
- En el calor del momento, puedes sentir que realizar una solicitud dañará tu relación. Lo más probable es que mejorará tu relación—pero no lo sabrás hasta después. Para combatir este sentimiento, *memoriza tu frase de solicitación* para estar lista a compartirla en el momento apropiado, a pesar de tus emociones.
- Las personas (hombre y mujer) con mucha sensibilidad tienen mucha dificultad para condensar. El compartir tantos detalles que los oyentes se pierden en sus historias daña sus solicitudes de financiamiento. Seguro quieres que sepan de la emocionante cena evangelística el pasado mes de abril, pero ten cuidado de desviarte demasiado con los detalles minúsculos o compartir tus sentimientos a cada momento de la cena. Acuérdate de tus oyentes—¿Quieren escuchar cada

detalle, o son personas que quieren un resumen? Cuando estás con una persona tipo A que quiere el punto principal, llega al grano, a pesar de tu incomodidad (¡El Tipo A no se siente así!). Es inconsiderado esperar que una persona Tipo A pueda absorber todos los detalles que quieres compartir.

- Si recibes un no, toma tiempo para recuperarte emocionalmente. Acuérdate que un no, no es necesariamente una indicación que la relación está dañada. Normalmente significa "no, por ahora".

2. Sintiéndote sola en la recaudación de fondos.

Lo he visto vez tras vez alrededor del mundo. Cualquier persona que recaude finanzas sola fácilmente se siente desanimada. Para las mujeres—aun con mucha experiencia y talentosas en recaudación de finanzas—la soledad en esta actividad en particular puede ser desmoralizador.

Encuentra amigos para recaudar fondos contigo, orar por ti y llamarte para ver cómo estás. ¡Dos obreras de Los Navegantes encienden su Skype solamente para poder verse—brevemente hablan y después empiezan a hacer llamadas—separadas, pero todavía juntas! ¡Se mantienen animadas cuando ven otra persona haciendo lo mismo!

¿Quién orará por ti durante tu recaudación de finanzas? ¿Quién te pedirá rendir cuentas? Pero asegúrate que tu socio ante quien rindes cuentas te mantenga sobre tus metas en recaudación de fondos en detalle; no estás siendo ayudado por un socio que no pide cuentas de tus asignaciones difíciles.

Si cuentas con tu supervisor para proveerte socios en financiamiento, estarás desilusionado. Si no hay una estructura, crea la tuya propia.

3. La solución mágica—matrimonio con el Sr. Maravilloso.

Las obreras alrededor del mundo se enfrentan a la tentación de "esperar a un marido que recaude finanzas por mí". Justamente hoy recibí un correo electrónico de una amiga quien dijo, "Ya que mi compañera de vivienda se casa, yo seguiré confiando en Aquel que sabe, Aquel que no ha dejado de hacerme el bien".

Aunque es normal, el soñar con el Sr. Maravilloso se interpone en tu camino de recaudación de fondos y tu crecimiento en Cristo. Mis amigas misioneras me dicen que el sueño del Sr. Maravilloso debe ser confrontado con *realismo objetivo*.

¡Primero, el hombre con quien te cases puedes ser malo para recaudar finanzas—él puede pensar que *tú* eres *su* solución mágica! Segundo, soñar acerca de alguien "haciéndolo por ti" es desmoralizador y te impide iniciar tus actividades de recaudación de finanzas.

. . .

Ahora, aquí hay algunas sugerencias para los supervisores de obreras solteras.

1. Escucha y confía en las mujeres miembros de tu equipo.

Supervisor, debes prestar mucha atención a las miembros de tu equipo cuando comparten sus sentimientos acerca de recaudación de finanzas. Resiste la tentación de apagarlas y recetar soluciones estilo Dr. Arreglos. Más bien aprecia sus luchas emocionales. Un supervisor en Estados Unidos estaba tan aturdido del llanto de la miembro de su equipo soltera sobre recaudación de fondos, que salió del cuarto y envió a su esposa a consolarla.

Incluso si no puedes entender sus sentimientos, debes escucharla y tomarla en serio. Confía en ella. No te está manipulando o fingiendo. Puede ser que esté dolida.

2. El financiamiento no es solo responsabilidad de ella— también es tuya.

Cuando una soltera se une a tu equipo, trabaja con ella para formar una estrategia de recaudación de finanzas antes que inicie su ministerio. Una mujer me dijo, "Yo sabía qué hacer en cuanto a financiamiento, pero no lo podía iniciar porque estaba emocionalmente atascada. Mi supervisor aceptó mis emociones, pero sabiamente no intentó ser un psicólogo. Él se enfocó en ayudarme a tener éxito en mi plan de financiamiento, no en resolver mi dolor emocional. Eso es lo que yo necesitaba".

Otras maneras que los supervisores pueden ayudar:

- ¡Únete a su equipo de apoyo financiero dando personalmente—eso demuestra un enorme apoyo emocional!

- Ayúdale a ella a encontrar más personal y un coach de recaudación de finanzas (si no lo eres tú), conéctale a ella con otros miembros del equipo que están recaudando finanzas también.
- Asegúrate que ella tenga suficiente capacitación en recaudación de finanzas y materiales.
- Revisa su lista de los primeros veinticinco—pregunta sobre cada donante potencial.
- Preséntale a dos de tus donantes y pídeles que la apoyen.
- Acompáñale en sus citas de recaudación de fondos. Nada comunica que estás "a favor suyo" como darle a ella tu tiempo.
- Asegúrate que su presupuesto sea generoso—no solamente un salario para "salir adelante". ¿Hay dinero en el presupuesto para crear un caloroso y acogedor hogar y para tomar vacaciones?

No le permitas a ella iniciar su ministerio hasta que tenga su financiamiento completo, y no le permitas bajar su salario solamente para terminar con la recaudación de finanzas. Eso parece muy severo, pero a largo plazo es más bien un acto de bondad.

3. Pídele que rinda cuentas en forma específica—no con generalidades.

Juntos organicen un calendario de recaudación de finanzas con fechas límites específicas. No le digas, "Toma todo el tiempo que necesites para recaudar fondos". Eso no es buen liderazgo y la hará sentirse abandonada emocionalmente. Ayúdale a quitar otras responsabilidades de su agenda; es una tentación dejar de lado la recaudación de finanzas cuando escuchas el llamado de una "oveja balando".

Después de compartir este material en un seminario de capacitación, una nueva obrera me confió, "Mi supervisor piensa que él está siendo bondadoso dejándome decidir mis fechas límites para recaudar fondos, pero eso me deja con presión y culpabilidad".

4. Completa su déficit tú mismo si realmente la quieres en tu equipo.

Si ha trabajado duro para recaudar finanzas y todavía no tiene todo el dinero, completa su déficit de tu presupuesto personal o ministerial. ¡Si quieres que ella sea parte de tu equipo, recauda las finanzas extra y fináncia tú mismo! Esto requiere más de ti como supervisor, pero el financiamiento de tu equipo es tu problema también—no solamente de ella. No la dejes sola si quieres que sea miembro de tu equipo.

. . .

¡Las misioneras solteras tienen retos singulares en el financiamiento, pero se pueden superar! Si tu eres de una parte del mundo donde las misioneras tienen un historial deprimente en cuanto al financiamiento, no te rindas. Así como Mary Slessor fue valiente y persistente, las misioneras solteras alrededor del mundo están teniendo éxito y tú puedes también. Aplica estas pautas y muéstralas a tu supervisor. Pero no pases por este proceso sola. Jesús dijo, "La obrera es digna de su apoyo financiero" (Mateo 10:10, ligeramente modificado).

22

ESPECIALMENTE PARA MISIONEROS DE GRUPOS ÉTNICOS MINORITARIOS (GEM) Y SUS SUPERVISORES

PRIMERO, UNA CONFESIÓN. Antes creía que los misioneros de grupos étnicos minoritarios, GEM, podrían alcanzar su presupuesto financiero sencillamente al realizar mil millones de citas para financiarse. Cuando esto les costaba, yo les decía, "¡Esfuérzate más! ¡Haz más citas!" Algunos sí se esforzaban más, pero rara vez lograron todas las citas que necesitaban. Además, las donaciones que recibían eran muy a menudo de montos no recurrentes, o compromisos de fe que duraban solamente uno o dos meses. Pero yo permanecía convencido de que *esforzarse más* era la solución.

Con el paso de los años, me di cuenta que los misioneros de GEM estaban poco a poco dejando el ministerio en Estados Unidos. Las dificultades de financiamiento se mencionaron como una razón, pero también habían otras razones. Entonces insistí en mi perspectiva que los misioneros GEM podían financiarse por completo si seguían haciendo citas.

Mi "solución" fue desafiada en una reunión de personal cerca de Los Ángeles. Nuestro equipo de financiamiento estaba por entrar a un restaurante cuando un hombre anglosajón de edad media preguntó: "¿Qué tipo de grupo son?"

Los Navegantes, le dijimos.

Él asintió con la cabeza y dijo que era un creyente y "conocía de este grupo". Luego preguntó, "¿Qué hacen ustedes?"

Le dijimos que ayudamos a misioneros en la recaudación de fondos; y otra vez asintió con la cabeza: "Ah, por supuesto, recaudando un apoyo mensual—entiendo."

En un instante se me vino a la mente: Un afroamericano, asiático americano, indígena americano o un creyente hispano no hubiera conocido qué son los Navegantes ni qué es recaudación de fondos. La historia del ministerio anglo desde la Segunda Guerra Mundial había informado, indirectamente, a este evangélico anglosajón desconocido acerca del desarrollo de socios donantes para el ministerio. Pero otras culturas dentro de Estados Unidos—y alrededor del mundo—no tienen esa historia.

Lo que fracasé en entender era que el concepto de recaudar apoyo financiero es extraño para personas no evangélicas que tampoco son anglosajonas. Por ejemplo, una mujer afroamericana, graduada de la universidad, llamó a su abuela para compartirle que fue aceptada como obrera con Los Navegantes. Su abuela estuvo de acuerdo, hasta que se dio cuenta que era necesario recaudar fondos.

Reinó el silencio. "¿Quieres decir que no te van a pagar?" preguntó la abuela. "¡Regresa a casa de inmediato!"

La influencia de la familia juega un papel muy grande. Los padres de GEM muchas veces se sacrifican para que sus hijos consigan una educación universitaria y una carrera profesional. La idea de que su hijo o hija se convierta en un pobre misionero dentro de una organización "blanca" misteriosa es incomprensible—al igual que el enviar un apoyo mensual a las oficinas centrales de una organización "blanca" de otro país.

Hace unos meses estaba en un restaurante mexicano en Colorado Springs, Estados Unidos, almorzando con Marvin Campbell, un líder afroamericano de Los Navegantes. Me dijo con franqueza: "Recaudar apoyo financiero funciona bien para los evangélicos anglosajones de clase media, pero no para los estadounidenses de GEM—especialmente afroamericanos."

Tragué con fuerza y tomé otro chip de maíz. "¿Cómo te hace sentir esto?" me preguntó Marvin.

"Horrible", dije con voz suave, "pero dime más: ¿Qué te hace decir que no funciona?"

Marvin, un antiguo oficial naval, y con la típica franqueza de alguien de la naval, prosiguió a explicar los obstáculos a la recaudación de fondos para los misioneros de GEM:

- Los obreros de GEM usualmente no vienen de un trasfondo evangélico. Hallan imposible poder identificar a cientos de creyentes para añadir a su lista de contactos.
- Las personas no anglosajonas no tienen historia de donar mensualmente a grupos paraeclesiásticos. La mayoría de las iglesias no anglosajonas nunca han escuchado de Los Navegantes u organizaciones misioneras que tienen sus orígenes en la comunidad evangélica anglosajona.
- Las personas no anglosajonas (en general) ganan menos y por lo tanto no pueden donar igual cantidad; entonces se necesita el doble de donantes.
- Muchos creyentes de GEM apoyan fielmente a sus iglesias y ministerios locales. Ellos mantienen el dinero dentro de la comunidad. El dinero para apoyar a un obrero paraeclesiástico sale del pequeño fondo de "gastos discrecionales".

Mi mente estaba llena de objeciones, pero me mantuve callado. Finalmente, Marvin habló: "Necesitamos encontrar estrategias alternativas. Esto no está funcionando."
¿Cómo le hubieras respondido a Marvin? Su crítica no está aislada. Tim Keller, un evangélico anglosajón, pastor y autor de mucho renombre, reconoce que el sistema de recaudar fondos mensuales "margina a la gente que no es anglosajona."[1]

En un estudio de 716 obreros de siete ministerios evangélicos de alcance, el investigador Samuel Perry descubrió que "Las posibilidades de una recaudación completa del apoyo financiero necesario era 66% menor para afroamericanos e hispanos...[y] sus probabilidades de necesitar un segundo trabajo para suplementar sus ingresos era el doble que las de obreros anglosajones."[2]

También se menciona que como los obreros de GEM luchan por conseguir ese apoyo financiero completo, no continúan en el ministerio el tiempo suficiente para lograr un puesto de liderazgo ministerial. Sin obreros de GEM en puestos de liderazgo los ministerios se mantienen anglosajones y sus retos de apoyo financiero para etnias minoritarias persisten. Los críticos admiten que no es a propósito, pero argumentan que el sistema pone un limitante inconsciente para obreros de GEM. Creo que este punto tiene algo de verdad.

Algunas de estas críticas parecen ser basadas en casos individuales y se pueden debatir, pero la conclusión principal no se puede ignorar: La estrategia de apoyo financiero tal como se practica *no* ha funcionado para llevar a obreros de GEM a obtener su apoyo financiero completo. No debemos intentar negarlo.

¿Pero qué se puede hacer?

De modo alentador, dado que la Biblia da varios ejemplos de cómo Dios financia a sus obreros, podemos ir más allá de un sólo método. La gráfica en página 212 da una lista de doce diferentes modelos de financiamiento (incluyendo recaudación de apoyo financiero personal) que han sido utilizados y se pueden utilizar para el financiamiento del ministerio. Existen más modelos que estos doce y hay un traslape entre ellos. Pero no seamos ingenuos: tal como la recaudación de fondos personales tiene su lado positivo y negativo, igual los tienen los modelos que mencionamos a continuación.

Cuando consideres tu estrategia de financiamiento, ten en cuenta los siguientes puntos:

- Algunos modelos requieren habilidades o dones especiales que tal vez no son reproducibles. Por ejemplo, para comenzar un negocio u ofrecer y cobrar por asesoramiento, ambos requieren dones de especial singularidad.
- Algunos modelos no permiten movilidad (especialmente 1, 2 y 11)
- Todos estos modelos requieren de un duro trabajo (con la excepción posible del #9) y también tomar riesgos. No hay caminos fáciles.

	Método de Financiamiento	Positivo	Negativo
1	Ingreso de negocio (consigue un trabajo de tiempo completo)	No requiere recaudación de fondos; la identidad de cada obrero está bien establecida; buena penetración con el evangelio	Poco tiempo disponible fuera del trabajo; no tan móvil o flexible con su tiempo
2	Ministerio bi-vocacional (consigue un trabajo de medio tiempo)	Menos recaudación de fondos; buena penetración cultural	Poco tiempo disponible fuera del trabajo; no tan móvil o flexible con su tiempo
3	Cobrar por tus	Menos recaudación	Dos "jefes"; agenda

	servicios (cobra por tu trabajo)	de fondos; buena penetración cultural	inflexible; algunos obreros no prosperan con tareas múltiples
4	Recaudación de fondos para proyectos especiales (enfoque en proyectos en lugar de apoyo mensual)	La recaudación de fondos se enfoca menos en "yo"; a los donantes les gustan los proyectos emocionantes, únicos y/o especiales; los obreros están más motivados a recaudar fondos	Batalla para montar varios proyectos al año; apoyo financiero usualmente no es continuo
5	Financiamiento centralizado/fondo común (finanzas de obreros recaudados por la oficina central con otra parte recaudada por el obrero	Libera a los obreros de la recaudación de fondos o sólo necesitan recaudar una cantidad menor de apoyo personal	Limita el crecimiento del grupo de obreros al monto recaudado; requiere enorme esfuerzo en recaudación de fondos de parte de la oficina central; pone un aislante entre el donante y el obrero
6	Cónyuge tiene trabajo secular	Libra a los obreros de la recaudación de fondos	Cónyuge cansado(a); estrés familiar; los ingresos adicionales pueden sobrevaluarse; guardaría, todo un reto
7	Benefactores claves (encontrar uno o dos donantes grandes para todo el apoyo)	Libera a los obreros de la recaudación de fondos	Riesgoso si el benefactor deja de contribuir; no hay un equipo de oración para el obrero
8	Alianza con la iglesia (medio tiempo con la iglesia; medio tiempo con el	Menor recaudación de fondos o ninguna; buena penetración cultural	Dos jefes; altas expectativas; es difícil limitar el tiempo en la iglesia; "deslizamiento entre trabajos"

	ministerio)		
9	Vivir de los ahorros	Libera a los obreros de la recaudación de fondos; buena penetración cultural porque la identidad del misionero no es un problema	No se desarrolla un equipo de socios donantes ni de oración; ¿cuánto tiempo pueden durar sus ahorros?
10	Recaudación de fondos por terceros (encontrar amigos que hacen la recaudación de fondos por ti)	Libera a los obreros de la recaudación de fondos; buena penetración cultural es probable	Pone un aislante entre el obrero y el donante; recaudadores terceros reclutan muy pocos donantes
11	Microempresa	Libera a los obreros de la recaudación de fondos; excelente penetración cultural; puedes contratar a aquellos que quieres discipular	Debe recaudar capital inicial; requiere mucho tiempo; posibilidad de éxito es riesgosa; requiere un emprendedor dotado para hacerlo funcionar; más difícil movilizarse
12	Apoyo personal (desarrollo de socios para el ministerio)	Forma un equipo de socios; obliga al desarrollo profesional; financiamiento es transferible de un lugar a otro	Requiere tiempo; asume una gran lista de contactos; se necesita un espíritu emprendedor; no todas las culturas tienen conocimiento histórico de este modelo de financiamiento

¿Cuál método de financiamiento debes escoger—uno que calce con tus preferencias? No, un asunto mas grande está en juego. El apóstol Pablo enfáticamente dijo que el obrero tiene derecho a recibir su sostenimiento financiero por medio de los creyentes. Él dijo, en otras palabras, lo mismo que Jesús dijo en Mateo 10:10: "Así también ordenó el Señor a los que anuncian el evangelio, que vivan del evangelio" (1 Corintios 9:14). ¡Pero Pablo no *exigió* su derecho de recibir apoyo financiero de cada iglesia que fundaba! Más bien dijo, "Lo soportamos todo, por no poner ningún obstáculo al evangelio de Cristo" (1 Corintios 9:12). Y añadió su impresionante conclusión en 9:23: "Y esto hago por causa del evangelio".

¿Cuál modelo debes usar? ¿Cuál método de financiamiento avanza el evangelio de la mejor manera dentro del contexto de tu ministerio? La decisión de cómo financiar tu ministerio no se trata de tus preferencias—se trata del evangelio. No dejes que tus sentimientos o experiencia con el financiamiento dicte tu decisión.

Regresamos a Marvin: Hace un par de años le acompañaba a Marvin en una solicitación de cara-a-cara con algunos de sus amigos afroamericanos. Marvin hizo un buen trabajo compartiendo acerca de su ministerio. Pero ellos perdieron interés cuando se dieron cuenta que el ministerio de Marvin no era a través de la iglesia local o ministrando a los niños del barrio. Uno comenzó a predicarle a Marvin, diciendo: "solamente confía en el Señor". (¡Increíblemente, Marvin mantuvo la calma!) ¡Para ayudarles lograr tomar en serio a Marvin hubiera requerido varias reuniones y tal vez estudios bíblicos! Yo le di mi conclusión a Marvin: "Tendrás que trabajar más duro y por más tiempo que un obrero anglosajón para lograr tu presupuesto".

Marvin suspiró de alivio. Él ha estado tratando de decírmelo por años, pero no le creía. Ahora sí le creo. Marvin no se está dando por vencido; continúa progresando con su financiamiento. En la que continúo escuchando a mis hermanos y hermanas de GEM, he concluido que hay algo que eliminar y hay algo que añadir.

- ¿Qué debes eliminar? **R**ecaudación de **f**ondos **p**or **c**uenta **p**ropia (*RFPCP*). El individualismo que funciona bien entre los americanos emprendedores no funciona tan bien para la recaudación de apoyo financiero entre grupos culturales minoritarios (y si somos honestos, tampoco con muchos anglosajones).
- ¿Qué debemos añadir? Recaudar apoyo financiero en equipo con un líder dedicado a tal recaudación de fondos.

La recaudación de fondos en equipo está teniendo éxito con Los Navegantes en Albuquerque, Nuevo México. Su equipo de veinticinco obreros reciben su ingreso por medio de donaciones. Este grupo de obreros consiste en anglosajones, hispanos, mujeres solteras, una pareja afroamericana y personas voluntarias. Trabajan en diversos ministerios—en la universidad, la base militar, con empresarios, colegios, barrios y con adolescentes de alto riesgo. Para el 31 de diciembre de cada año, los veinticinco obreros tienen el 100% de su presupuesto recaudado. Esto es lo que hacen: Rob Mahon, el director a nivel ciudad para la recaudación de fondos, considera que el abastecimiento financiero total del equipo es también *su* problema—no solamente de los obreros. Rob toma la responsabilidad financiera del equipo de Albuquerque a pecho. Él invierte 30% de su tiempo en encontrar y cultivar donantes claves, no solamente para su presupuesto personal, sino también para el presupuesto de todo el equipo. Saca del presupuesto del ministerio de la ciudad para transferir a los miembros del equipo que tienen faltantes. A veces transfiere donaciones equivalentes a lo que el obrero recaudó, duplicando así el monto. Otras veces ofrece incentivos, como $50 dólares por cada cita personal que los obreros logren en treinta días (diez citas = $500 dólares a su cuenta).

Una razón por la que Rob puede ser generoso con su equipo de obreros es porque él es el anfitrión de un almuerzo mensual, a nivel de la ciudad, con empresarios de Albuquerque. Rob no diría que es un predicador dotado, pero trabaja duro para dar charlas bíblicas con un formato interesante y entretenido. Los almuerzos mensuales promueven la visibilidad de la obra y cultivan donantes grandes, ayudando a Rob a poder ser generoso con su equipo.

¿Cuáles son los ingredientes que contribuyen al exitoso financiamiento del equipo en Albuquerque?

- El equipo de Albuquerque describe su estructura organizacional como una *familia*—no un "equipo" o "ministerio". Como Rob nos recuerda, la palabra *cristiano* se usa solamente tres veces en la Biblia y *santo* cincuenta veces, pero *hermanos* o *familia,* 225 veces.
- Una vez al mes, el equipo de Los Navegantes y sus voluntarios en Albuquerque se reúnen para cenar, compartir y orar juntos. Los niños también pueden llegar; ¡es una familia!
- Una vez al mes, durante dos horas, los veinticinco obreros se reúnen para desayunar y uno por uno, contestan dos preguntas: "¿Qué has hecho para recaudar fondos desde el último desayuno?" y "¿Qué vas a hacer para recaudar más fondos entre hoy y nuestro próximo desayuno?" El ambiente es amigable, libre de juicio, y se comparten fracasos y éxitos. Rob imprime una hoja de oración con la meta de recaudación para cada persona. Rob siempre paga el desayuno.

- A cada obrero se le pide que tenga su plan de recaudación de fondos por escrito. Ellos sienten que deben que rendir cuentas no solamente a Rob, sino también entre si. Rob dice, "Si estás trabajando en recaudar tus fondos, Yo estoy trabajando en tu recaudación de fondos". Por lo cual el obrero que no está haciendo nada, Rob tiene menor voluntad de transferirle fondos. Como resultado, los obreros trabajan duro para recaudar sus fondos.
- Albuquerque no mantiene ninguna cuenta comunitaria con el apoyo financiero total, sino que cada obrero mantiene su propia cuenta ministerial. Rob monitorea cada cuenta para revisar su avance.

Humanamente hablando, el éxito del ministerio de Los Navegantes en Albuquerque—con su diversidad y su impacto de discipulado—se debe a los valores del liderazgo que dan el apoyo individualizado a cada obrero del equipo. Además la cultura entre los obreros de cuidar entre si, lo cual es trabajo en equipo, logra el financiamiento necesario. ¡Y lo más importante: muchas personas en Alburquerque están llegando a los pies de Cristo y sus familias están siendo discipuladas!

¿La estrategia de Albuquerque es reproducible? Probablemente, pero requiere pensar diferente de cómo lideres y obreros usan su tiempo. Los líderes deben estar "dedicados al financiamiento completo" de todo su equipo—tu debes *adueñarte* de los retos de recaudación de fondos de tu equipo.

Además, el método "llanero solitario" o RFPCP de recaudación de fondos tiene que desaparecer. Pero tampoco es necesario recurrir al modelo de una sola cuenta común, lo cual a menudo desmotiva a los buenos recaudadores, haciéndoles sentir que están cargando con el trabajo de los negligentes. La actitud de Rob es, *"Nadie está totalmente financiado hasta que todos estén totalmente financiados"*.

¿Amigo mío, líder de equipo, puedes hacer lo siguiente? ¡Creo que puedes!

- Desarrolla un ambiente familiar con tu equipo.
- Desarrolla un "presupuesto de tu ciudad" (o en tu área) que incluya a tus obreros y otros proyectos adicionales.
- Sé el *responsable* del presupuesto de tu ciudad (o área) y recauda el 100% para que puedas compartir con tu equipo.

- Patrocina un desayuno mensual, sin juicios ni críticas, con un solo tema —la recaudación de fondos.
- Invierte 30% de tu tiempo en recaudación de fondos y ministerio a los donantes.
- Toma tiempo para pastorear a tu equipo financieramente y pídeles rendirte cuentas.

Tal vez no puedas poner en práctica al 100% la estrategia de Albuquerque ahora, pero sí puedes hacer lo siguiente: ¡Descarta el método de RFPCP! Cuando los obreros de cualquier cultura se unen para recaudar finanzas juntos, cosas buenas suceden. Añade a tu liderazgo la dedicación al financiamiento.

Para mis amigos obreros del evangelio, la aplicación es obvia: ¿Con quién puede formar un equipo para recaudar fondos juntos? Tal vez no tengas a un Rob Mahon en tu área, pero puedes unirte a un grupo pequeño o con un amigo del equipo para que no estés solo. No esperes a que tu liderazgo construya un sistema. Empieza ahora a encontrar compañeros(as) de equipo con quien puedas recaudar fondos.

Un Enfoque Familiar de la Recaudación de Fondos

Un obrero veterano de Los Navegantes, Abel Chávez, ministra a hispanos en Albuquerque. Él dice lo siguiente acerca del método de recaudación de fondos que usa el equipo de Albuquerque:

P: ¿Abel, este enfoque familiar está funcionando?

R: Antes que Rob comenzara a enseñar sobre la "familia", Lizzie y yo nos sentíamos solos. Podían pasar cinco meses sin ver a otro miembro del equipo. A nadie le importaba y tampoco llamaban. Ahora, al reunirnos dos veces el mes, cuidamos el uno del otro. Financieramente, Lizzie y yo tuvimos dificultades por años, pero ahora estamos al 100% de nuestro presupuesto.

P: ¿Faltas a veces al desayuno sobre recaudación de fondos, especialmente si no has hecho mucho desde el desayuno anterior?

R: [riéndose] Faltar es una tentación, pero es un ambiente libre de juicio y crítica. Hemos aprendido que un ambiente de gracia forja relaciones de confianza. Lizzie también asiste ahora. Mucho de lo que compartimos son cosas que hemos escuchado antes, pero la repetición ayuda. Romanos 12:15 es nuestro deseo: "Alégrense con los que están alegres; llorad con los que lloran". (NVI)

P: ¿Este modelo de financiamiento puede ser exitoso en otros lugares?

R: Sí; no es complicado. Un ambiente familiar es reproducible. Algunos grupos ministriales gozan de buenas amistades, pero necesitan trasladar eso también a la recaudación de fondos. Me gusta imaginar que Dios nos mira desde el cielo, observando cómo nos relacionamos en familia—cuidando el uno del otro en asuntos de dinero. Eso le trae gozo. Pero cuando Él ve un equipo donde no se cuidan entre sí—eso le causa tristeza.

P: ¿Cómo va la recaudación de fondos entre hispanos?

R: Años atrás jamás imaginé que recibiríamos entre 50 y 60 por ciento de nuestro presupuesto de los hispanos. ¡Ahora está sucediendo! Pero… estamos aprendiendo que debemos invertir tiempo enseñándoles acerca de la perspectiva bíblica de dar, antes y después que comiencen a dar.

P: ¿Tienes algún estudio bíblico especial enfocado en finanzas?

R: No tenemos ninguno específico. A menudo compartimos de manera informal acerca de las Escrituras que hablan de dar, como parte del discipulado, y también compartimos de lo que significa la generosidad para nosotros. Cuando les invitamos a dar, ellos responden afirmativamente el 70% de las veces con un compromiso de apoyo mensual, y lo cumplen. Aquellos que dicen "no", nos comparten: "Queremos apoyarlos, pero tenemos que esperar unos meses". Muchos tienen dos o tres trabajos. Es un "no por ahora". Y por supuesto, nos mantenemos en contacto.

P: ¿Qué más estás aprendiendo de la recaudación de fondos?

R: Varias cosas. Cuando estoy en medio de alguna recaudación de fondos, ¡Dios aparece a mi lado! Él me trae un montón de sorpresas cuando pongo de mi parte. Aún así, es un paso de fe el superar la apatía y contactar a la gente.

Me bendice cuando Lizzie me acompaña a nuestras citas de recaudación de fondos. ¡A veces tengo visión de punta, como si estuviera en un túnel, cuando describo nuestro ministerio (¡Soy ingeniero!), pero Lizzie me aprieta la rodilla por debajo de la mesa para que deje de hablar! Y luego, ella hace una pregunta invitándoles a compartir su sentir y así volver a captar la atención activa de nuestros amigos. ¡Ella posee una gran inteligencia emocional!

Lizzie también me recuerda hacer las llamadas de seguimiento. Nuestros cónyuges son nuestros complementos en el matrimonio. ¿Por qué no ser socios en la recaudación de fondos también?

Pongamos a un lado la cultura, por el momento. Si pensamos, *esta cultura no va a dar*, eso es un insulto contra esa cultura; es una actitud de superioridad. Antes yo era escéptico, pensando que los hispanos no darían apoyo mensual, pero optamos por escoger el modelo bíblico de los "Levitas"; debían ser apoyados por aquellos que eran enseñados por ellos. No te enfoques en la cultura o la economía; sigue los patrones bíblicos.

Amplía tu lista. Yo ahora incluyo a "todo el mundo" en mi lista de contactos. Yo sabía que debí hacerlo en años anteriores, pero nunca lo hice hasta recientemente. Tu no sabes a quiénes Dios ha escogido para apoyarte.

Algo para eliminar y algo para añadir.

Recaudar apoyo financiero personal es un modelo bíblico, pero el punto de mayor negatividad es la mentalidad de "cada uno por su lado". ¡Quitemos eso! ¡Y adoptemos el concepto de familia que nos muestra el Nuevo Testamento! En lugar de decir al GEM, "¡Todo depende de ti!", sigue la práctica de Rob Mahon de Albuquerque: "¡Depende de nuestra familia, que somos nosotros! Nosotros, como una familia, podemos alcanzar el financiamiento completo juntos".

Aquí mencionamos algunas sugerencias adicionales para recaudar fondos:

Informa generosamente los donantes GEM.
Alístate para preguntas como las siguientes:

- ¿Tu organización es anglo? ¡Tu página web se ve anglo!
- ¿Hay personas de GEM en tu junta directiva nacional?
- ¿Qué hacen ustedes por los pobres y los marginados?
- ¿Porqué no ministran a través de las iglesias locales?
- ¿Porqué no pagan un salario como la mayoría de los empresarios?
- ¿Qué hacen ustedes a favor de mi barrio o mi iglesia?

Los malentendidos se resuelven mejor cuando se habla en persona con humildad y sinceridad—no por correo electrónico.

Recuerda los conceptos básicos:

Cualquier misionero, sin importar su origen étnico, tiene dificultades para financiarse cuando abandona algunos conceptos básicos, tales como:

- Dar las "gracias" prontamente a los nuevos donantes,
- Orar por la lista de Top 25 socios financieros potenciales,
- Reanudar vínculos con donantes que no han donado por algún tiempo,
- Enviar cartas de noticias unas 4 a 6 veces al año,
- Dedicar el tiempo adecuado para recaudar fondos y ministrar a los donantes (sugiero apartar 20% de tu tiempo)
- En medio del ajetreo, tomar el tiempo para concretar citas de financiamiento.

Ofrece incentivos creativos y relaciones de apoyo:
Los líderes pueden ofrecer algunas soluciones creativas. Los Navegantes aportan una suma igual a la que fue recaudada por obreros de GEM durante campañas de noventa días. Lo mismo hacen con las donaciones mensuales durante doce meses. Así, el financiamiento aumenta significativamente.

Suple subvenciones organizacionales:
InterVarsity Christian Fellowship (IV) (GBU por sus signas en español) y Los Navegantes han logrado grandes avances en el ministerio de GEM con el cobro del 1% de todos los ingresos del personal de GBU ó 1% de todas las donaciones a Los Navegantes para ayudar al personal de GEM. Donna Wilson, ex directora de capacitaciones de campo para GBU, dice que no han habido quejas del personal en cuanto al historial de compromiso que GBU ha tenido hacia el desarrollo del ministerio multiétnico; incluso, algunos han dicho: "¿Por qué no podemos hacer más?"

Donna enfatizó: "Las decisiones acerca de la distribución de fondos pertenecen a los líderes de los GEM y no deben ser controlados por el liderazgo anglo. ¡Esto implica confianza!" Aunque las donaciones organizacionales no ofrecen todo en bandeja de oro, sí son un gran aliento.

Defiende la causa de tus obreros de GEM
Los obreros y amigos anglosajones pueden luchar a favor de GEM. Un famoso proverbio citado frecuentemente como enseñanza es: "Dale un pescado a un hombre y le das alimento por un día; enséñale a pescar y

comerá toda su vida". John Perkins, el legendario líder de derechos civiles de Mendenhall, Mississippi, se burla de este dicho: "Yo personalmente le escuché gritar una tercera línea: "¡Dale acceso al río!"

Las personas anglo deben invitar a los obreros de GEM a venir al río. Por ejemplo: hice una cita para un obrero afroamericano que trabaja en la ciudad dentro de los barrios marginados con un donante mío que vive en un residencial de una zona pudiente. Fui anfitrión de la reunión y mis socios donantes quedaron encantados al conocer al obrero y a su esposa. ¡Con mucho entusiasmo se comprometieron a apoyarlos mensualmente con una contribución —más de lo que me contribuyen a mi!

¿Qué tal si le pides a tus obreros anglosajones que conecten a dos de sus donantes con un obrero de GEM? Este pequeño paso producirá grandes resultados y formará vínculos fuertes dentro de tu organización.

El Papel de la iglesia Afroamericana en la Recaudación de Fondos.

La siguiente enseñanza viene de Rich Berry, ex director del ministerio afroamericano de Los Navegantes.

Soy un misionero afroamericano. He recaudado apoyo financiero por más de treinta y cinco años y he aprendido que el método individualizado de recurrir a empresarios tiene muy poco éxito entre personas afroamericanas. Hay una mejor manera.

La iglesia afroamericana presenta una gran oportunidad para el levantamiento de fondos. Me parece inconcebible que en el siglo veintiuno, cualquier persona que procure levantar fondos dentro de la comunidad afroamericana no involucre a la iglesia para hacerlo. Habiendo pastoreado una iglesia afroamericana durante doce años, puedo decir con certeza que la iglesia es la entidad principal en la comunidad para impulsar cambios sociales y espirituales. Es la institución más fuerte, de mayor antigüedad, más respetada y económicamente estable dentro de la comunidad afroamericana. Con esto en mente, tiene sentido que la iglesia afroamericana sea un elemento vital en la recaudación de fondos si el deseo es que ellos crezcan y con raíces profundas en el discipulado. Tiene sentido práctico y sentido teológico.

Para recibir apoyo financiero de una iglesia afroamericana, uno debe tener una buena relación con esa iglesia. ¿Cuál iglesia daría dinero a un misionero aspirante sin antes conocerlo y tener una relación con él o ella? Probablemente ninguna. Más bien, el obrero debería servirle a la iglesia de forma consistente, (ya sea una, dos o más veces al año). Puede hacerlo enseñando un seminario o durante una temporada de escuela dominical. Esta perspectiva y actitud puede ayudar a construir una relación con la iglesia y hacer que el obrero se sienta amado y apoyado en oración.

La iglesia afroamericana representa un reto a la forma en que la mayoría de grupos paraeclesiásticos levantan finanzas. El recurrir a empresarios es algo rápido y requiere únicamente la toma de decisión de una persona o una familia. A largo plazo el misionero no solamente podrá contar con las oraciones de un donante, pero las oraciones de toda una congregación.

Mi petición a los misioneros de fe es que hagan su tarea requerida para la recaudación de fondos. Haz uso del principio que aplican los estudiosos de misiones al ministerio en tierras lejanas. Desarrolla estrategias de recaudación de fondos que reflejen las necesidades y valores de las personas que están siendo alcanzadas. Solamente cuando se aplica este principio habrá una solución duradera al problema de financiamiento para grupos étnicos minoritarios.

· · ·

Este asunto de financiamiento para obreros no anglosajones podría traer razones para dividirnos. ¡Pero no tiene que ser así! Sé que suena un poco "anglo", pero hay suficiente dinero disponible para realizar la voluntad perfecta de Dios. Sin embargo, la idea de que cada obrero puede alcanzar su propio financiamiento sin la ayuda del cuerpo de Cristo no es bíblica. Debemos trabajar juntos y podemos trabajar juntos. ¿Cuáles de las sugerencias anteriores puedes poner en práctica de inmediato? ¡Dejemos de hablar y comencemos a actuar!

ADMINISTRACIÓN FINANCIERA BÍBLICA PARA EL OBRERO

Aún no he conocido a ningún obrero que no tenga fuertes opiniones acerca del dinero. El reto es dejar que la Biblia—en lugar del sentido común o nuestra cultura o tradiciones familiares, por buenas que sean—sea la que guíe nuestras fuertes opiniones. Pero el cambiar nuestro punto de vista acerca del dinero se convierte muy rápidamente en una barrera emocional.

Si alguien necesita entender el dinero, son los obreros como tú y yo. ¡Estamos invitando a la gente a dar el dinero que se ha ganado con el sudor de su frente al Reino! Ellos nos están confiando "su" dinero. Nuestra perspectiva cultural lógica sobre el dinero no es suficiente.

No podemos asumir que aquellas personas a quienes solicitamos financiamiento entienden la perspectiva Bíblica del dinero o el dar. Ellos también tienen opiniones fuertes. Como obreros, estamos en una buena posición para enseñarles. Debemos ser buenos modelos de administración financiera bíblica y aptos para enseñar—¿pero lo somos?

¡Quizá no te guste todo lo que leas en los capítulos 23 y 24! Pero es crucial no solamente para tu recaudación de fondos, pero también para tu discipulado como creyente en Cristo. ¡Abróchate el cinturón!

23
DINERO: ¿PERSPECTIVA DEL REINO O PERSPECTIVA CULTURAL?

Seis Estándares Revelan Tus Valores Financieros

TU LUCHA CON LA RECAUDACIÓN DE FONDOS quizá tenga que ver menos con recaudación de fondos y más con tu perspectiva del dinero. Si la recaudación de fondos te es un fastidio, tú tienes un problema serio. El autor Henri Nouwen lo dijo de esta manera:

> Si regresamos de solicitarle dinero a alguien y nos sentimos exhaustos y de alguna manera sucios por realizar una actividad no espiritual, algo anda mal. No debemos dejarnos engañar al pensar que la recaudación de fondos es solamente una actividad secular. Siendo un tipo de ministerio, la recaudación de fondos es igual de espiritual que predicar, que entrar en un tiempo de oración, visitar a los enfermos o alimentar a los hambrientos.[1]

El punto de arranque es nuestra perspectiva personal del dinero. A Martín Lutero a menudo lo citan por decir: "Hay tres conversiones: la conversión de la cabeza, la del corazón y la de la billetera". No quiero dejar la impresión que soy un acusador, pero

PRINCIPIOS BÍBLICOS PARA
LA RECAUDACIÓN DE FONDOS

PERSPECTIVA BÍBLICA DEL DINERO

nosotros los obreros debemos prestar más atención a desarrollar una perspectiva bíblica del dinero.

Los principios bíblicos para la recaudación de fondos se apoyan en el fundamento de la perspectiva bíblica del dinero. Por interactuar con obreros de muchas culturas, yo hallo que la mayoría tienen opiniones fuertes acerca de la recaudación de fondos y acerca del dinero. Pero muchas de sus opiniones se originan de sus padres, tradiciones evangélicas no cuestionadas o su propio sentido común. Sus opiniones no incluyen una perspectiva bíblica del dinero. Aquí hay unos pocos síntomas que muestran que los misioneros tienen una perspectiva del dinero cultural o de sentido común, en vez de una perspectiva bíblica.

- Minimizar el hecho de que necesitan dinero. En vez de bregar con las dificultades de la recaudación de fondos, posponen o abdican sus responsabilidades de recaudación de fondos a solo "confiar en Dios" pasivamente.
- Permitir que la falta de dinero dicte la planeación de su ministerio. Su visión ministerial nunca es más grande que el presupuesto del año pasado.
- Aferrarse a una mentalidad de escasez, casi llegando a mezquindad. Tienen que arreglárselas con lo que haya porque piensan que el pastel de Dios solamente tiene ocho rebanadas.
- Preocuparse constantemente por las finanzas. No están seguros si Dios proveerá mañana o en el futuro.
- Endeudados perpetuamente y sin ahorros. No han aprendido lo más elemental de la administración de su dinero.

¿Por dónde empezar? Con la Biblia, por supuesto. Aquí hay seis criterios para determinar si tienes una perspectiva bíblica del dinero. Si encuentras que reaccionas negativamente, no ignores tus sentimientos. Puede estar ocurriendo un cambio.

1. ¿Vivo como si Dios es el dueño de todo o solamente del 10 por ciento?

Yo estaba enseñando en Asia acerca de mayordomía y pregunté, "¿Cuánto deben dar los cristianos? De inmediato un asiático mayor levantó la mano y orgullosamente le recordó al grupo, "¡El diezmo (10 por ciento) le pertenece al Señor!"

Todos asintieron mostrando su acuerdo. Pero yo contrarresté, "¿Y el 90 por ciento te pertenece a ti?"

Silencio. El público estaba sorprendido.

Estamos tan impregnados con la enseñanza del diezmo que actuamos como si a Dios solo le importa el 10 por ciento de Él; el resto es nuestro para hacer lo que nos da la gana. Pero Hageo 2:8 dice, "'Mía es la plata, y mío es el oro, dice Jehová de los ejércitos.'"

La doctrina del 90/10, que viene de supuestos acerca de diezmar, abre la puerta para pensamientos no bíblicos a gran escala. Si una pareja cristiana juntos ganan $120.000 dólares al año y dan 10 por ciento, se sienten libres para gastar $108.000 dólares (120.000 menos 12.000 = 108.000). Dios ya fue remunerado; así que pueden "lograr vivir" con lo que queda.

Esta cosmovisión te da licencia para ser avaro. ¿Si tienes los medios para comprar la última *tablet* año tras año (después que le has dado a Dios el 10 por ciento suyo), significa que está bien? Más práctico, ¿debes comprar una costosa taza de café en Starbucks cada mañana solo porque puedes?

Si Dios es dueño de *todo*, entonces todas las decisiones financieras son decisiones espirituales. El 90 por ciento pertenece tanto a Dios como el 10 por ciento. El merece una voz en *todas* nuestras decisiones financieras. Así como oramos acerca de cómo debemos dar, debemos orar acerca de lo que debemos ahorrar y gastar. Si Dios es dueño de todo, como Hageo 2:8 nos recuerda, entonces "las decisiones seculares del dinero" deben llevarse ante el Señor, porque ellas también son espirituales.

La gente del Reino son administradores—no dueños. En una de las parábolas de Jesús, un terrateniente da instrucciones a sus sirvientes (tú y yo) para atender Su terreno y hacerlo rentable. Cuando Él (Jesús) regrese, revisará con nosotros qué tan fielmente administramos *Su* propiedad (Mateo 25:14-30). En 1 Corintios 4:7 Pablo pregunta, "¿o qué tienes que no hayas recibido?" ¿Llevas tú *todas* tus decisiones financieras delante del Señor, o solo tus decisiones sobre las ofrendas? No hay nada malo con comprar un café en Starbucks, pero incluso una decisión pequeña como esta se puede llevar ante el Señor. (Más sobre la administración del dinero en el capítulo 24.)

2. ¿Soy una persona profundamente agradecida?

Si todo lo que tenemos es esencialmente un regalo de Dios— encomendado a nosotros como mayordomos—entonces la gratitud debe rebosar de nuestro carácter. Pero la cultura popular dice lo contrario. En el programa de televisión *Los Simpson*, a Bart Simpson se le pide que haga una oración por los alimentos, junto a su familia. Bart inclina su rostro y ora, "Querido Dios, nosotros pagamos por todo esto de cuenta propia, así que gracias por nada."

Es cierto, los padres de Bart se ganaron el dinero para comprar los alimentos, pero Bart verbalizó la cosmovisión narcisista de que no es necesario darle gracias a Dios.

Desafortunadamente, los obreros pueden ser malagradecidos también—aunque en formas más sutiles. Siendo director de desarrollo de Estados Unidos de Los Navegantes por trece años, he recibido quejas de donantes quien decían que rara vez recibían las gracias de los misioneros que apoyaban. En mis seminarios pregunto, "¿Cuántas cartas de noticias envías cada año?" Muchos misioneros bajan sus rostros de vergüenza y admiten que solamente una o dos al año. ¿Por qué tan poquito? "Falta de tiempo. ¡Estoy demasiado ocupado!" ¿Pero es ese realmente el problema? Si estás demasiado ocupado para darles las gracias a aquellos que sostienen tu ministerio, entonces estar demasiado ocupado no es tu problema. ¡Un corazón malagradecido es tu problema!

Hebreos 12:28 revela el estilo de vida que se espera de los cristianos: "Así que, recibiendo nosotros un reino inconmovible, *tengamos gratitud*, y mediante ella sirvamos a Dios agradándole con temor y reverencia" (énfasis añadido). Un antiguo poema famoso de Maltbie Babcock indica la fuente:

> *Detrás de la hogaza de pan está la harina como nieve*
> *Y detrás de la harina está el molino;*
> *Y detrás del molino está el trigo y la lluvia,*
> *Y el sol y la voluntad del Padre.*

El autor Os Guinness lo dice bien: "Deja que todos tus *pensamientos* sean *gracias*."[2] ¿Cuándo fue la última vez que recibieron un genuino agradecimiento de parte tuya?

3. ¿Me estoy rindiendo ante el materialismo?

No saliste al campo misionero para hacerte rico. Podrías ganar más dinero en medicina o en una empresa (o en mi caso, béisbol profesional). Pero estar en el ministerio no significa que somos inmunes al materialismo.

Muchos creyentes el día de hoy sufren de "opulencia". Ellos no arreglan algo roto en el hogar—solamente salen a comprar uno nuevo. Ni siquiera apagan las luces cuando salen del cuarto. Sospecho que algunos obreros usan "mantente al día con la tecnología" como una razón para alimentar sus deseos materialistas por aparatos electrónicos.

Aunque fue el hombre más generoso en la faz de la tierra, Jesús también era austero. Después de darles de comer a los cinco mil dijo, "Recoged los pedazos que sobraron, para que no se pierda nada" (Juan 6:12). Entonces ¿dónde estás tú en la escala entre la austeridad y la opulencia?

LA GAMA ENTRE AUSTERIDAD-OPULENCIA

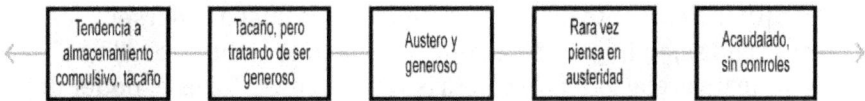

Tendencia a almacenamiento compulsivo, tacaño	Tacaño, pero tratando de ser generoso	Austero y generoso	Rara vez piensa en austeridad	Acaudalado, sin controles

Jesús dio una fuerte advertencia en Lucas 12:15: "Mirad, y *guardaos de toda avaricia*; porque la vida del hombre *no* consiste en la abundancia de los bienes que posee" (énfasis añadido). La frase "toda avaricia" sugiere que la avaricia viene en paquetes personalizados. Quizá no seas tentado con un automóvil nuevo, pero tal vez los aparatos electrónicos son tu debilidad. Es fácil criticar a otros por cierto tipo de materialismo que no es tentación para ti.

La avaricia es similar a codiciar. No se limita a cosas materiales. Los creyentes pueden tener avaricia por la fama, el poder, la atención de mujeres atractivas o la adulación de hombres atractivos. Una vez que nos damos el permiso para codiciar, aunque sea en las cosas pequeñas, estamos en caída libre hacia la idolatría. En Éfeso 5:5 Pablo vincula la codicia a la idolatría: "Porque sabéis esto, que ningún fornicario, o inmundo, o *avaro*, que es *idólatra*, tiene herencia en el reino de Cristo y de Dios" (énfasis añadido).

La codicia produce idolatría—reemplazar a Dios como Señor de nuestras vidas. Por eso Jesús le dijo al joven rico "vende lo que tienes, y dalo a los pobres, y tendrás tesoro en el cielo" (Mateo 19:21). Jesús no desafió a Leví ni a Pedro a vender sus posesiones. ¿Por qué a este hombre sí? Obviamente sus riquezas eran su ídolo. El desprendimiento generoso era la única manera de quebrar el poder de la idolatría.

¿Cuál "forma de avaricia" te busca como un rayo láser? ¿Estás diciendo que no?

4. ¿Anhelo secretamente ser rico?

Al famoso millonario estadounidense John D. Rockefeller se le preguntó, "¿Cuánto dinero es suficiente dinero?" Su respuesta fue, "Solo un poquito más".

¿Has descubierto esta oración escondida en 1 Timoteo 6:9? "Porque *los que quieren enriquecerse* caen en tentación y lazo" (énfasis añadido). Ser rico no es el problema. *Querer ser rico* es el problema. Pablo no estaba escribiéndole a gente pagana adinerada. ¡Él estaba escribiéndole a cristianos! Él dice en versículo 10, "Porque raíz de todos los males es el amor al dinero, el cual codiciando algunos, se extraviaron de la fe, y fueron traspasados de muchos dolores".

¡Un no creyente no tiene fe alguna de la cual desviarse! Y los creyentes no salen huyendo de repente, sino que pasito a pasito se desvían de una relación vital con Cristo y la iglesia. Tal es el poder del amor al dinero.

¿Es el dinero el problema? ¡No; el *amor al dinero* es el problema! Por lo menos los paganos admiten que quieren ser ricos, mientras que los cristianos no. Aunque podamos detectar la codicia por el dinero en otros, ¿estamos dispuestos a admitir que el querer ser rico también nos tienta?

Desafortunadamente, la codicia por el dinero entre líderes religiosos no es nada nuevo. Los líderes religiosos en el tiempo de Jesús, los fariseos, diezmaban meticulosamente y llevaban filacterias (cajitas conteniendo trocitos del Antiguo Testamento) en sus frentes. Pero tenían mala reputación: "Y oían también todas estas cosas los fariseos, que *eran avaros*..." (Lucas 16:14, énfasis añadido).

Como medio de intercambio, el dinero es neutral, incluso bueno; pero si no has dejado de querer ser rico, entonces irás hacia el dinero como insecto volador tras la luz nocturna, resultando en quemaduras al acercarte demasiado.

¿Necesitamos todos experimentar esta "conversión del dinero"? Sí. Si Jesús es el Señor de todo, entonces ciertamente Él es Señor de los recursos que ha puesto en mis manos para administrar. No es necesario que tu experiencia sea dramática como plumas de ángeles cayendo del cielo, pero ríndete igualmente. No es un problema nuevo. ¡Como Charles Spurgeon predicaba un jueves en la noche del 27 de agosto de 1868, "Con algunos [cristianos] la última parte de su naturaleza en santificarse es su bolsillo!"[3]

232

¿Pero cuánto es suficiente? Una vez pregunte a un amigo mío que era un exitoso empresario de cincuenta y pico de años, "¿Cuánto necesitas tener en un fondo de inversión a la edad de sesenta y siete para poderte jubilar?

Su respuesta: "¡Nunca habrá suficiente! ¡Millones no serán suficiente! Somos muy gastones".

Su respuesta revela que él no había ordenado los sueños de su vida y no tuvo una respuesta real. Como administrador, tu meta no es simplemente hacerte rico, sino desarrollar finanzas adecuadas para lograr los sueños de vida que Dios ha puesto en tu corazón. Hasta que hayas identificado (y apuntado) estos sueños, estarás persiguiendo "algo" no identificado, y siempre te faltarán finanzas.

¿Cuánto es suficiente? En lugar de suponer que debes acumular, acumular y acumular, pregunta: ¿Cuánto costará financiar los sueños de vida que Dios me dio?

Intenta este *escalofriante* ejercicio. En mis treintas tomé un papel e hice dos columnas con veinte líneas blancas, más o menos (ver abajo):

Mis sueños de vida inspirados por Dios	
Lo que quiero hacer antes de morir	¿Costo?
_____	$ _____
_____	$ _____
_____	$ _____

Luego apunté las cosas que quería hacer antes de morir—mi "bucket list" (antes que este término fuera popular). Y no la edité. Algunas cosas eran grandes; otras eran pequeñas; algunas egoístas; algunas no medibles; algunas costaban poco; otras costaban mucho. Después reflexioné sobre la lista y la dejé quieta. Ahí fue cuando me di cuenta de que necesitaba una misión para conseguir dinero o una declaración de propósito para darle una razón a mi lista de sueños—una alternativa a solo querer ser rico.

Mi misión en cuanto a las finanzas se convirtió en: *Buscar solo lo suficiente de los tesoros de este mundo para permitirme lograr el propósito por el cual Cristo me llamó.*

El último paso que di fue estimar lo que cada sueño costaría. Yo reviso mi lista varias veces al año para añadir o quitar de ella conforme cambian las situaciones en la vida. Me alienta ver cómo algunos sueños están siendo cumplidos y otros refinados.

¿Qué hay de ti? ¿Has apuntado tus metas financieras—el precio de los sueños de tu vida? ¿Dije "apuntado"? Sí, en papel o en la pantalla de tu computadora. Escucha a Tony Brooks del Taller de Capacitación para el Liderazgo, (*Leadership Training Workshop*):

> Lo que la mayoría de la gente no se da cuenta es que el poder de establecer metas radica en *apuntar las metas*. El afianzar tus metas sobre el papel y revisarlas regularmente te da un 95% más de probabilidad de lograr los resultados deseados. Las investigaciones han demostrado que solamente tres a cinco por ciento de las personas del mundo tienen sus metas apuntadas.[4]

Sé valiente y apunta tus sueños específicos en el papel. ¡Estudia la lista; ora por ellos! Dios te revelará aquellos que son correctos y aquellos que no lo son. No te sientas culpable por lo que costarán los sueños de vida que Dios te ha dado. Hay suficiente dinero para hacer lo que Dios te está llamando a hacer. Por ejemplo:

- Lograr que tus hijos terminen la universidad o entrenamiento vocacional sin deudas.
- Construir un fondo de emergencia igual a dos meses de tu salario.
- Ahorrar para comprar un vehículo en lugar de tomar un préstamo.
- Ahorrar para una vacación familiar en las islas Mauricio.
- Depositar un 30% de enganche para la compra de una casa.

¿Entiendes la idea? ¿Por qué no tomar unos pocos minutos hoy y apuntar tus metas de vida en papel?

Vamos a regresar a 1 Timoteo 6:9. Desear tener 100% de tu apoyo financiero no significa que "quieres ser rico". Sea tu presupuesto grande o pequeño, recauda el 100% más otro 10% (como lo sugerí antes) para ayudarte con los faltantes temporales. No dejes una cosa tan sencilla como el dinero aplastar tus sueños inspirados por Dios.

¿Secretamente anhelas ser rico? Si deseas librarte de ello, primero debes admitirlo.

5. ¿Me preocupo por el dinero?

Los obreros no sufren de preocupación crónica, pero muchos están *muy preocupados* por las finanzas. ¿Cuándo se convierte el *muy preocupado* en *ansiedad* crónica?

¿Te has dado cuenta que la enseñanza de Jesús en Mateo 6 acerca de preocuparse, viene justo después de su enseñanza acerca del dinero? Mateo 6:24 resume los comentarios de Jesús en cuanto al dinero: "No podéis servir a Dios y a las riquezas". Luego, en Mateo 6:25 Jesús continúa diciendo, "Por tanto os digo: No os afanéis por vuestra vida, qué habéis de comer o qué habéis de beber".

Aquí está el problema: Si *no* estás fielmente recaudando finanzas, será casi imposible de dejar de estar ansioso (o estar *muy preocupado*) sobre el dinero. El asunto no es la preocupación, sino la desobediencia. Si sabes qué hacer (en recaudación de finanzas o cualquier otro tema) pero no lo haces, la Biblia lo llama pecado (Santiago 4:17). Empieza a trabajar sobre tu financiamiento, y tu ansiedad disminuirá.

¿Si Dios nos ha dado vida y ha prometido proveer para las necesidades de la vida, por qué nos preocupamos por las finanzas? William Barclay, el comentarista bíblico británico, decía que "pueden haber pecados mayores que la preocupación, pero ciertamente no hay pecado que debilite más".[5]

6. ¿Tienes un espíritu generoso?

¿Queremos que otros sean generosos, pero lo somos nosotros? A veces, encuentro en mí y en otros obreros una sutil forma de tacañería. ¿Tenemos miedo que Dios quizá no provea otra vez como lo ha hecho en el pasado?

- Un líder de un ministerio universitario canceló un retiro de de planificación para su equipo porque sus tres miembros no tenían el dinero. Aunque él tenía $20.000 dólares de "reserva" en su cuenta ministerial. Cuando yo le sugerí que él pagara por su equipo (tal vez un total de $1.000 dólares), él dijo que "no se le había ocurrido" usar su cuenta personal para ayudar a su equipo.
- Una pareja misionera recibió una beca para pagar el costo de la conferencia de $2.000 dólares. Aunque tenían $30.000 dólares de reservas en su cuenta ministerial. Cuando yo reté al misionero, él me dijo que necesitaba la reserva para un viaje a Asia. ¿Cuánto? Tal vez $4.000 dólares, si acaso. Tristemente, a

otros con más necesidad de becas se les negó la oportunidad por el temor de esta pareja.

- Una vez yo intenté recaudar fondos para un obrero misionero quien dijo que estaba pasando por tiempos difíciles. Entonces yo llamé a algunos de sus donantes que habían dejado de apoyar para pedirles que empezaran a apoyar de nuevo. Parecían sorprendidos. Me di cuenta más tarde que mi amigo tenía una enorme reserva en su cuenta ministerial. ¿Por qué fingía estar en pobreza?

¿Qué hay en el fondo de tal comportamiento? ¡Un miedo a que Dios no provea! ¡Aférrate a lo que ya tienes! ¡Porque cuando se acabe, ya no habrá más!

En los primeros días del ministerio estábamos bajos de presupuesto, mi principio financiero era "gastar lo menos posible". Por lo tanto, yo resentía dar propina en los restaurantes, me dolía pagar recibos mensuales y me quejaba de los precios altos. Hasta tenía pavor de las vacaciones porque me molestaba gastar dinero en "cosas superfluas" como que mis hijos se deslizaran por el tobogán gigante en la feria. "No nos alcanza", suplicaba yo. Pero en realidad, yo tenía un espíritu de tacañería.

Por el contrario, Alma era generosa. Cuando invitaba a otros obreros y estudiantes a comer en casa, ella se aseguraba que hubiera suficiente comida para poder repetir. ¡A los estudiantes les encantaba venir a nuestra casa—pero no por mis charlas de estudio bíblico!

Incluso cuando estábamos casi al 100 por ciento de nuestra meta financiera, yo evitaba gastar dinero. Ni sé por qué. Un cambio rotundo vino cuando iniciamos un presupuesto del hogar usando un sistema de sobres (efectivo—mira el siguiente capítulo). Los sobres nos dieron permiso de gastar hasta las cantidades presupuestados en vez de gastar "lo mínimo posible".

Poco a poco dejé de resentir los paseos divertidos. Poco a poco, dejé de quejarme de tener que pagar recibos. Poco a poco empecé a dar mejores propinas en los restaurantes.

¡Mirando el pasado ahora, veo que mi perspectiva de austeridad extrema era una excusa para la mentira que Dios no puede proveer a menos que aquello esté en promoción o sea gratis! Pero la vieja tendencia a la tacañería todavía es una tentación.

La austeridad se convierte en tacañería cuando en el fondo creemos, "Eso es todo lo que hay" o "No se puede mejorar". Yo no tenía un espíritu generoso porque no creía que Dios era generoso. Una actitud de tacañería es una señal de que Dios mismo es tacaño.

Conclusiones.

¿Puedes decir que sí a estos seis indicadores de una perspectiva bíblica del dinero?

- Oro por *todas* las decisiones financieras porque "mi dinero" no es mío.
- Expreso agradecimiento diariamente al Señor.
- Conozco cuáles "formas" de codicia me tientan y lo rechazo.
- No deseo ser rico, sino solamente tener lo necesario para lograr mis sueños de vida dados por Dios.
- Rehúso dejar que las preocupaciones por el dinero ocupen mis pensamientos.
- Cultivo un espíritu generoso, desplazando a diario el espíritu de tacañería.

¿Diría Martin Lutero que tu billetera se ha convertido?

ADMINISTRACIÓN DE FINANZAS
Cuatro Palabras que Debes Conocer Bien

RECAUDAR FINANZAS ES SOLAMENTE la mitad de tu responsabilidad financiera—la otra cara de la moneda es la administración financiera. Tristemente, los obreros muchas veces son ineptos y a veces injuriosos en su manejo del dinero.

Un amigo mío en Omaha era un agente de ventas para una exitosa compañía de equipo de oficina. Como creyente le asignaban a él las "cuentas religiosas". ¿Por qué? "Los otros agentes de ventas no las aceptarán", dijo. "Nuestros clientes de iglesias y ministerios no pagan sus facturas a tiempo. Y cuando cobramos un cargo por demora, ellos lo restan del total, aunque hayan tardado 60, 90 o hasta 120 días en pagar. Es un horrible testimonio a los agentes de venta que estoy tratando de ganar para Cristo".

Una vez le pedí al director de cuentas por cobrar del editorial NavPress identificar los clientes más difíciles para cobrarles. Rápidamente respondió, "¡Los misioneros!" Pero peor son las historias de líderes cristianos viviendo extravagantemente, la vida del jet-set con juntas directivas del ministerio que son más como títeres. O dinero que se da para un proyecto específico, pero se gasta en las operaciones cotidianas.

La mayoría de nosotros en la obra no hemos sido entrenados específicamente en administración de dinero. Por eso debemos conocer bien las siguientes palabras relacionadas con el dinero. ¡Empecemos nuestro entrenamiento ahora mismo!

Palabra 1: Préstamo.
Estar libre de deuda es una buena idea—hasta que la tienda Sears tiene una venta de descuentos en las herramientas deseadas o hay que

pagar las cuotas escolares. Antes yo pensaba que los misioneros no estarían tentados a pedir prestado, pero ellos también tienen la tendencia de acumular deudas—aun en países en desarrollo donde muchos viven escasamente de quincena en quincena. Los misioneros tienen la tentación adicional que "Dios seguramente proveerá el siguiente mes."

Para algunos misioneros, pedir prestado de la familia o por medio de tarjetas de crédito ha llegado a ser un estilo de vida. Un misionero amigo mío tuvo la valentía de decir lo que sospecho que muchos creen: "[El préstamo] se convirtió en la forma de *provisión de Dios* durante los tiempos difíciles." Meses después, él estaba más endeudado.

El promedio de la deuda de tarjeta de crédito en Estados Unidos ahora es $16.061 dólares por familia—suficientemente serio— y el promedio de deuda de estudios universitarios en el tercer trimestre de 2016 era $49.042 dolares.[1] Cuando los jóvenes graduados de la universidad se unen a la fuerza misionera, tienen que añadir enormes cantidades a sus presupuestos para pagar las deudas de sus estudios. Algunos están en tan grande atadura financiera que ni considerarían el servicio al Reino.

Algunos países, como Japón, no batallan tanto con deuda. Los obreros de países en desarrollo tienen mucho menos deuda que los de Estados Unidos, pero muchos están endeudados con la familia. Un obrero filipino me dijo entre risa y risa, "¡Nosotros los filipinos pedimos prestado aun cuando no necesitamos el dinero—por si acaso!"

A pesar de lo que tu cultura dice sobre pedir prestado, ¿sabes lo que las escrituras enseñan? Dos versículos lo comentan específicamente. Aquí están:

- Proverbios 22:7: "El rico se enseñorea de los pobres, Y el que toma prestado es siervo del que presta". Si debes a alguien dinero, él o ella se *enseñorea* de ti. Tú no estás libre mientras debas dinero.
- Salmos 37:21: "El *impío* toma prestado, y no paga; Mas el justo tiene misericordia, y da" (énfasis añadido). Aunque tal vez no sea un pecado pedir prestado, ciertamente sí es un pecado no pagar el préstamo. ¡Si tu hermano no te devuelve el dinero, muéstrale a él este versículo—comparte con el gentilmente que él es un "impío"!

Aquí hay un peligro adicional: Pedir prestado causa tensión en las relaciones. Piensa en alguien que te debe dinero—aun una cantidad pequeña. Mientras que la deuda sigue sin liquidar, tu relación con esta persona se convierte en algo incómodo. La deuda se convierte en el elefante en la sala. Como no queremos causar tensión en nuestras relaciones con amigos y familia, Alma y yo no prestamos dinero. Pero felizmente *damos* dinero sin esperar pago alguno. Les decimos a ellos que es un regalo.

¿Qué hay de la hipoteca de una casa? En la mayoría de países un hogar es un bien mueble que sube en valor; probablemente no perderás dinero con el paso del tiempo—¡probablemente! Sin embargo, eres sabio si eliminas incluso esta deuda lo más pronto posible.

Otra trampa es pedir prestado de los padres. Tus padres tal vez dirían, "No te preocupes por devolvernos el dinero. No estamos con ninguna prisa para recibirlo". Pero aún sigue siendo un préstamo; aun trae una sutil tensión en tu relación. En mi experiencia, las esposas sienten la tensión sutil primero. Maridos, no ignoren la ansiedad de sus esposas de tener un préstamo de sus padres o familiares. Aun en las buenas relaciones familiares, puede sentirse como un medio de control. Paga la deuda rápido. Hay más en juego que el dinero.

¿Hay una contradicción en Lucas 6:35: "Amad, pues, a vuestros enemigos, y haced bien, y *prestad*, no esperando de ello nada" (énfasis añadido: ve también Mateo 5:42)? La traducción de la palabra "prestad" es *didomi*—"dar"—y se usa en varias formas. Empezando en Lucas 6:27, Jesús enseña acerca de relaciones—ama a tus enemigos, amad a vuestros enemigos, haced bien, bendecirlos, darles la otra mejilla. El contexto y el versículo mismo enseñan que nosotros debemos *no esperar de ello nada*. Abruma a tus enemigos con tu generosidad. Jesús no está animando a que presten dinero.

En resumen, la Escritura no condena la deuda como pecado, pero nos advierte de su peligro. La deuda (1) añade presión financiera, (2) te da otro amo y (3) causa tensión en las relaciones.

La gráfica abajo revela el poder de la deuda en comparación con el ahorro. Vamos a decir que gastas $80 dólares demás por mes—$960 dólares por año. Con un interés del 10 por ciento anual en tarjetas de crédito, la deuda total después de un año es $1.133 dólares. Luego de cinco años, debes $4.800 (5 x $960), pero $8.104 dólares es la cantidad que tienes que pagar.

Ahora vamos a decir que quieres liquidar la deuda de $8.104 dólares en los siguientes cinco años. Tú no pagas $80 dólares por mes, sino $150 dólares. El interés total pagado por el privilegio de sobre gastar $80 dólares por mes es $7.494. ¡Eso se conoce como trabajar para tu dinero!

GASTAR DEMÁS

Aquí podrás ver cuanto se añadirá a tu deuda total en cinco años, si gastas $80 dólares adicionales a tus ingresos con una tasa del 18 por ciento de interés anual.

Año	Deuda Adicional	Interés	Deuda Total
1	$960	$173	$1,133
2	960	377	2,470
3	960	617	4,047
4	960	901	5,908
5	960	1,236	8,104

PAGO DE LA DEUDA

Aquí puedes ver lo que te costará pagar esa deuda en los siguientes 5 años, si pagas una mensualidad de $203.17 dólares.

Año	Pago Anual	Liquidación de la Deuda	Total de la Deuda
6	$2,438	$1,350	$6,912
7	2,438	1,142	5,616
8	2,438	894	4,072
9	2,438	582	2,216
10	2,438	222	—
Intereses los primeros cinco años		$3,304	
Intereses los últimos cinco años		$4,190	
Interés Total		$7,494	

Ahora contrasta la deuda con los ahorros en la siguiente gráfica. En lugar de gastar $80 dólares mensuales demás, digamos que ahorras $83 dólares por mes ($1.000 dólares por año), ganando 6 por ciento de interés. ¡Después de cinco años tendrías $5.975 dólares y luego de quince años habrías acumulado $24.672 dólares!

¡Ahora puedes sacar no $1.000 dólares, sino $2.000 dólares por año por veinte años y todavía tendrás $1.142 de sobrante! ¡Eso es poner tu dinero a trabajar para ti!

Invertiste $15.000 dólares de tu dinero en quince años. Debido a los intereses, sacaste $2.000 dólares al año durante los siguientes veinte años ($40.000 dólares) y aún tenías $1,142 dólares de sobrante.

AHORROS: UNA ILUSTRACIÓN

1,000 dólares ahorrado anualmente al 6 por ciento de interés anual por quince años:

Año	Suma	Intereses Ganados	Saldo Final
1	$1,000	$60	$1,060
2	1,000	123	2,193
3	1,000	191	3,374
4	1,000	262	4,636
5	1,000	383	5,975
6	1,000	418	7,393
7	1,000	503	8,897
8	1,000	593	10,491
9	1,000	689	12,180
10	1,000	790	13,971
11	1,000	898	15,869
12	1,000	1,012	17,882
13	1,000	1,132	20,015
14	1,000	1,260	22,276
15	1,000	1,396	24,672

Al final de quince años, podrías empezar de retirar $2,000 dólares anualmente:

16	2,000	1,360	24,032
17	2,000	1,321	23,354
18	2,000	1,281	22,636
19	2,000	1,238	21,874
20	2,000	1,192	21,066
21	2,000	1,144	20,210
22	2,000	1,092	19,303
23	2,000	1,038	18,341
24	2,000	980	17,321
25	2,000	919	16,241
26	2,000	854	15,095

Al final de once años retirando $2,000 dólares anualmente, todavía tienes más en tu cuenta de lo que invertiste originalmente.

27	2,000	785	13,881
28	2,000	712	12,594
29	2,000	635	11,230
30	2,000	553	9,783
31	2,000	467	8,250
32	2,000	375	6,625
33	2,000	277	4,903
34	2,000	174	3,077
35	2,000	64	1,142

¿Si estás endeudado, cómo sucedió? ¿Qué proceso de pensamiento subyacente te dio permiso para comprar algo que no podías pagar de inmediato? Si pediste prestado porque tu recaudación de fondos está atrasada, pregúntate porque está atrasada. ¡Tu tarjeta de crédito no es una respuesta de oración! Si no tratas estas preguntas, estarás con ataduras financieras toda tu vida.

Pero no es demasiado tarde. ¿Qué pasos puedes tomar para eliminar la deuda—aun préstamos familiares—*en cuestión de un año*? ¡Hablo en serio—un año! Aquí hay algunos consejos:

- Destruye tus tarjetas de crédito de inmediato—guarda una solamente para conveniencia y paga la cuenta total cada mes. Si no puedes controlar el uso de la tarjeta de crédito, no debes tenerla. ¡No guardes tarjetas extras en tu escritorio—guárdalas en un horno de 175 grados!
- Vive adentro de un presupuesto y agresivamente paga tu deuda cada mes.
- Haz una venta de cosas. Usa el dinero de la venta para pagar deudas.
- Antes de comprar, pregúntate a ti mismo y al Señor, "¿Necesito esto?" ¿Lujo o necesidad?
- Evita los centros comerciales y las ventas en línea. ¡Detén la tentación antes de que empiece!
- Vende tu segundo automóvil.
- Deja de comer en restaurantes.

¡Salir de deuda requiere una enorme disciplina! Dave Ramsey, el experto estadounidense en finanzas, aconseja diariamente en su programa de radio, "Vive como ningún otro [ahora] para que puedas vivir como ningún otro [después]". Para salir de deuda tú y tu esposa no saldrán en citas de pareja. Comerán sencillamente cada día. ¡Jueguen juegos de mesa en lugar de ir a McDonald's! ¡Los "mileniales" ya no exhibirán fotos de cenas costosas en Instagram!

¡El dolor vale la pena! Guardé una carta de un obrero que decía, "Estoy llegando a mi tercer aniversario de no vivir de la tarjeta de crédito...estoy disfrutando la gracia de Dios y mayor libertad financiera". ¡Ojalá todos podamos experimentar este testimonio!

Palabra 2: Ahorrar.

A los misioneros les encantaría tener cuentas de ahorro y/o de inversión, pero muchos se sienten culpable teniéndolas. Está bien que sus donantes inviertan, pero ellos no. Es una señal de "descender a Egipto", confiando en el hombre en lugar de Dios. Mmm.

Como cuando pides prestado, solamente pocos versículos bíblicos enseñan fuertemente sobre ahorrar, pero el ahorro está implícito a través de la Biblia. Aquí hay tres pasajes instructivos:

- "Tesoro precioso y aceite hay en la casa del sabio; Mas el hombre insensato todo lo disipa" (Proverbios 21:20). Nota el contraste: Una persona sabia *acumula* en lugar de que *todo lo disipa* al instante. La acumulación a veces se ve como pecado o políticamente incorrecto. El problema no es la acumulación en sí, sino los motivos de la persona que acumula. Interesantemente, si tus donantes no acumularan, no podrían dar para tu proyecto de fin de año.
- "Ve a la hormiga, oh perezoso, mira sus caminos, y sé sabio; la cual, no teniendo capitán, ni gobernador, ni señor, prepara en el verano su comida, y recoge en el tiempo de la siega su mantenimiento" (Proverbios 6:6-8). Incluso con diminutos cerebros, las hormigas anticipan que necesitarán almacenar para los días cuando no se halle la comida. Los pájaros carpinteros guardan semillas en la corteza de los árboles. El ahorro es parte del ADN de las hormigas y pájaros—¿qué hay de nosotros?
- "Recogió José trigo como arena del mar, mucho en extremo... Y de toda la tierra venían a Egipto para comprar" (Génesis 41:49, 57). José no estaba guardando el grano compulsivamente. Su acumulación tenía un propósito divino—para ayudar a aquellos en necesidad cuando llegaron los tiempos difíciles.

¿Pero contradice el ahorro a Mateo 6:19-21? "No *os hagáis* tesoros en la tierra" (énfasis añadido). ¿Y qué hay de Lucas 12:16-21, donde Jesús le llama al hombre rico un necio porque él construía graneros más grandes para guardar sus cosechas? "Así es el que hace *para sí* tesoro, y no es rico para con Dios (énfasis añadido). Nota las palabras enfatizadas: "os hagáis" y "para sí". La persona que acumula *para sí*, para no tener que confiar en Dios, tiene un ídolo. De igual manera, si tú no tienes los propósitos de Dios para tus ahorros, estás solamente acaparando.

Como Ahorrar

En nuestros primeros años de matrimonio Alma y yo caímos en la trampa de tratar de ahorrar lo que sobraba al final del mes. ¡Pero nada sobraba—aunque estábamos decididos a no gastar demás! En el periódico me pagaban cada viernes. ¡Pero nos quedamos sin ni un centavo para el siguiente lunes en la tarde! Entonces tratábamos de aguantar hasta el sueldo del viernes.

Cambiamos de "ahorrar lo que sobraba" al viejo dicho SEPAMP, "se paga a sí mismo primero". Yo depositaba mi cheque del sueldo en nuestro banco el viernes—excepto $25 dólares. (En aquel entonces eso era mucho dinero.) Después transferí los $25 dólares a una cuenta de ahorros. ¡Aunque teníamos $25 dólares menos para gastar la siguiente semana, no nos morimos! ¡Mi autoestima se encumbró!

Después de un año de esta disciplina semanal, ahorramos suficiente para pagar nuestra mudanza a Iowa para unirnos al equipo de Los Navegantes. ¡SEPAMP funcionaba!

Desde aquel entonces Alma y yo hemos ajustado nuestra estrategia a PASP/SEPAMS—paga al Señor primero, se paga a sí mismo segundo. ¡Inténtalo! En lugar de depositar tu sueldo, guarda 5 a 10 por ciento y de inmediato deposítalo en una cuenta de ahorros— algún lugar donde no es accesible fácilmente.

Ahora una pregunta: Cómo José tenía una razón divina para guardar el grano, ¿cuáles son tus propósitos divinos para ahorrar? Una respuesta como "Por si acaso lo necesito" está al borde de acaparar. "¿Lo necesita" para qué? ¿Qué te parece ahorrar para

- emergencias como arreglar tu automóvil o calentador de agua,
- tu próximo vehículo (el tipo que te vendió tu carro actual dijo que tenía vida eterna—estaba equivocado),
- la educación de tus hijos,
- tu vejez o cuando no estés trabajando a tiempo completo,
- comprar una casa o
- cuidado de tus padres que están envejeciendo?

Como mencioné en el capítulo anterior, apunta tus propósitos financieros divinos—esos son simplemente tus sueños de la vida. Fíjate en la lista y medita sobre ella. No podrás lograr estos deseos sin acumulación. ¡El sueldo de un mes no comprará un automóvil nuevo!

¿Cuánta acumulación? Acumula suficiente para lograr los sueños—personal, familiar y ministerial—que Dios te ha dado.

Advertencia: Alma y yo cometimos el error de combinar nuestros ahorros en un fondo grande de emergencia. Pero de pronto el dinero para la universidad se gastó en llantas para el automóvil. No fue sabio. Ten diferentes cuentas bancarias para diferentes propósitos divinos.

¿Dónde empiezas con una estrategia de inversión/ahorros? La gráfica en la siguiente página ayuda.

- *Paso uno: Sal de deuda del consumidor o familia.* ¡Esa es tu prioridad financiera más importante! Increíblemente, algunos "expertos" avisan de no pagar todas tus deudas para que puedas usar el dinero para invertir en oportunidades de mayor rendimiento. ¡Pero la deuda es peligrosa! Te da otro jefe. ¡Aunque tu interés puede ser bajo, sal de deudas! Es imposible experimentar libertad financiera pagando intereses año tras año.
- *Paso dos: Establece un fondo líquido para emergencias.* Aparta dos o tres meses de gastos de vida en un fondo accesible, pero no demasiado accesible, de emergencia. (¡No lo metas debajo de tu colchón!) Úsalo para reparar el automóvil, ayudar a un familiar, emergencias médicas, etc.
- *Paso tres: Ahorros de corto plazo.* Reponer el automóvil, comprar electrodoméstico, vacaciones familiares, gastos de la universidad, empezar un negocio, etc.
- *Paso cuatro: Ahorros de largo plazo.* Un enganche para comprar una casa, fondo para la universidad, cuidado en su vejez, sueños, cosas extras, etc.

Empieza con el paso uno de primero para salir de deudas, pero empieza un pequeño fondo de emergencia a la vez. Una vez que estás libre de deuda y tienes un fondo de emergencia, entonces empieza a trabajar sobre los pasos tres y cuatro, con más dinero para el paso tres. Mantén las cuatro cuentas separadas. Para ver un sorprendente repaso del poder de ahorrar vete a scottmorton.net. ¡Si estás en tus años veintes, debes ver esta gráfica!

¿Cómo calza Mateo 6:33—"Mas buscad primeramente el reino de Dios y su justicia, y todas estas cosas os serán añadidas"—¿dentro de la idea de ahorrar y confiar en Dios? Siendo un alumno de la universidad y un creyente de seis semanas, yo estaba comiendo con los muchachos del estudio bíblico. Un alumno de último año, a quien le tenía mucho aprecio, había recibido una oportunidad de comprar un seguro, pero él dijo, "Nunca tendré una cuenta de ahorros o una póliza de seguros porque va contra las Escrituras". Luego citó Mateo 6:33. ¿Su aplicación tan simplista parecía sospechosa, pero quién era yo para refutarlo?

Pocos años después yo empecé el pasatiempo de observación de aves. Yo observaba que las aves pasan la mayor parte de su tiempo despiertas—algunos estudiosos dicen 60 por ciento—buscando comida. ¿Cuándo ves los pájaros revoloteando entre la maleza, no están solamente pasando el tiempo—están buscando algo para comer y es de vida o muerte!

Mateo 6:26 dice que, aunque las aves no siembran ni siegan, "vuestro Padre celestial las alimenta. ¿No valéis vosotros mucho más que ellas?" Está bien, las aves no compran pólizas de seguro, pero algunos obreros piensan equivocadamente que "buscar primero el Reino" significa que no deben mantenerse activos financiando sus ministerios.

Dios provee—pero las aves deben buscar. Él provee para nosotros, también, pero debemos hacer nuestra parte—igual que las aves.

Palabra 3: Presupuesto.

La palabra "P". ¿Es la elaboración de un presupuesto

PRIORIDADES EN LA ADMINISTRACIÓN FINANCIERA

Pasos a seguir para establecer prioridades en las metas financieras:

#4 AHORRO DE LARGO PLAZO

Un pago inicial de una casa, fondo para la universidad, tercera edad, sueños.

#3 AHORRO DE CORTO PLAZO

Automóvil, electrodomésticos grandes, vacaciones

#2 ESTABLECER UN FONDO DE EMERGENCIA DE RÁPIDO ACCESO

Dos meses de gastos para vivir para emergencias no anticipadas.

#1 SAL DE LA DEUDA DE CONSUMO Y DEJA DE PAGAR INTERESES

Tarjetas de crédito, prestamos de automóvil, prestamos con garantía hipotecaria, etc.

Consejo: Concéntrate en salir de deudas y establecer un fondo de emergencia primero.

meramente un concepto occidental? No encuentro *presupuesto* en la Biblia, pero el principio de elaboración de un presupuesto ciertamente está allí. La parábola de Jesús de las diez vírgenes sabias y las insensatas en Mateo 25:1-13 nos da dos palabras claves que nos muestra que el presupuestar es bíblico.

En el tiempo de Jesús, las fiestas de boda no eran apresuradas. Los invitados llegaban poco a poco a la casa del novio para la celebración. De seguido (usualmente en la noche), el novio y sus acompañantes llegaban a la casa de la novia. Se esperaba que cada invitado de la fiesta llevara una antorcha. En la parábola en Mateo 25, diez vírgenes llegaron tarde en la noche, las cinco insensatas no tenían aceite, así que pidieron a las cinco vírgenes sabias algo de su aceite. Pero las vírgenes sabias dijeron que no. Mientras las vírgenes insensatas salieron a comprar aceite de los comerciantes, "se cerró la puerta" (versículo 10).

¿Cuál es el punto de la parábola? Debes estar preparado para el regreso del Señor, aunque sea más tarde de lo que planeabas. ¿Se puede aplicar esta enseñanza a la vida cotidiana? Por supuesto. Vamos a echar un vistazo a las vírgenes sensatas primero.

¿Qué tipo de mente diría, "No necesitamos llevar aceite extra"? El problema es una suposición equivocada—es esperar un resultado favorable sin tener fundamento. Las vírgenes insensatas suponían que el novio vendría antes que su aceite se acabara y podían pedir prestado de otros. Ellas supusieron un resultado del cual no tenían ningún control.

También asumieron que podrían conseguir ayuda de otros si se les acababa el aceite. Entonces pidieron a las otras cinco vírgenes que les prestaran aceite. Pero las cinco sabias dijeron que no, y las vírgenes insensatas se quedaron afuera.

Hacer suposiciones sabias acerca del futuro es un principio de vida que ignoramos en perjuicio propio. Aunque nuestro conocimiento del futuro es limitado y nuestro control sobre nuestras circunstancias es limitado, debemos planear para el futuro con suposiciones sabias. La Biblia llama a las vírgenes que no se prepararon *moros*, que quiere decir insensatas o estúpidas. ¡Es una palabra muy fuerte de Jesús!

Mientras que estás considerando tu futuro financiero (cercano o lejano):

- ¿Qué estás *suponiendo*? ¿Son válidas tus suposiciones?
- ¿Qué *limites* debes poner?

¿Primero, supones que

- tus hijos conseguirán becas completas para la universidad,

- una herencia grande vendrá de tus padres,
- tus donantes te darán, aunque no te comuniques con ellos,
- tú o tu familia nunca tendrá una emergencia médica, o
- Puedes pedir prestado de tus amigos cuando tengas una emergencia?

La segunda palabra es *límites*. Las vírgenes sabias dijeron que no—no compartieron su aceite. Aunque parezca inmisericorde, la costumbre en el tiempo de Jesús no permitía a los "improvisadores" a la fiesta de novios". No hay lámpara, no hay entrada. Una enseñanza muy seria acerca de la finalidad de Su segunda venida.

Las vírgenes sabias pusieron un límite porque el asunto tan serio de ganar entrada a la ceremonia de novios estaba en juego. Dijeron que no para no arriesgar su destino. Es una buena lección para nosotros también.

Aplicar el principio de límites a las finanzas simplemente significa decidir a qué cosas dirás que no financieramente—eso es presupuestar. Un presupuesto familiar te dice 'no' cuando llegas al límite de gastos. Por ejemplo—di 'no' gentilmente cuando

- recibas una publicidad para una sopladora de hojas muy buena, extra potente, garantizada, fabulosa, pero innecesaria (la cual usarás solamente tres veces al año);
- un miembro de la familia quiere que inviertas en una oportunidad "infalible" en una mina de oro;
- tu hija te está rogando con lágrimas por un adelanto de su mesada para comprar un nuevo estilo de mezclillas que "todos los otros jóvenes traen puesto"; o
- estás tentado a comprar la última actualización en electrónica, aunque tengas que pedir prestado "solamente un poquito" para poder pagarlo.

Creo que la clave para decir no en finanzas es la oración. "Señor, rindo ante ti mi deseo del aparato electrónico". Las vírgenes sabias dijeron que no y tú también puedes.

Está bien, ¿pero podrás tener éxito en presupuestar sin un título en contabilidad? Sí. Primero, sé transparente en lo que no es presupuestar.

Siendo el coach de recaudación de fondos de Roberto, lo felicité por llegar al 100 por ciento finalmente. Pero curiosamente él no estaba entusiasmado. Todavía le faltaban $150 dólares cada mes y pensaba que necesitaba recaudar su presupuesto otra vez. Más bien, hablamos acerca de presupuestar. Roberto estaba a la defensiva, diciendo, "Elizabeth y yo tenemos un sistema de contabilidad, te puedo decir exactamente donde gastamos el dinero—presupuestar no es el problema".

Le dije, "¿Roberto, estás confundiendo presupuestar con contabilidad de costos—apuntar y entender dónde han gastado cada dólar?" La contabilidad de costos está bien, pero no es presupuestar. Presupuestar requiere "cerrojos"—algo que te obligue a dejar de gastar. Si no hay cerrojos, no hay presupuesto.

Entonces Roberto y Elizabeth montaron un sistema de sobres para presupuestar. Primero, depositaron su sueldo en el banco para pagar su hipoteca, servicios, mensualidad del colegio, ahorros y donaciones—cualquier cuenta fija no pagada con efectivo. Y después sacaron el efectivo—en billetes de veinte, diez y unos cuantos de cinco dólares—para cubrir los gastos del hogar hasta la siguiente quincena. Pusieron nuevos sobres sobre la mesa del comedor y los etiquetaron. Después apuntaron una cantidad mensual en cada sobre.

PRESUPUESTO PARA EL MARIDO
PRESUPUESTO PARA LA ESPOSA
MISCELÁNEO
PRESUPUESTO FAMILIA: DE DISFRUTE
AUTOMÓVIL: GASOLINA Y MANTENIMIENTO
ROPA
HOGAR
HIJOS
EFECTIVO CARIDAD
$ _____

Luego metieron la cantidad de efectivo que habían acordado en cada sobre—cada "dólar tenía un nombre" (una frase usada comúnmente por Dave Ramsey).

Aquí está el secreto poderoso: ¡Cuando un sobre está vacío, dejas de gastar en esa categoría! Por ejemplo, cuando el sobre de la ropa está vacío, dejas de comprar ropa hasta el siguiente mes. Pedir prestado de otros sobres no se permite.

Tardará un par de meses para lograr las cantidades correctas, pero ahora tienes "cerrojos" para evitar gastar demás.

Otra ventaja del sistema de sobres: no tienes que mantener un registro.

¿Preocupado por tener efectivo en la casa? ¡No hay problema— la mayor parte se habrá gastado en diez días de todas maneras! Si sobra dinero en un sobre al final del mes, lo dejas allí para el próximo mes. No es necesario gastarlo. Pero si queda dinero en el sobre de los alimentos, Alma lo pone en su bolso, sin preguntas. ¡Un incentivo divertido!

¿Qué hay de los gastos ministeriales? Consigue sobres adicionales:

- Hospitalidad ministerial (invitados a la casa o salir a comer por ministerio)
- Viajes y reuniones ministeriales (combustible, comida, peajes, hotel)
- Materiales ministeriales (estudios bíblicos, libros, hojas de

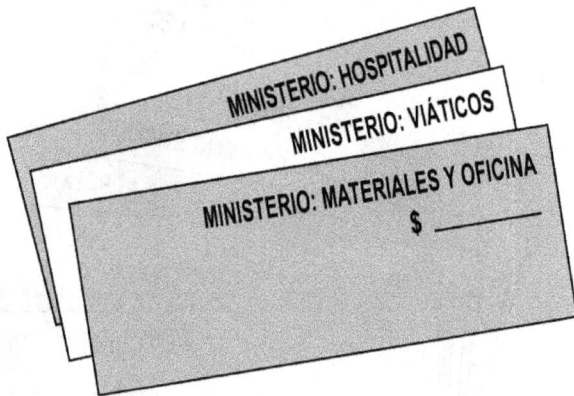

trabajo) y suministros de oficina (computadora, copiadora, papel, tinta, etc.)

Evita mezclar gastos ministeriales con tus gastos personales, porque muchas veces los gastos ministeriales usurpan los gastos personales.

Si eres soltero, a lo mejor necesitas menos sobres, pero tú también necesitas un presupuesto con cerrojos. Cualquier sistema de presupuesto funcionará mientras tenga cerrojos—*debes honrar los cerrojos.*

Algunas personas argumentan que son naturalmente austeros y no necesitan un presupuesto. Bien por ti que eres austero, pero la austeridad no reduce la presión. Esta es la razón: ¡La regla de "gastar lo menos posible" te está fastidiando para que siempre gastes menos! Y siempre puedes gastar un poquito menos. Las esposas de misioneros me cuentan de sus experiencias de devolver comida en la caja del supermercado porque se dan cuenta que podrían vivir sin ciertas cosas. Pero por dentro produce resentimiento. La regla de "gastar lo menos posible" tiene el propósito de dar libertad, pero en realidad se vuelve una *atadura.*

Más bien, date permiso de gastar hasta el límite del presupuesto en vez de estar bajo la presión de gastar lo menos posible.

¿Qué hay de Roberto y Elizabeth? Tres meses después de nuestra conversación, en lugar que les faltaran $150 dólares cada mes, tenían $150 dólares extra. El gasto demás de Roberto era por comprar "cositas" para el ministerio, como libros para regalar. El sobre de "cerrojos" detuvo los gastos bien intencionados, pero desordenados de Roberto.

Palabra 4: Generosidad Financiera

¿Cómo andan tus dádivas?

Toma nota que no pregunté, "¿Cómo andas con el diezmo?" Muchos líderes cristianos enseñan acerca del diezmo (en hebreo *ma'aser*—10 por ciento) como la norma de lo que deben dar los creyentes. ¿Pero lo es?

Tu conoces el famoso versículo acerca del diezmo en Malaquías 3:10: "Traed *todos* los diezmos al alfolí" (énfasis añadido). Este pasaje provoca culpabilidad porque la mayoría de los cristianos no dan 10 por ciento. Pero vamos a revisar el contexto. En Malaquías 1:7-8 los judíos traían la oveja coja al altar en lugar de la mejor (el diezmo *completo*) como la Ley mandaba. "Preséntalo, pues a tu príncipe" reprendía Malaquías. "¿Acaso se agradará de ti?" ¡Ups! El mensaje de Malaquías sigue siendo válido hoy: No te escurras dando lo menos posible—dale lo mejor que tienes al Señor.

Otro mal entendido es el alfolí. Los alfolíes de Malaquías eran graneros construidos en la época de Ezequías junto al Templo. Pero muchos líderes cristianos enseñan que los "graneros" de hoy son "la iglesia local". Por lo tanto, tu diezmo debe ser para tu iglesia local. Si quieres hacer una donación a la Sociedad Bíblica para distribuir

Biblias en la India, eso *no puede* venir del 10 por ciento de la iglesia local. Eso traspasa los límites de la sana hermenéutica. ¡Malaquías se asombraría al enterarse que su instrucción de "dar lo mejor" hoy significa que el granero es la iglesia local!

¡Ciertamente debes apoyar tu iglesia local—por supuesto! Ese es el lugar donde recibes enseñanza (Gálatas 6:6). Pero no uses Malaquías como tu texto de comprobación.

En Minneapolis hace algunos años le pregunté a un amigo, "¿Cuánto debe dar un creyente?" De inmediato me contestó, "Diez por ciento para la iglesia local y ofrendas para otros ministerios—si es posible". Cuando le pregunte dónde había aprendido esto, él dijo, "¿No es eso lo que la Biblia dice?"

¿Debe ser el diezmar un meta por alcanzar? Sí, si das poco o nada. El autor Randy Alcorn compara el diezmar con las rueditas de apoyo en una bicicleta de niño—te ayuda a empezar, pero 10 por ciento no es el tope. ¿Qué pasa cuando un creyente (tal vez uno de tus socios donantes) gana $300.000 dólares o más? Claro que esperamos que él se haya graduado de las rueditas de apoyo del diezmo. Si él diezmara $30.000 dólares, estaría obligado a "sobrevivir apenas" con $270.000 dólares Eso no es el espíritu de dar bíblicamente. Aquí hay otra manera de pensar: ¿Qué tal si este creyente limitara sus gastos personales para dar más del 10 por ciento? ¿Supongamos que viviera con $200.000 dólares y diera $100.000 dólares—33 por ciento? Admito que es difícil mantener un límite de gastos cuando ganamos cada vez más y más, pero no debemos limitarnos al 10 por ciento como el límite máximo.

¿Qué nos enseña el Nuevo Testamento acerca de diezmo?

- Pablo, el fariseo estricto, diezmaba meticulosamente en sus días antes de aceptar a Cristo, pero cuando enseñó acerca del dar a los Corintios, los Gálatas y a Timoteo, no mencionó la "palabra con D". Él no trasladó la ley judaica a los nuevos creyentes.
- Jesús mencionó el diezmar en Lucas 11:42 y Mateo 23:23: "Mas, ¡ay de vosotros, [fariseos]! que diezmáis la menta, y la ruda, y toda hortaliza, y pasáis por alto la justicia y el amor de Dios. Esto os era necesario hacer, sin dejar aquello". Aunque los fariseos diezmaban meticulosamente, se les olvidó el amor y la justicia. Jesús les dijo "sin dejar aquello", insinuando que ellos debían seguir diezmando y observando las leyes del Antiguo Testamento. Pero Su punto principal fue la actitud

correcta detrás del diezmo—no el diezmo en sí. Él estaba hablando con fariseos judíos, de quienes se esperaba que guardaran la Ley de Moisés de por sí. Jesús no les pidió a los judíos que dejaran de ser judíos. ¿Pero le enseñaba lo mismo a los no judíos que creían en Él? ¿Si Jesús espera que los creyentes de hoy observen la ley del diezmo, que otras leyes específicas del Antiguo Testamento debemos obedecer?

Algunos ven este pasaje como una confirmación del diezmar, pero en el mejor de los casos, es un argumento débil para enseñar el diezmo afuera del judaísmo.

- En Lucas 18:12 un fariseo presumía, "Doy diezmos de todo lo que gano". Jesús dijo que un humilde cobrador de impuestos que admite su pecado es preferible a un orgulloso fariseo que diezma. Difícilmente sería esto una recomendación a diezmar.
- Otros escritores del Nuevo Testamento no mencionan el diezmo.

¿Cuál es la guía para dar entre cristianos si no es el diezmo? Lucas 21:1-4 da la norma. Jesús *vio* a los ricos y *vio* a la viuda poniendo sus ofrendas en las arcas. Jesús dijo que la viuda "dio más que todos ellos, porque todos dieron ofrendas a Dios de lo que les sobraba; mas ésta, de su pobreza echó todo el sustento que tenía".

Numéricamente, los hombres ricos dieron más, pero Jesús dijo que la viuda dio más que ellos. ¿La frase "todo el sustento que tenía" suena como que ella dio todos sus bienes—de veras? Pero como a los obreros se les pagaba por día, sugiero que ella llegaba de laborar en el campo al atrio de las mujeres en el Templo y dio su ofrenda—todo lo que ella tenía para vivir en *aquel día*—no todos sus bienes. La traducción NVI nos ayuda con una traducción alternativa: "lo que tenía para su sustento".

De cualquier manera, su ofrenda seguramente afectó su estilo de vida. Al contrario, los ricos dieron de su abundancia—ni percibieron la escasez. Jesús mide la dádiva con base en el sacrificio, no la cantidad. C.S. Lewis escribe en *Mero Cristianismo*,

Temo que la única regla segura sea dar más de lo que a uno le sobra. En otras palabras, si nuestros gastos en comodidades, lujos, diversiones, etc., están a la altura de lo que es usual entre quienes tienen los mismos ingresos que nosotros, probablemente la cantidad que estamos dando es muy pequeña. Si lo damos por caridad y no nos causa restricciones ni trabas, diría que es muy poco. Debería haber cosas que nos gustaría hacer y no podemos, porque nuestros gastos en caridad lo impiden.[2]

¿Cuánto debes dar? Sugiero esto: *Dar de tal manera que hace una notable diferencia en tu estilo de vida.*

Si tus ingresos como un obrero son escasos, ¿todavía debes dar? Por supuesto, ya que tienes un salario—aunque pueda variar de un mes a otro. Pero 10 por ciento puede ser demasiado. Puede ser una tentación incluir el porcentaje que cobra tu organización por gastos administrativos como tus ofrendas, o puedes tener la tentación a dar a tu propio ministerio para tu beneficio. Lo siento, pero ese no es el punto de dar bíblicamente. Dar aun con un salario escaso te ayudará a sentir dignidad, porque Dios mismo es un dador. Pero puede ser menos de 10 por ciento. Estás libre.

¡Pero si recibes un salario generoso, 10 por ciento seguramente es demasiado poco! Jesús "ve" tu generosidad—Él conoce tu corazón. Como tu compañero en el ministerio, que vivo de ingresos de donantes, Te reto a dar con generosidad y sacrificio—deja que tu generosidad afecte tu estilo de vida. Solo porque tus ingresos suben, ¿también tienen que subir tus gastos? ¡Gastar menos te permite dar más!

Como creyentes del Nuevo Testamento, no tenemos la obligación de diezmar, ¿pero acaso no podemos hacer más bajo la gracia que lo que nuestros antepasados judíos tenían la obligación de hacer bajo la ley?

Una cosa más: ¿Por qué el diezmar se enfatiza hoy, aunque no fue una enseñanza de Pablo o Jesús o los padres de la iglesia primitiva? ¿Será posible que por dos mil años los líderes religiosos han sospechado que los laicos de la iglesia no darían generosamente bajo la gracia sin una regla? Como veremos en el siguiente capítulo, los líderes cristianos, con el deseo de ver el Reino extendido, han "convencido" al pueblo de Dios a dar al

- imponer leyes detalladas sobre diezmar,
- vender indulgencias,
- alquilar bancas y
- publicar el historial de ofrendas de los miembros de la iglesia para "inculparlos" para que den más y más.

Es riesgoso decir, "No tienes que diezmar". ¿Será que al quitar el mantra de diezmar los cristianos serán más generosos? ¡Idealmente, sí! Aunque, si no les enseñamos a dar como algo básico del discipulado, la gente seguirá lo que dicta su cultura.

Estamos muy atrasados con la enseñanza sobre el dar como parte del discipulado. Como obrero y recaudador de fondos, tú tienes una oportunidad única para enseñar principios bíblicos sobre el dar en tus esferas de influencia. ¡Enseñamos la importancia de la Palabra, la oración, el compañerismo con otros creyentes, evangelismo y otras "cosas básicas", pero no decimos nada acerca del dinero—un tema que Jesús mencionó constantemente!

El silencio comunica que el dar no es importante, excepto cuando tienes un déficit. También, los creyentes aprenderán acerca del dar de algún lado. ¡Si tú no les enseñas, son vulnerables a la doctrina

de "prosperidad" o la cultura secular del materialismo! Pueden asumir que diezmar a la iglesia local es lo único que enseña la Biblia acerca de dar.

Empieza con la clásica "ilustración de la rueda" del discipulado arriba. Los radios "Palabra" y "oración" hablan de nuestra relación con Dios. Los radios de "testimonio" y "compañerismo" hablan de nuestras relaciones con las personas. ¿Pero qué hay de nuestra relación con nuestras posesiones—aquellas cosas que Dios ha puesto en nuestras manos? Necesitamos añadir el radio de dar. Empieza a enseñar en tus estudios bíblicos—no como una solicitud de financiamiento, sino simplemente discipular a tu gente—y nota la reacción. Intenta usar Lucas 21:1-4 como tu pasaje para el radio de dar.

Jim Petersen, un misionero pionero a Brasil, acostumbraba a decir, "La gente necesita dar mucho más de lo que yo necesito recibir". Se hace eco a las palabras de Jesús: "Hay más bendición en dar que en recibir" (Hechos 20:35).

Me conmovió grandemente un amigo de Nigeria llamado Albert, que con gran sacrificio nos recibió en su hogar a quince de nosotros para un taller sobre recaudación de fondos. Al final de nuestros días juntos le pregunté a Albert por qué él era tan generoso. El dijo, "¡Si Dios es mi dueño, también es dueño de mis bolsillos"! Bien dicho.

Dos sugerencias adicionales de administración financiera.

Conoce bien la condición de tu rebaño. Demasiados obreros cristianos están tan preocupados por lo espiritual que no prestan suficiente atención a las cosas pragmáticas de la vida, como ahorrar o elaborar un presupuesto. Aunque somos seres espirituales, vivimos en un mundo físico. Debemos hacer caso al proverbio: "Asegúrate de saber cómo están tus rebaños; cuida mucho de tus ovejas; pues las riquezas no son eternas" (Proverbios 27:23-24).

Quizá no seas dueño de un rebaño de ovejas, pero tienes activos que necesitan de tu cuidado porque "las riquezas no son eternas". Si eres desatento podrías perder tu "rebaño".

Una palabra a los maridos y esposas: Uno de los dos probablemente tiene mejor mano para administrar detalles financieros que el otro. Deja a tu pareja usar sus dones. Pero ambos deben saber el estado de tu "rebaño" financiero.

En mi experiencia a menudo es la esposa que ve primero los problemas financieros en el horizonte. Maridos, escuchen cuidadosamente.

Evita trampas financieras simples. No reemplaces tu vehículo cada dos años. El ase-sor financiero cristiano Ron Blue advierte reiteradamente que puedes ahorrar dinero quedándote con el mismo automóvil mientras esté funcionando bien, incluso con reparaciones frecuentes. Tal vez conozcas el proverbio americano: "Consúmelo todo, desgástalo todo, haz que funcione o funciona sin él".

No compres una lancha. (¡Solo bromeaba! ¡O no!)

Evita usar tu tarjeta de crédito, aunque pagues la cuenta completa cada mes. "Uno de los estudios mas citado fue realizado por Dun & Bradstreet, donde la compañía encontró en su estudio que la gente gasta un promedio de 12-18% más cuando usa una tarjeta de crédito en lugar de efectivo. McDonald's reporta que en Estados Unidos la compra promedio de la gente que usa tarjetas de crédito es $7 dólares en comparación con $4,50 dólares cuando usan efectivo.[3]

No es necesario gastar dinero para divertirte. En lugar de comer en un restaurante, prepara "la sorpresa de Papá" para la cena. En lugar de suscribirte a Netflix, jueguen juegos de mesa. Intenta tener noches de diversión siendo creativos. El juego favorito de nuestra familia era "Espada de Papel, Explota el Globo", usando periódicos enrollados como espadas y amarrando los globos a nuestros cinturones.

Si te encuentras reaccionando negativamente a este capítulo, por favor reevalúa la fuente de tu comportamiento financiero y tus valores. Seguir el ejemplo de tus padres puede ser más cómodo, pero quizá no sea bíblico. Seguir los consejos de amigos cristianos puede ser más cultural que cristiano. Aunque sea difícil, asegúrate que la Biblia sea tu guía.

Como dice Dick Towner cuando enseña su curso de Buen $entido para la Asociación Wllow Creek, "No hay tal cosa como estar bien con Dios y mal con nuestro dinero".

25
LECCIONES DE LA HISTORIA DE RECAUDACIÓN DE FINANZAS

DEBERÍAMOS ESTUDIAR la historia de recaudación de fondos porque revela que el Cuerpo de Cristo has sido vulnerable históricamente en el área de recaudación de fondos. Como verás en este capítulo, muchas tácticas desesperadas han sido utilizadas a lo largo de la historia del cristianismo para encontrar dinero para el ministerio. Como la naturaleza humana no cambia y la necesidad de financiamiento siempre es urgente, somos igual de vulnerables que nuestros antepasados. Espero que encuentres estos trocitos de historia útiles para evitar las tentaciones de hoy en el financiamiento.

La mayor parte de la información de esta sección viene del difunto Luther Powell, un ministro Presbiteriano que escribió *Money and the Church (El Dinero y La Iglesia)*. Por pura casualidad encontré el libro de Powell en la biblioteca del Seminario de Denver en 1989. Al enterarme que estaba fuera de imprenta, localicé a la viuda de Powell, quien amablemente me envió unas cuantas copias del libro que tenía en su sótano.

Lo que sigue no es una historia cronológica exhaustiva, sino cinco observaciones seguidas de tres posibles aplicaciones para el día de hoy. Pero primero una advertencia: Algo de lo que estás a punto de leer puede contradecir tus convicciones de mayordomía. ¡Quizá no te guste! ¡Pero gracias, Luther Powell, por decirnos la verdad!

Observación 1: El diezmo no se enfatizaba en la iglesia primitiva.

En el capítulo anterior sugerí que el Nuevo Testamento no promueve el diezmar como la regla para los creyentes al ofrendar. Así que no voy a repetirlo, sino solamente mencionar unos cuantos datos para una perspectiva aquí. No es sorprendente que en los días posteriores a los apóstoles, los padres de la iglesia primitiva no enfatizaban el diezmar por casi tres-cientos años. Escucha a Ireneo de León (120-202 d.C.), quien era alumno de Policarpo, un discípulo del apóstol Juan: "Y en lugar de imponer la ley de dar diezmos, [Él nos dijo] que compartiéramos nuestras posesiones con los pobres; y no amar solamente a nuestros prójimos, sino también nuestros enemigos".[1]

Cipriano (200-258 DC), obispo de Cartago, un escritor prolífico, regaló parte de sus posesiones a los pobres después de su conversión a Cristo a la edad de treinta cinco años. Powell dice que él enseñaba la práctica de dar limosnas a partir del Antiguo Testamento, pero Cipriano "ignora por completo la amplia enseñanza del Antiguo Testamento acerca del diezmo". Powell resumió: "Había referencia a la ley del diezmo, pero con pocas excepciones añadió que el dar para el cristiano ya no era dependiente de este capataz".[2]

Como el diezmar está tan arraigado en nuestras mentes hoy en día, puede ser que nos incomoden estos trescientos años de historia. Pero la falta de enseñanza acerca del diezmo de parte de los padres de la iglesia primitiva es importante porque es un contraste muy marcado con los que fuertemente enfatizan el diezmo hoy—dos mil años de brecha con aquellos que estaban más cercanos a Cristo. Debemos preguntar por qué.

Observación 2: El diezmar se convirtió en ley religiosa y civil.

Conforme la iglesia crecía, hacía falta más dinero. Y aunque será una tentación criticar los abusos de lo que estás al punto de leer, debemos recordar que muchos creyentes de buen corazón estaban intentando avanzar la obra de la iglesia lo mejor que podían. No seamos demasiado severos.

Powell resume, "Mientras avanzamos mas allá del siglo cuarto encontramos un creciente énfasis en el diezmar hasta que llega a ser, primero, una ley de la iglesia, y finalmente, una ley de las cortes civiles".[3] Ambrosio de Milán (340-397 DC) inicia este descenso resbaladizo:

> De todas las cosas que Dios ha dado al hombre se ha reservado una décima parte para sí mismo. Por lo tanto, no está

permitido retener lo que Dios ha reservado para sí mismo. Él te ha dado nueve partes, y ha reservado una décima parte para sí mismo, y si no das a Dios la décima parte, Dios te quitará las nueve partes.[4]

¿Puedes ver el traslado sutil de una ley cultural de los judíos a una ley para la iglesia? ¿Y te das cuenta la amenaza implícita por no dar el diezmo? Incluso el amado Agustino (354-430 DC) dijo que los diezmos "se han de pagar como deuda".[5]

En 585 DC, el Segundo Concilio de Masón lo llevaba incluso más lejos:

> Por lo tanto, nombramos y decretamos que la antigua costumbre se reactiva entre los fieles, y que todas las personas traigan sus Diezmos a quienes atienden los oficios Divinos de la Iglesia. Si alguien es contumaz [rebelde] ante estas, nuestras santas órdenes, que el tal sea separado por siempre de la comunión de la Iglesia.[6]

¡En solo 585 años después de Cristo, los creyentes ahora tenían que diezmar o enfrentarse a ser excomulgados!

Avanza 1.100 años hasta llegar a Inglaterra. Los protestantes no lo hicieron mejor. Las leyes sobre el diezmo se convirtieron en la norma y sumamente complicadas. Por ejemplo, a un agricultor no se le requería diezmar sobre la comida que él o su familia consumían, pero si se usaba para alimentar los animales, tenía que pagar un diezmo: "Si un hombre recogiere arvejas para gastar en su casa...no debe pagar Diezmos por ello; pero si los recoge para venderlos o darlos a los cerdos, allí se pagará el Diezmo por ello".[7]

Los feligreses estaban molestos, y después indignados, con estas reglas. Un campesino que pescara en un lago de su parroquia diferente a la suya, tenía que pagar diezmos en ambas parroquias. Las mujeres ordeñadoras frustradas llevaban sus cubetas del diezmo de lecha a la iglesia. Si no encontraban al clérigo, vaciaban su leche en el piso frente al altar. Los campesinos a propósito amarraban sus gavillas de grano tan mal que se desarmaban cuando el clérigo llegaba a recolectarlas. Los siervos de la iglesia que fueron enviados a cobrar el diezmo fueron asaltados o sus caballos robados para que no pudieran llevar los productos agrícolas a la iglesia.

Muchos creyentes fueron multados o encarcelados porque su diezmo era insuficiente. William Francis Luton de Bedfordshire fue encarcelado por diecinueve meses por no pagar un diezmo de cuatro peniques de plata. Algunos fueron martirizados por sugerir que la obligación de diezmar era contra la voluntad de Dios. Los Anabautistas y Menonitas fueron de los que alegaron que el diezmo era contrario a la enseñanza del Nuevo Testamento.

Estaban tan exasperados los feligreses por todo Gran Bretaña que a través de los años inventaban letras nuevas al querido himno de doxología "Old 100th" ("A Dios, el Padre Celestial"):

> *Dios, sálvanos de estos clérigos asaltantes,*
> *Que nos quitan las cosechas y roban nuestras bestias,*
> *Que oran, Danos nuestro pan diario,*
> *Y más bien lo toman para sí mismos.*[8]

¡Aaaamén! Powell escribe que muchos clérigos renunciaron a la iglesia antes que tener que cobrar los diezmos.

¿Qué hay de los Estados Unidos de América? En mis libros de historia en la escuela primaria dijeron que los colonos llegaron "por razones religiosos". Pero muchas de las razones religiosas eran que ya no soportaban las leyes del diezmo tan invasivas en Europa.

¿Empezaron de nuevo los colonos en América, para hacer que las ofrendas fueran voluntarias? No, porque el desconcertante tema de cómo sostener las iglesias todavía tenía que definirse. Los colonos pensaban que las "tasas de la iglesia" (leyes del diezmo) estaban bien, pero que habían sido abusadas en Europa. Aunque el "principio del voluntariado" se estableció, los colonos pronto regresaron al cobrar impuestos en forma similar a lo que dejaron atrás en Inglaterra. Desde el 23 de agosto de 1630, el estado de Massachusetts decretó que los ministros deberían ser mantenidos "por un cobro público".

Tristemente, la obligación de diezmar simplemente se mudó al otro lado del Atlántico. Incluso el patriota Patrick Henry propuso en la Casa de la Burguesía de Virginia en 1784 que se aprobara una ley "para el sostenimiento de la religión cristiana". James Madison encabezó la lucha en contra.[9]

Observación 3: Bajo presión para financiar un creciente movimiento, los líderes cristianos violaron su integridad.

Hoy es fácil identificar los errores de hace mil años, pero debemos entender la tremenda presión financiera que estos líderes soportaron. Aquí hay algunos ejemplos de falta de integridad.

Derecho de procuración: Gastos de visitación, pero sin visitación
Definidas como "costo moderado de alimentación y hospedaje debidos para el obispo que visitaba una iglesia", se establecieron procuraciones para animar a los obispos a visitar iglesias lejanas. Para el siglo catorce llegaron a ser pagos fijos de dinero.[10] Pero aun cuando los obispos no visitaban las iglesias, se esperaba el pago, y gradualmente los pagos fueron enviados a Roma en vez de a los obispos locales. Como sus gastos ya no estaban cubiertos, los obispos visitaban menos y menos, contribuyendo a la caída espiritual de las iglesias locales. Un reformador se refirió a las procuraciones como "la herida más grande de la iglesia".

El Palio
Originalmente un manto de honor, el palio era requerido para que los sacerdotes llevaran a cabo los servicios oficiales. Pero ellos o sus congregaciones tenían que comprar el palio por precios muy altos. Con el paso de los años, los mantos se volvieron más y más pequeños, pero el precio seguía siendo alto. Por fin llegó a ser una tira de tela con una insignia.

Apelando al miedo y la culpabilidad
Los feligreses decidieron ceder para salvar sus almas (y las de sus amigos y familiares) del infierno. Parecía que el dar era necesario para recibir salvación para ti y otros. Escucha cuidadosamente al exitoso recaudador de fondos John Tetzel de Alemania, quien conocía la importancia de las emociones en la recaudación de fondos:

> Las indulgencias son el más precioso y noble regalo de Dios. Ven y te daré cartas, todas debidamente selladas, mediante las cuales hasta los pecados que planeas cometer pueden ser perdonados...
>
> ¡Sacerdote! ¡Noble! ¡Mercader! ¡Esposa! ¡Joven! ¡Doncella! ¿No escuchas a tus padres y sus amigos que están muertos y que claman desde el abismo:? ¡Estamos sufriendo tormentos horribles! ¡Una insignificante limosna nos libraría; tú puedes darla y no lo haces![11]

La manipulación de recaudación de fondos de Tetzel llevó a Martín Lutero a clavar sus noventa y cinco tesis a la puerta de la iglesia en el castillo de Wittenberg el 31 de octubre de 1517. Pero años después, aun Martín Lutero sucumbió a reclamar contra sus propios feligreses. Aunque las palabras de Lutero podrían justificarse si sus feligreses fueran egoístas con sus ofrendas, también podrían verse como un ataque verbal para inducir la culpa:

> Entiendo que esta es la semana de la ofrenda para la iglesia y muchos de ustedes no quieren dar nada. Ustedes son personas ingratas y deberían estar avergonzados de sí mismos. Ustedes, los de Wittenberg han sido relevados del costo de escuelas y hospitales, lo cual está siendo cubierto por el fondo común y ahora quieren saber por qué les están solicitando dar cuatro centavos.[12]

Listas de subscripciones

Las listas de subscripciones mostraban las cantidades que los feligreses habían prometido dar. Estas listas no eran secretas. Los pastores circulaban las listas, provocando culpa y una mentalidad de "mantenernos al mismo nivel que nuestros vecinos".

Alquiler de la banca

Desde los días de George Washington hasta los primeros años de los 1900, el alquiler o venta de bancas era una forma principal de financiar iglesias protestantes en Estados Unidos. Los comités de las iglesias se angustiaban sobre el precio que debían fijar para las bancas; las más costosas estaban más cerca del frente con una o dos gratis en las últimas filas para visitas sorpresivas o los pobres. Las familias se sentaban en "su banca" por años, a veces luciendo una placa con el nombre del dueño.

Pero para finales de los años 1800 esta práctica se estaba acabando. El joven D.L. Moody de Chicago, quien se convirtió en un famoso evangelista, despreciaba la costumbre de alquiler de bancas y acostumbraba a llenar las bancas gratuitas de atrás con escandalosos jóvenes adolescentes a quienes estaba ministrando. La edición del 8 de febrero de 1919 del Literary Digest publicó una historia que la Iglesia de la Trinidad en Nueva York estaría ofreciendo "bancas gratis" como una expresión al Dios Altísimo en agradecimiento por la victoria de la Primera Guerra Mundial. Los "asientos" serían gratis para todos: disponibles conforme al orden de llegada. El artículo contaba la historia del héroe naval Bob Evans, el cual, sin ser miembro, fue a una iglesia principal de Nueva York y se sentó en una banca al azar.

El dueño rico de la banca llegó poco después con su numerosa familia y le echó una mirada de desaprobación al invasor—sin percatarse que las bancas eran gratis ese domingo. Indignado, le escribió una nota al héroe Evans diciendo, "Yo pago $4.000 dólares por esta banca". Rápidamente con su lápiz, Evans le escribió, "¡M***** tú pagas demasiado!"[13]

El alquiler de bancas moría lentamente, pero al fin sí murió. Pero hoy la Iglesia de Cristo en Filadelfia, en la calle Market anuncia, "¡Siéntate en la banca George Washington!" El alquiler de bancas nos parece algo extraño hoy, pero era un asunto muy serio en los Estados Unidos de la antigüedad.

Observación 4: Sueldos bajos para los predicadores resultó ser contraproducente.

A Francis Asbury, líder del Metodismo en la frontera de la expansión estadounidense, se le escuchaba orando, "Señor, mantén a nuestros predicadores pobres". Uno de sus colegas comentó con humor, "¡Tal oración ni era necesaria!"[14]

Asbury pensaba que los sueldos bajos producían predicadores más dedicados. Él no quería que "se establecieran" en un pueblo, sino que continuaran predicando y viajando a través de la frontera. Asbury opinaba, "Los amantes de las riquezas de la tierra no serán predicadores itinerantes por mucho tiempo".[15]

Los predicadores de Asbury nos proveen hoy un maravilloso ejemplo de soportar las dificultades (y sueldos bajos) por causa del evangelio. Pero muchos de sus predicadores al fin sí "se establecieron", especialmente luego de unos cuantos años en la frontera. ¿Dejaron esta vida por los sueldos bajos? Posiblemente habían varias razones, pero seríamos ingenuos de pensar que el poco financiamiento no fue una de ellas.

Observación 5: Enfocándose en donantes pequeños no es suficiente.

El corazón grande de Asbury hacia los pobres le hizo apreciar a quienes daban cantidades pequeñas con mucho sacrificio a la causa del Metodismo. Le encantaban las "dádivas de blancas", (blanca es una monedita) en memoria de la viuda generosa en Lucas 21:1-4 quien dio sus dos "leptas" al Templo.

Asbury era un incansable recaudador de fondos, yendo de puerta en puerta solicitando las donaciones de la viuda y sus dos blancas (con un valor de un dólar) para sus predicadores pobres. Una de sus últimas peticiones "era para que el Sr. Bond leyera la lista de subscripciones de blancas, estando ya en su lecho de muerte".[16]

A pesar de su éxito para conseguir donaciones de blancas, los predicadores itinerantes de Asbury recibían menos del salario mínimo recomendado por las juntas directivas de los Metodistas. Las donaciones pequeñas no eran suficiente.

Aplicaciones para el día de Hoy

Bueno, allí lo tienes—cinco observaciones de la historia de recaudación de fondos. ¿Ahora, que podemos aprender?

Aplicación 1: Norma equivocada para dar
Hoy en día muchos líderes cristianos agresivamente enseñan sobre diezmar como la norma principal para las dádivas. Pero los padres de la iglesia primitiva tenían razón—el diezmo *no* es la norma del Nuevo Testamento. Muchos pastores justifican el retar a la gente a dar 10 por ciento porque la mayoría de los creyentes no dan ni cerca de esta cantidad. Está bien, ¿pero debemos cargar a la gente del Nuevo Testamento con una norma para el Israel del Antiguo Testamento?

Algunos dicen que dar 10 por ciento es simbólico de nuestro compromiso del 100 por ciento con el Señor y que hay algo especial en idea de "uno de cada diez". Tal vez, pero eso sería exagerar la enseñanza.

¿Qué hay de Malaquías 3:10? "Traigan íntegro el diezmo para los fondos del templo". Es un pasaje maravilloso, pero como se dijo en el capítulo anterior, no es la norma para dar en el Nuevo Testamento. Si quieres que la gente diezme, bien, pero no uses Malaquías como tu texto de prueba. Para ver más sobre el análisis del diezmo, mira el capítulo 23.

Aplicación 2: Un espíritu de exigencia
La historia de recaudación de fondos muestra que durante 1.700 años, más o menos, los clérigos han estado sospechando que la gente laica no dará lo suficiente. A partir de un deseo genuino (la mayor parte del tiempo) de ver la expansión del Reino, los líderes convencían, manipulaban o exigían al pueblo de Dios a dar, mediante la creación de leyes sobre el diezmo, amenazando a los fieles con el infierno, imponiendo culpa sobre ellos, alquilándoles bancas y publicando las

listas de compromisos de ofrendas para motivarlos a mantenerse al mismo nivel que los demás de la iglesia.

A ellos les parecía que si abandonaban a los feligreses a sus propios criterios, solo con la gracia como su guía, no darían ni cerca de lo suficiente para apoyar la obra de Dios. Entonces elaboraron estrategias y "doctrina" para ayudar a los fieles a decidir cuánto era suficiente. Por supuesto, estoy generalizando. Y había grupos de resistencia a estos abusos. No obstante, ¿somos nosotros también propensos a estas manipulaciones? Considera algunas de las solicitaciones de hoy:

- Un evangelista mandó una carta que contenía dos ampolletas llenas de tierra del mismo suelo donde se arrodilló para orar por el destinatario el fin de semana pasado. "Envía uno de regreso con tu donación".
- ¿Qué hay de la nota común de "por favor ora por nuestras finanzas" al final de la carta de noticias del misionero? Acabo de leer una hace pocas horas. Usualmente es una solicitación de fondos encubierta.
- El mensaje abunda cada Domingo de Mayordomía y en sus solicitaciones directas por correo: "¡Si realmente quieres ser bendecido, diezma!"
- O en la programación de televisión cristiana: "No dejes que estos niños se mueran de enfermedades. Tú puedes ayudarles por el costo de lo que das de comer a tu perro cada semana".

Aplicación 3: ¿La pobreza equivale a eficacia?
Francis Asbury tenía razón que "los amantes de las riquezas de la tierra" están en peligro. ¿Pero acaso el querer lograr nuestro presupuesto implica que amamos las riquezas? Puede ser. Algunos obreros cristianos sin duda son amantes de riquezas y sus esfuerzos muy agresivos de recaudación de finanzas ocultan sus corazones materialistas. Para un amante de las riquezas, incluso un libro como este lo ven como una licencia para ir en pos de más dinero. Pero dejando los motivos a un lado, preguntémonos: ¿Somos nosotros, los ministros y misioneros, más efectivos cuando somos pobres?

¡En mi primera asignación, Alma y yo vimos muchos convertidos y muchas vidas cambiadas—y estábamos muy por debajo de nuestro presupuesto! ¿El mantenernos pobres nos ayudó a ser productivos? No lo creo. ¿Cuánto tiempo podríamos haber seguido con un financiamiento tan bajo? ¡No tanto como los predicadores de Asbury!

Curiosamente, durante esos "años de pobreza", yo empecé a tomar pasos de fe, invitando a otros a ser miembros de nuestro equipo de financiamiento. El ejercicio de fe en la recaudación de fondos fue tan real y moldeó mi fe tanto como mi evangelismo y mi fe durante el discipulado.

Aunque yo elogio a Asbury por su incansable trabajo de predicar y recaudar fondos, ¿no habría sido más efectivo si hubiera buscado donaciones más grandes para sus "predicadores pobres"? ¿Él estaba trabajando duro? ¿Sí, pero estaba trabando con eficiencia?

Hoy en día, a menos que estés en una misión de corto plazo, no llegarás a la financiación completa solamente con donaciones de "blancas". Debes tener también compromisos de donantes grandes.

Además, los misioneros que apenas subsisten con financiamiento bajo año tras año también experimentan presión financiera que erosiona su confianza—y a veces sus matrimonios. ¡Nunca tener lo suficiente es emocionalmente y físicamente agotador!

En mi experiencia, mucha gente pobre está desgastada mental y emocionalmente con la preocupación de dónde vendrá su próxima comida. También los misioneros mal financiados. Es emocionante por unas pocas semanas, pero muy pronto están agotados.

. . .

¿En conclusión, que lección te llama más la atención? ¿Estás enseñando una norma equivocada sobre el dar? Como recaudadores de fondos, no debemos cometer el error de imponer reglas a nuestros socios donantes. El modelo bíblico de dar es voluntario; el coaccionar a los creyentes hacia la generosidad los degrada.

¿O estás siendo exigente sin darte cuenta? ¿Qué palabras estás usando cuando solicitas? ¿Qué actitudes tienes hacia tus socios donantes? Debemos evitar juzgar a alguien porque no está dando tan generosamente como pensamos que podría.

¿O estás intentando ser efectivo con una mentalidad de pobreza? Dar es un honor. No pidas demasiado poco.

Te animo a tener cuidado de no caer en estas trampas que han plagado a los obreros de tiempo completo y ministros por 1.700 años. ¿De qué escribirá un Luther Powell del siglo veintiuno acerca de nosotros?

26
EXPERIENCIA DE OTROS

¿FUNCIONARÁN *PARA TI* los principios, valores y técnicas que he presentado? ¿Puedes *tú* tener tu financiamiento completo?

No tendrás éxito si ves lo que he dicho como una fórmula para garantizar el éxito. Pero para animarte (y bajo riesgo de autopromoción desvergonzada), te dejo con dos historias. La primera viene de un misionero escéptico:

> Me uní a la agencia misionera pensando, *ochenta por ciento del presupuesto será suficiente. El ministerio es mucho más importante que la recaudación de fondos.*
>
> Luego, un cierto año nuestro director regional trajo un seminario sobre recaudar fondos bíblicamente. Era obligatorio asistir. Yo estaba escéptico porque nuestra misión normalmente trataba la recaudación de fondos solo de palabras.
>
> Sin embargo, invertí muchas horas haciendo la tarea requerida...la mayor cantidad de trabajo que había hecho jamás en recaudación de fondos. Entonces desarrollé un plan diferente a los que había estado utilizando, poco entusiastas o con una actitud de probar suerte.
>
> Con el apoyo de mi esposa y la ayuda de Dios, con diligencia elaboramos nuestro plan. También oré mucho y Dios nos respaldó de maneras sorprendentes.
>
> ¡Extraordinariamente, recaudamos $1.400 dólares por mes en solamente tres semanas! Ahora tenemos una estrategia y convicciones bíblicas y yo estaba realmente haciendo recaudación de fondos en lugar de solo estar preocupado por ello. Mi esposa se regocijaba. Ese año terminamos con 102 por

ciento y ahora invierto parte de mi tiempo ayudando a otros misioneros a recaudar sus finanzas. Si yo no hubiera aplicado estas pautas, no estoy seguro de que estaría en misiones hoy. Ahora tengo esperanza, habilidades y rendición de cuentas que no tenía antes.

La segunda historia viene de un misionero canadiense.

El estudio bíblico acerca de cómo Dios financia Su obra ha sido el ingrediente más importante de mi entrenamiento en recaudación de fondos. A través del estudio de la Biblia, reflexión y... diálogo con otros misioneros, mis convicciones empezaron a formarse. Creo que es crucial para los misioneros tener sus convicciones basadas en las Escrituras si van a recaudar fondos para ellos mismos a largo plazo.

Algo sorprendente que descubrí es que la Biblia tiene pocos ejemplos del financiamiento tipo "no le digas a nadie excepto a Dios". Respeto a aquellos que creen en este método, pero no veo que eso sea la norma en las Escrituras.

Me he dado cuenta que es un tremendo privilegio estar apoyado por completo por amigos, familia e iglesias para la obra a la cual Dios nos ha llamado a mi esposa y a mi.

Hemos estado con nuestro financiamiento completo por cinco años. Tenemos un ahorro y cero deudas. Sabemos que la clave de la recaudación de fondos son las citas cara a cara. También conocemos nuestros temores y cómo confiárselos a Dios. Y no cuestionamos nuestro llamamiento como antes cuando estábamos por debajo de nuestro presupuesto. Además, ahora que sabemos que podemos tener nuestro financiamiento completo, podemos creerle a Dios para que otros misioneros tengan su financiamiento completo también. Siento que he podido conocer a Dios mejor y verdaderamente me siento que estoy cuidando mejor a mi esposa e hijos.

. . .

¡Increíble! Lograste llegar al final. Bien hecho. ¿Qué sigue? Es tiempo de darle los toques finales a tu plan de financiamiento, pero primero detente y respira muy hondo. Antes de crear tu plan, pídele a Dios que te hable profundamente de tus actitudes acerca de la recaudación de fondos y tu perspectiva del dinero. Toma unos minutos para revisar cada capítulo uno por uno, despacio y deliberadamente. Subraya los pasajes de la Escritura e ideas que te hablan a ti en tu situación personal. Mi oración es que experimentes un caminar más profundo con Dios mientras haces tu parte en recaudación de fondos y, conforme Dios haga Su parte, Él te bendecirá más allá de lo que puedes pedir o pensar.

Luego, si no lo has hecho, vete a scottmorton.net y baja el "Estudio Bíblico Internacional de Financiamiento". Toma tiempo para estudiar bien lo que la Biblia dice acerca del financiamiento; te ahorrará tiempo y te traerá gozo y paz en el proceso de financiamiento. Mientras haces este estudio, el Señor te dará Sus ideas acerca de tus estrategias de financiamiento y a quiénes debes invitar a acompañarte. Sugiero veinte horas de estudio.

Tercero, métete en el proceso de crear tu plan de financiamiento. Baja e imprime las hojas de trabajo que necesitas de scottmorton.net. Aquí están:

- Hoja de trabajo de los TOP 25 Socios Financieros Potenciales (¿Quién necesita escuchar tu historia?)
- Reporte al Día (hoja de trabajo para llevar un record de tu avance financiero)
- Informe "hasta ahora" (para apuntar los resultados de tus solicitaciones)
- Plan de Acción para solicitación de Finanzas (para apuntar tu plan de financiamiento)
- Hoja de Trabajo de Presupuesto Mensual
- Creando Tu Plan Personal de Donaciones

Ahora te dejo con una historia que acabo de escuchar hoy y una palabra final. A una obrera de corto plazo le faltaba un mes para su fecha límite de salir hacia su asignación ministerial en Europa. Ella estaba fielmente llevando a cabo su plan de financiamiento, pero le faltaba aún recaudar $3.000 dólares en efectivo. Salió a correr una mañana, como lo hacía frecuentemente, y tenía la intención de correr como cinco kilómetros. Pero por alguna razón siguió corriendo. Después de nueve kilómetros y medio, decidió que había corrido suficiente y se dio cuenta que tenía mucha sed. Ella "por pura casualidad" estaba cerca de la casa de la mamá de una amiga, así que le mandó un mensaje a la amiga preguntando, "¿A tu mamá le importaría si paso por su casa por un vaso de agua?" Bien.

La madre salió para acompañarla y empezaron a hablar acerca de la aventura ministerial de la obrera en Europa. La madre le preguntó cuánto le faltaba recaudar.

"Tres mil dólares," respondió ella.

La madre le dijo, "Déjame sacar mi chequera."

Esta obrera acaba de llamarme cuando estaba caminando de regreso de correr nueve kilómetros y medio con un cheque en la mano por $3.000 dólares. Ella nunca se olvidará de este día como Dios intervino milagrosamente.

No todos tus encuentros de recaudación de fondos serán tan espectaculares, pero si Dios te ha llamado al ministerio, Él actuará por ti—ya lo está haciendo. ¡Cuenta con ello!

Ahora una palabra final: *persistencia.*

- Después de la primera prueba de pantalla de Fred Astaire, un memorándum de 1933 del director de pruebas de MGM decía, "No puede actuar. Ligeramente calvo. Puede bailar un poquito". Astaire guardaba este memorándum sobre su chimenea en su casa de Beverly Hills.
- Un experto dijo, acerca del famoso entrenador de fútbol americano Vince Lombardi, "El posee muy poco conocimiento de fútbol. Le falta motivación".
- A Louisa May Alcott, la autora de *Little Women* (*Mujercitas*), su familia le aconsejó buscar trabajo como sirvienta o costurera.
- Ludwig van Beethoven sostenía su violín con torpeza y prefería tocar sus propias composiciones en lugar de mejorar su técnica. Su maestro lo llamó un caso perdido.
- Walt Disney fue despedido de un periódico por falta de ideas. También estuvo en bancarrota varias veces antes de construir Disneylandia.[1]

Si Fred Astaire, Vince Lombardi, Louisa May Alcott, Ludwig van Beethoven y Walt Disney no se dieron por vencidos, tampoco tú debes hacerlo. Habla con Aquel que te ha llamado al servicio misionero. En Su trono encontrarás "gracia que nos ayude en el momento que más la necesitemos" (Hebreos 4:16). ¡Gracias sean a Dios!

Introducción al Apéndice en Línea

CON ESTE LIBRO viene un apéndice en línea. Ve a scottmorton.net para encontrar el estudio bíblico que he mencionado aproximadamente 283 veces, también las esenciales hojas de trabajo y otros materiales. Te recomiendo que las imprimas, en especial la hoja de trabajo Top 25.

Este apéndice en línea tiene derechos del autor, pero te doy permiso para fotocopiar estas hojas en el PDF que necesitas para tu uso personal. Mientras que no reenvíes, no vendas, no hay problema.

El apéndice en scottmorton.net incluye lo siguiente:

- Estudio Bíblico Internacional Sobre Recaudación de Fondos
- Prueba de Estrés Financiero (Encuesta)
- Presupuesto Mensual (Hoja de Trabajo)
- Lluvia de Ideas para Socios Financieros (Hoja de Trabajo)
- Top 25 Socios Financieros Potenciales (Hoja de Trabajo)
- Plan de Acción de Solicitación Financiera
- Reporte al Día (Hoy por Hoy) (Hoja de Trabajo)
- El Misterio del "Llamamiento" (un estudio bíblico para ayudarte a encontrar tu lugar en el Reino.)
- Creando Tu Plan Personal de Donaciones (un estudio Bíblico)
- Proverbios...Replantear Tus Valores Financieros (un estudio Bíblico)
- Carta Muestra para Obrero Misionero de Corto Plazo

En el sitio scottmorton.net también puedes encontrar cortos videos y artículos (principalmente en inglés) sobre temas adicionales de recaudación de fondos de obreros alrededor del mundo.

NOTAS

CAPÍTULO 2: OBSTÁCULOS
1. Booker T. Washington, *An Autobiography: The Story of My Life and Work* (CreateSpace, 2016), chap. 4.

CAPÍTULO 3: EXAM DE CONCIENCIA
1. Fred G. Warne, *George Müller: The Modern Apostle of Faith*, 8th ed. (New York: Fleming H. Revell, 1914), 5.
2. Ruth Moon, comp., "Are American Evangelicals Stingy?", *Christianity Today*, January 31, 2011,
http://www.christianitytoday.com/ct/2011/february/areevangelicalsstingy.html.
3. Elizabeth O'Connor shares this story from an unknown source in her book *Letters to Scattered Pilgrims* (New York: Harper & Row, 1978).
4. The story of Charles Spurgeon challenging a church's inadequate stipend is from Steven J. Cole, "Lesson 17: Paying Your Pastor(s) (1 Timothy 5:17-18)," Bible.org, accessed December 6, 2016, at https://bible.org/seriespage/lesson-17- paying-your-pastors-1- timothy-517-18.

CAPÍTULO 4: DIEZ ACTITUDES CRUCIALES QUE NO DEBES DESCUIDAR
1. George Müller, quoted in Arthur T. Pierson, *George Mueller of Bristol: And His Witness to a Prayer-Hearing God* (Old Tappan, NJ: Revell, 1899), appendix N.
2. Henri Nouwen, *A Spirituality of Fundraising* (Nashville: Upper Room Books, 2011), 14, 21.
3. Ibidem., 16–17, 21.
4. Bill Hybels, *Leadership Axioms: Powerful Leadership Proverbs* [Axioma: "Proverbios Influyentes sobre el Liderazgo"] (Grand Rapids, MI: Zondervan, 2008), 22.
5. David Myers and Thomas Ludwig, "Let's Cut the Poortalk," *Saturday Review*, October 28, 1978, www.davidmyers.org/davidmyers/assets/CutPoortalk.pdf.
6. *Peanuts*, September 16, 1985, accessed December 8, 2016, at http://peanuts.wikia.com/wiki/September_1985_comic_strips.

CAPÍTULO 5: SIES SUPOSICIONES EQUIVOCADAS
1. National Philanthropic Trust, "Charitable Giving Statistics," accessed December 8, 2016, at www.nptrust.org/philanthropic-resources/charitable-giving-statistics/.

CAPÍTULO 6: TRES ESTÁNDARES PARA UNA ESTRATEGIA EFECTIVA
1. Sharon W. Corsiglia, "When It Comes to Selling, Girl Scout Markita Andrews Is a Real Cookie Monster," *People*, March 22, 1982, http://people.com/archive/when-it-comes-to-selling-girl-scout-markita-andrews-is-a-real-cookie-monster-vol-17- o-11/.

CAPÍTULO 7: REDES SOCIALES Y CORREO ELECTRÓNICO EN EL FINANCIAMIENTO
1. Nancy Schwartz, "Does Your Email Fundraising Measure Up?" May 27, 2016, https://www.networkforgood.com/nonprofitblog/does-your-email-fundraising-measure-up/.
2. Johnny Cash, "Flesh and Blood," *I Walk the Line*, Columbia Records, 1970.

CAPÍTULO 15: MINISTERIO A DONANTES
1. Michael LeBoeuf, *How to Win Customers and Keep Them for Life*, rev. ed. [Como Hacer Clientes Y Conservarlos](New York: Berkley, 2000), xv.
2. Tom Peters, "Attentiveness Is Greatest Gift Customers Can Get," *Chicago Tribune*, December 12, 1994, http://articles.chicagotribune.com/1994-12-12/business/9412120031_1_attentiveness-vegetarian-topsy-turvy-times.
3. Jocelyn Noveck, "Power of the Pen in an E-mail Age," *Los Angeles Times*, March 3, 2006, http://articles.latimes.com/2006/mar/03/entertainment/et-letters3.
4. Maddie Crum, "Sorry Ebooks. These 9 Studies Show Why Print Is Better," *Huffington Post*, February 27, 2015, http://www.huffingtonpost.com/2015/02/27/print-ebooks-studies_n_6762674.html.

CAPÍTULO 16: CÓMO ESCRIBIR CARTAS QUE LA GENTE DISFRUTE
1. Alvera Mickelsen, *How to Write Missionary Letters*, 9th ed. (Carol Stream, IL: Media Associates International, 2007), np.
2. See Dave McCasland, *How to Write Effective Newsletters* (Colorado Springs: The Navigators, 1994).
3. Thomas Jefferson, letter to John Minor, August 30, 1814, https://founders.archives.gov/documents/Jefferson/03-07-02-0455, accessed January 9, 2017.
4. George Orwell, "Politics and the English Language," from *Shooting an Elephant and Other Essays* (New York: Penguin Classics).
5. McCasland, *How to Write Effective Newsletters*.
6. Sandy Weyeneth, *Writing Exceptional Missionary Newsletters* (Pasadena, CA: William Carey Library, 2013).

CAPÍTULO 21: ESPECIALMENTE PARA MISIONERAS SOLTERAS Y SUS SUPERVISORES
1. " 'The Queen of Okoyong': The Legacy of Mary Slessor," BBC News, January 2, 2015, http://www.bbc.com/news/uk-scotland-tayside-central-30577100.
2. David Barrett, Todd M. Johnson, and Peter Crossing, "Missiometrics 2007: Creating Your Own Analysis of Global Data," *International Bulletin of Missionary Research* 31, no. 1 (2007): 25–32.

CAPÍTULO 22: ESPECIALMENTE PARA OBREROS DE GRUPOS ÉTNICOS MINORITARIOS Y SUS SUPERVISORES
1. Eric Robinson, "How Support Raising Keeps Parachurch Ministries White," *Minister Different*, February 18, 2014, http://ministerdifferent.com/support-raising-white/.
2. Samuel Perry, Dallas Theological Seminary graduate and Ph.D. candidate in sociology at the University of Chicago: "Diversity, Donations, and Disadvantage: The Implications of Personal Fundraising for Racial Diversity in Evangelical Outreach Ministries," *Review of Religious Research* 53, no. 4 (January 2012): 397-418.

CAPÍTULO 23: DINERO: ¿PERSPECTIVA DEL REINO O PERSPECTIVA CULTURAL?
1. Nouwen, *A Spirituality of Fundraising*, 21.
2. Os Guinness, *The Call* (Nashville: W Publishing, 1998), 193. Emphasis added.
3. Charles Spurgeon, "A Cheerful Giver Is Beloved of God," sermon delivered August 27, 1868, at Metropolitan Tabernacle, Newington, UK, accessed January 12, 2017, http://www.spurgeongems.org/vols13-15/chs835.pdf.
4. Tony Brooks, "The Power of Writing Down Your Goals," The Leadership Training Workshop, April 30, 2012, http://theleadershiptrainingworkshop.com/2012/04/the-power-of-writing-down-your-goals/.Emphasis in original.

5. William Barclay, *The Gospel of Matthew*, Daily Bible Study Series [Comentario Al Nuevo Testamento, Mateo]
(Philadelphia: Westminster Press, 1958), 258.

CAPÍTULO 24: ADMINISTRACIÓN DE FONDOS
1. Erin El Issa, "2016 American Household Credit Card Debt Study," NerdWallet (blog), accessed January 12, 2017, https://www.nerdwallet.com/blog/average-credit-card-debt-household/.
2. C. S. Lewis, *Mere Christianity* [Mero Cristianismo](San Francisco: HarperOne, 2015), 86.
3. Lindsay Konsko, "Credit Cards Make You Spend More: Studies," *NerdWallet*, July 8, 2014, https://www.nerdwallet.com/blog/credit-cards/credit-cards-make-you-spend-more/.

CAPÍTULO 25: LECCIONES DE LA HISTORIA DEL FINANCIAMIENTO
1. Luther P. Powell, *Money and the Church* (New York: Association Press, 1962), 21.
2. Ibidem., 23.
3. Ibidem., 26.
4. Ibidem., 27.
5. Ibidem., 27–28.
6. Ibidem., 30.
7. Simon Degge, *The Parsons Counsellor* (London: Richard and Edward Atkins, Esquires, 1677), 448.
8. "Revolt of British Farmers against the Tithe," *The Literary Digest*, September 23, 1933.
9. Powell, *Money and the Church*, 118.
10. Margaret Deanesly, A History of the Medieval Church 590-1400, 9th ed. (New York: Routledge, 1969), 171.
11. Powell, *Money and the Church*, 59.
12. Roland Bainton, *Here I Stand: A Life of Martin Luther* (Nashville: Abingdon, 1950), 351–52.
13. *The Literary Digest* 60, no. 6 (February 8, 1919): 354–60.
14. Powell, *Money and the Church*, 101.
15. Ibidem., 102.
16. Ibidem.

CAPÍTULO 26: EXPERIENCIAS DE OTROS
1. Jack Canfield and Mark V. Hansen, *Chicken Soup for the Soul: 101 Stories to Open the Heart and Rekindle the Spirit* [Sopa de pollo para el alma.](Deerfield Beach, FL: Health Communications, 1992).

www.ingramcontent.com/pod-product-compliance
Lightning Source LLC
Chambersburg PA
CBHW071546210326
41597CB00019B/3138